上海研究院智库丛书

丛书主编　李培林

中国文化投资报告

（2015）

Report on China's Cultural Investment
(2015)

刘德良　等 / 编著

社会科学文献出版社
SOCIAL SCIENCES ACADEMIC PRESS (CHINA)

本书由中国社会科学院文化研究中心"文化产业重大课题研究计划"和上海研究院联合资助。

《中国文化投资报告 (2015)》课题组

目　录
CONTENTS

行 业 报 告

专题报告

中国文化产业投资状况和特点分析

　　摘　要：党的十七届六中全会召开之后，文化产业成为当前的热点话题。《中共中央关于深化文化体制改革推动社会主义文化大发展大繁荣若干重大问题的决定》明确提出，要引导社会资本以多种形式投资文化产业、支持国有文化企业面向资本市场融资，鼓励文化与资本对接。国内日益增长的精神文化需求对中国文化产业的发展起到了巨大的拉动作用，中央政府推动文化产业成为国民经济支柱产业对于中国文化产业的发展起到了强劲的推动作用。中国的金融业则面临着利率市场化、人民币国际化、互联网金融崛起等因素导致的新竞争时代的到来，资本亟待寻求新的业务增长点和新的发展空间，文化产业日益成为各类资本的目标。在政策红利和经济发展的作用下，我国文化产业投资5年间实现规模翻番，投资年均增长20%以上。值得注意的是，我国文化产业的投资经验积累仍不足，专业的文化产业投资人才缺乏。因此，文化产业投融资人才的培养和储备对于中国文化产业的发展和壮大具有战略意义。

关键词： 文化产业投资　文化金融　文化投资人才　公共财政文化投入

2005 年 4 月，国务院出台《国务院关于非公有资本进入文化产业的若干决定》，明确指明非公有资本可进入的文化产业领域及相关的限制条件，鼓励和支持非公有制企业大力参与发展社会主义先进文化。此项决定正式打开了社会资本投身文化产业领域的大门。之后，国务院和中宣部、财政部、文化部、广电总局、新闻出版总署等部委和各行业的主管部门先后出台了一系列鼓励和扶持政策，积极引导资本进入文化产业，大力推进文化产业的发展。尤其是《中共中央关于深化文化体制改革推动社会主义文化大发展大繁荣若干重大问题的决定》明确指出，要引导社会资本以多种形式投资文化产业，支持国有文化企业面向资本市场融资，鼓励文化与资本对接。党的十八届三中全会做出了全面深化改革的决定，在文化领域要"鼓励非公有制文化企业发展，降低社会资本进入门槛"，"建立多层次文化产品和要素市场，鼓励金融资本、社会资本、文化资源相结合"。文化产业迎来了历史上最好的投资机遇，社会资本迅速响应，大规模投资文化产业，投资规模逐年扩大，2009～2013 年间年均投资增长率接近 20%。

2013 年，我国文化产业投资总规模同比增长 16.68%，文化境外投资的投资区域和投资规模持续扩大，各渠道的文化产业融资保持稳步增长，文化产业投资整体持续向好，文化内容固定投资增长有偏慢的迹象。随着国家文化产业投资政策支持力度加大，文化产业投融资体系不断健全以及全社会对文化产业的发展前景持续看好，我国文化产业投资的未来发展空间十分广阔。

一 文化产业投资定义和特性

（一）文化产业定义及分类

文化产业，这一术语产生于 20 世纪初。最初出现在霍克海默和阿多诺合著的《启蒙辩证法》一书之中。它是一种特殊的文化形态和特殊的经济形态，从不同的角度对文化产业有不同的理解。联合国教科文组织关于文化产业的定义如下：文化产业就是按照工业标准，生产、再生产、储存以及分配文化产品和服务的一系列活动。这是从文化产品的工业标准化生产、流通、分配、消费的角度进行界定的。胡惠林在《文化产业学概论》中提出，"文化产业是指各种文化生产、经营事业"，这里的"事业"和与"文化产业"相对应的"文化事业"是不同的，是一个关于文化产业存在状况的整体性概念，是指具有明确目标、规模和系统，对整个人类社会发展有影响的文化行为和文化活动。这一概念代表主流方向，理论性很强。赵莉等人在《文化产业——21 世纪的潜能产业》中提出，"文化产业是以提高社会效益和经济效益为最终目的的，以市场为主要发展机制，从事物质文化产品和非物质文化生产服务，满足人们精神和文化需求的部门"。这一概念比较通俗易懂。综合专家学者的意见，我们对文化产业可以这样理解，文化产业就是可以通过市场化方式运营，专门从事文化产品生产和提供文化服务的，以营利为目的的，对人类发展有影响的产业的总称。

文化产业基本上可以划分为三类：一是生产与销售以相对独立的物态呈现的文化产品的行业，如生产与销售图书、报刊、影视作品、音像制品等行业。二是以劳务形式出现的文化服务行业，如戏剧舞蹈的演出、体育、娱乐、策划、经纪业等。三是向其他商品和行业提供文化附加值的行业，如装潢、装饰、形象设计、文化旅游等。

（二）文化产业投资的界定

根据上述分析，我们对文化产业投资的定义为：通过资本投入形成固定资产及著作权、版权、商标权等无形资产的过程。

根据文化产业的特性，我们可以进一步把文化产业投资分为以下四个类别。

1. 文化内容固定资产投资

该类别是指文化内容生产过程的资金投入，以能够生产最终消费品的同时产生版权、著作权、商标权等无形资产为标准。在这个领域中，电影、电视剧、新闻图书、演艺剧目、艺术品、工艺美术品、网络游戏等内容产品的资金投入，都可以看作文化内容固定资产投资。

2. 产品生产性固定资产投资

该类别是指用于生产物质化的文化产品、文化装备和文化消费终端的固定资产投资，包括了印刷设备、电视节目制作设备和终端、电影制作设备、文化用品、工艺美术品等领域的固定资产投资。

3. 传播渠道固定资产投资

该类别是指用于文化传播的固定资产投资，涵盖电影院、演出剧场、电视台、出版物发行、艺术品拍卖场所、书店、网络游戏平台、数字出版平台、互联网信息平台、数字文化素材库、游艺厅、网吧、主题乐园等。

4. 生产性文化服务领域固定资产投资

该类别是指文化产业服务于其他产业领域的固定资产投资，包括广告、设计等，基本上对应国家统计局《文化及相关产业分类（2012）》中文化创意和设计服务业的第1、第3、第4分类细项。

经过进一步分析，我们认为表1中的投资行为属于文化内容固定资产投资行为。

表1　文化内容固定资产投资行为

细分领域	文化产业特殊的"文化内容固定资产投资"行为
图书出版	出版社向作者支付版税或稿费以获取出版权的行为
电影、电视剧、电视节目	制作企业购买小说改编权、剧本、节目创意策划并组织创作团队拍摄生产出影视剧和电视节目的行为，影视剧和电视节目既是消费产品，又是版权资产
演艺剧目	制作企业购买小说、影视等改编或演艺剧本或自行创作并组织排练成演艺剧目的行为，演艺剧目既是消费产品，也是版权资产
网络文学	文学网站向作者支付签约费、稿费或其他费用以获取文学作品并获得文化作品版权、运营权的行为
数字出版发行	数字出版运营企业向出版社购买数字出版的版权或者采取分账形式获得版权，以在数字传播渠道中获得收入的行为
影视节目信息传输	电视台、视频网站、数字电视、IPTV、互联网等运营商向制作企业购买版权的行为
制作或信息传输软件	信息传输、内容产品制作等过程中开发制作软件并取得著作权的行为
数字信息库	开发集成文化元素、作品、文化产品的数字信息库的行为
艺术品	艺术品经营公司向创作者提供报酬以获取艺术作品或组织艺术品展览的行为
音像制品出版	音像制品出版企业购买版权的行为
文化用品生产	生产企业购买设计方案、商标授权、版权授权的行为
网络游戏开发	网游企业通过策划、程序开发等开发网络游戏的行为

（三）文化产业投融资

1. 投资融资

投资和融资都是一种经济状态。前者是以货币投入企业，通过生产经营活动取得一定利润；后者是以货币购买企业发行的股票和公司债券间接参与企业的利润分配，它涉及财产的累积以求在未来得到收益。投资是指将货币转化为资本的过程，投资可分为实物投资、资本投资和证券投资。从狭义上讲，融资是一个企业的资金筹集的行为与过程，即公司根据自身的生产经营状况、资金拥有的状况以及公司未来经营发展的需要，通过科学的预测和决策，采用一定的方式，从一定的渠道向公司的投资者和债权人筹集资金，组织资金的供应，以保证公司正常生产、经营管理活动需要的理财行为。从广义上讲，融资也叫金融，就是货币资金的融通，指当事人通过各种方式到金融市场上筹措或贷放资金的行为。

2. 文化产业投融资

结合文化产业的定义与投资融资的定义，文化产业投融资的定义可以概括为：为了发展从事文化产品生产和提供文化服务的营利性产业而采取的各种各样筹集资金的行为。

3. 文化产业投融资的主体

（1）公有资本投融资

从国内外实践来看，政府在文化产业投融资方面发挥了积极作用，公有资本在文化产业投资中占很大的比例。我国文化投资过分依赖政府，教育、文化艺术和广播电影电视业中的国有资本占比超过一半，明显地高于电力、煤气和水务业科学研究和综合技术服务业、制造业，更高于一般商品批发和零售业。

（2）民间资本投融资

随着文化产业逐步发展，已经有一些民营资本投入文化产业中来。一些省市为了拓宽文化产业融资渠道，放宽市场准入政策，鼓励民营资本以独资、合资、合作、联营、参股、特许经营等方式进入文化产业领域，参与艺术品经营、音像制品分销、大众娱乐项目的经营以及文化设施的建设、改造和经营。民间资本有快速、灵活的优点，有利于文化产业快速投融资，但民营资本也有趋利性和盲目性的缺点。

（3）国外资本投融资

我国从国家允许的、市场准入度高的文化产业入手，逐渐向外资开放文化产业投资领域，加大吸收外资的力度，扩大文化产业吸收外资的规模。国外资本也是文化产业投融资的主体之一。但国外资本投融资环境存在着差异性，投融资风险较大。

4. 文化产业投融资的模式

文化产业投融资的模式一般有如下几种。

（1）BOT 模式

近些年来，BOT 这种投资与建设方式被一些发展中国家用来进行基础设施建设并取得了一定的成功，受到了广泛的青睐。BOT 模式是指政府对私人机构提供的公共产品或服务的数量和价格可以有所限制，但保证私人资本具有获取利润的机会，整个过程中的风险由政府和私人机构分担。当特许期限结束时，私人机构按约定将该设施移交给政府部门，转由政府指定部门经营和管理。运作过程一般要经过以下几个阶段：确定项目、准备、招标、合同谈判、建设、经营、产权转让。

（2）TOT 模式

TOT 模式是国际上较为流行的一种项目融资方式，通常是指政府部门或国有企业将建设好的项目的一定期限的产权或经营权，有偿转让给投资人，由其进行运营管理，投资人在约定的期限内通过经营收回全部投资并得到合理的回报，双方合约期满之后，投资人再将该项目交还政府部门或原企业的一种融资方式。

（3）ABS 模式

ABS 模式是指以目标项目所拥有的资产为基础，以该项目资产的未来预期收益为保证，在资本市场上发行高级债券来筹集资金的一种融资方式。

（4）PPP 模式

PPP 模式是指政府与私营商签订长期协议，私营商被授权代替政府建设、运营或管理公共基础设施并向公众提供公共服务。

二 我国文化产业投资环境分析

（一）我国文化产业投资政策环境分析

1. 鼓励各类社会资本进入文化产业

2012 年 6 月，文化部出台了《文化部关于鼓励和引导民间资本进入文化领域的实施意见》，作为对社会资本进入文化产业的肯定，提出对国有文化单位与民营文化单位一视同仁的政府公共服务要求；明确加大在财政、税收、金融、用地等方面对文化产业的扶持力度，营造有利于民间资本进入文化领域的舆论氛围，同时明确将文化部管理的文化领域全面向民间资本开放，鼓励民间资本积极参与国有文艺院团转企改制、公共文化服务体系建设、文化产业发展，投入非物质文化遗产传承保护、参与对外文化交流和文化贸易等。

2014 年 8 月，文化部、工业和信息化部、财政部联合发布了《关于大力支持小微文化企业发展的实施意见》，该意见中提出巩固和深化文化行政部门、中小企业主管部门与金融机构的合作，鼓励银行业金融机构加大对小微文化企业的信贷投放力度，开展小微文化企业财务咨询、项目对接、贷前辅导等服务，支持保险机构开发适合小微文化企业特点的保险险种，探索开展保证保险、信用保险等业务。大力推广小微文化企业集合债券、集合信托、短期融资券和行业集优债券等。支持小额贷款公司等机构为小微文化企业融资提供相关服务。充分发挥财政政策的引导示范作用，着力改善小微文化企业发展环境，促进小微文化企业创业发展。落实提高增值税和营业税起征点、暂免征收部分小微企业增值税和营业税、小型微利企业所得税减半征收，以及免征部分小微文化企业文化事业建设费、部分艺术品进口关税减免等各项已出台的税费优惠政策。

2. 加大财政资金投入文化产业力度

2011 年 7 月，财政部会同中银国际控股有限公司、中国国际电视总公司和深圳国际文化产业博览交易会有限公司发起成立中国文化产业投资基金，该基金的目标总规模为 200 亿元。这成为财政支持文化产业发展模式的创新之举，引导和带动社会资金投资文化产业。

2012 年 5 月，财政部发布《关于贯彻落实十七届六中全会精神做好财政支持文化改革发展工作的通知》（以下简称《通知》）。《通知》提出，为支持文化产品创作生产和对外文化传播，未来将设立国家文化发展基金，并扩大有关文化基金和专项资金规模，支持文化产业发展。在具体资金投入和管理方面，财政部称：未来将通过政府采购、项目补贴、定向资助等政策措施，重点支持社会力量兴办文化事业。另外，文化产业投资基金亦将继续受到政策鼓励。

2014 年 8 月，文化部与财政部发布了《关于推动特色文化产业发展的指导意见》（以下简称《意见》），《意见》要求，加大财政对特色文化产业发展的支持力度，把特色文化产业发展工程纳入中央财政文化产业发展专项资金扶持范围，分步实施、逐年推进。充分发挥财政资金杠杆作用，重点支持具有地域特色和民族风情的民族工艺品创意设计、文化旅游开发、演艺剧目制作、特色文化资源向现代文化产品转化和特色文化品牌推广，支持丝绸之路文化产业带、藏羌彝文化产业走廊建设。

3. 完善文化投融资政策，推动金融和文化产业对接

2011 年 1 月，保监会、文化部联合下发《关于保险业支持文化产业发展有关工作的通知》，该通知鼓励保险公司投资文化企业发行的债券，支持符合条件的保险公司投资符合条件的文化产业投资基金。保险机构可结合信贷、债券、信托、基金等多种金融工具，为文化企业提供一揽子金融服务。

2012 年 6 月，文化部出台《文化部关于鼓励和引导民间资本进入文化领域的实施意见》，提出鼓励民间资本投资文化产业。支持民营文化企业通过信贷、信托、基金、债券等金融工具融资，支持民营文化企业通过并购重组、上市等方式融资。鼓励和引导民间资本参与的金融机构、中介组织、各类投资基金进入文化产业领域。

2012 年 5 月，《文化部"十二五"时期文化改革发展规划》正式发布。该规划提出，"十二五"时期，将促进文化产业与金融业全面对接，推进银行业全面支持文化产业。并推动上市融资，扩大直接融资规模，支持文化企业通过债券市场融资。促进文化产业投资，推动文化产业保险市场建设。此外，还将加强对文化产权交易的管理，并完善文化类无形资产确权、评估、质押、流转体系。同时，鼓励各地实施文化消费补贴制度。支持建设、改造剧院等文化消费基础设施，并开发适宜互联网、移动终端等载体的网络文化产品。

2014 年 3 月，文化部、财政部、中国人民银行联合发布《关于深入推进文化金融合作的意见》，该意见吸纳了近年来文化金融合作的经验与成果，结合当前金融改革和文化产业发展的新趋势，突出改革创新精神，发挥市场配置资源的决定性作用，从认识推进文化金融合作重要意义、创新文化金融体制机制、创新文化金融产品及服务、加强组织实施与配套保障四个方面提出了深入推进文化金融合作的要求，共 15 条具体内容。

4. 通过税收优惠政策，促进文化资本投入重点文化领域

2012 年 2 月，根据《文化部"十二五"时期文化产业倍增计划》和《国家文化科技创新工程纲要》的陈述，政府扶持的十一个重点行业和九个重点项目或工程所涉及的相关行业，将会引来优惠的税收政策，比如对文化科技行业，可能会以软件业的税收标准来征税；比如对动漫行业，在营业税、增值税、所得税、进口关税及进口环节增值税等税种上实施优惠政策，扶持动漫企业发展。

2014 年 4 月，《国务院办公厅关于印发文化体制改革中经营性文化事业单位转制为企业和进一步支持文化企业发展两个规定的通知》发布，该通知保留和延续原有给予转制企业的财政支持、税收减免、社保接续、人员分流安置等多方面优惠政策，特别是保留了免征企业所得税政策，支持力度不减，确保转制规范到位的文化企业轻装上阵，早改革、多受益、快发展。进一步提高政策含金量，强调扩大文化产业发展专项资金规模，明确将有线数字电视增值税免税政策延长 3 年，新增对农村有线电视、城市电影放映等增值税的优惠政策；进一步明确划拨土地转增国有资本的程序和方式，鼓励利用划拨存量土地兴办文化产业；鼓励和引导社会资本以多种形式投资文化产业，创新金融产品和服务方式，推动实现融资渠道多

元化；支持企业建立补充养老保险、补充医疗保险，将中央出版单位京外工作人员纳入当地社会保障体系等，切实增强政策的针对性和实效性。

2014 年 6 月，财政部、国家发改委等 7 部门发布《关于支持电影发展若干经济政策的通知》，该通知提出，中央财政继续安排电影精品专项资金促进电影创作生产，其中每年安排 1 亿元资金，采取重点影片个案报批的方式，用于扶持 5～10 部有影响力的重点题材影片。对电影制片企业销售电影拷贝（含数字拷贝）、转让版权取得的收入，电影发行企业取得的电影发行收入，电影放映企业在农村的电影放映收入，自 2014 年 1 月 1 日至 2018 年 12 月 31 日免征增值税。一般纳税人提供的城市电影放映服务，可以按现行政策规定，选择按照简易计税办法计算缴纳增值税。

（二）文化产业投资经济环境分析

1. 国内宏观经济低迷影响文化产业发展

根据国家统计局的统计数据，2014 年我国国内生产总值 636463 亿元，比上年增长 7.4%，经济增速进一步回落。投资增长的后劲不足、融资瓶颈的约束以及企业的经营困难等造成经济下行压力较大，但在结构调整、民生改善等方面取得了一些积极进展，经济运行中不乏亮点。

2. 国内文化产业总体规模不断扩大

根据国家统计局的统计数据，2013 年，我国文化及相关产业增加值为 21351 亿元，占 GDP 的 3.63%，其中文化产业法人单位增加值为 20081 亿元，比上年增加 2010 亿元，增长 11.1%，比同期 GDP 增速更高。

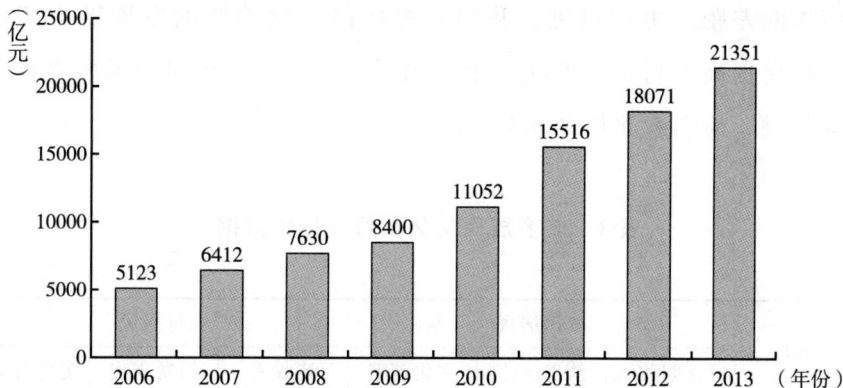

图1 2006~2013年我国文化产业增加值

数据来源：国家统计局，新元文智整理。

3. 国内文化消费整体规模呈扩大趋势

随着人们收入水平的不断提高和物质生活的逐步改善，城乡居民越来越重视文化生活，城乡居民人均文化消费逐年增长，文化消费整体规模呈现扩大趋势。

2013年，城乡居民人均文化消费分别达到1141元和183元，比2002年分别增长180.3%和289.4%。2013年，城乡居民文化消费占消费支出的比重分别为7.17%和3.3%。未来几年文化消费的快速增长必将成为中国经济扩大内需、拉动消费的新引擎，中国也将成为世界文化产品生产与消费的重要一极。

伴随着城乡居民文化消费的不断发展，特别是农村居民文化消费的快速发展，城乡居民文化消费的差距有所缩小，但依然较大。2013年城乡居民的文化消费比为6.2:1，较2002年的8.7:1有所缩小，但仍远大于城乡居民的可支配收入（纯收入）比（为3.1:1）和消费支出比（平均约为2.9:1）。可以说，无论是文化消费的支出水平，还是文化消费占消费支出的比重，农村居民与城镇居民之间都还存在着较大的差距。由此可见，我国农村居民文化消费的发展潜力还很大，如何提高农村居民的文化消费水平仍是今后一个时期需要着重考虑的问题，应引起足够的重视。

表2 城乡居民文化消费及相关数据

单位：元/人

年份	城镇居民			农村居民		
	可支配收入	消费支出	文化消费	纯收入	消费支出	文化消费
2002	7703	6030	407	2476	1834	47
2006	11759	8697	591	3587	2829	74
2013	22780	15903	1141	7382	5530	183

备注：根据各年《中国统计年鉴》数据和城乡住户调查资料整理而成。

三 我国文化产业投资整体状况

（一）2013年我国文化产业投资概况

1. 我国文化产业投资结构概况

如表3所示，2013年，我国文化产业投资总规模为25741.02亿元，较2012年的22061.84亿元环比增长16.68%；其中固定资产投资规模为19046.01亿元（含产品生产性固定资产投资、传播渠道固定资产投资和生产性文化服务领域固定资产投资），文化内容固定资产投资规模为6695.01亿元，同比分别增长21.76%和4.30%。2013年文化产业投资出现整体持续向好，文化内容固定投资增长偏慢的迹象。

表3 2012～2013年文化产业投资结构状况

单位：亿元，%

项目＼年份	2012	2013	增幅
产品生产性固定资产投资	5998.07	6635.67	10.63
传播渠道固定资产投资	9449.31	11714.61	23.97
生产性文化服务领域固定资产投资	195.25	695.73	256.33
固定资产投资小计	15642.63	19046.01	21.76
文化内容固定资产投资	6419.21	6695.01	4.30
合　计	22061.84	25741.02	16.68

注：（1）2012年的文化产业分类进行调整，增加了：文化艺术培训、其他未列明教育*、其他电信服务*、软件开发*、数字内容服务*、工程勘察设计*、专业化设计服务、歌舞厅娱乐活动、电子游艺厅娱乐活动、拍卖*、娱乐及体育设备出租*、乐器零售、电气设备批发*共13个统计条目，减少了旅行社的统计条目。2013年继续沿用2012年的分类标准。

（2）带*表示因该领域属文化产业范畴才纳入统计口径。

（3）文化内容固定资产投资统计口径行业包括：新闻出版发行服务、广播电影电视服务、文化艺术服务、文化信息传输服务、文化创意和设计服务、文化休闲娱乐服务。

（4）固定资产投资数据来源于国家统计局，文化内容固定资产投资数据来源于课题组根据相关数据的测算。

总体的投资结构上，2013年（固定资产投资与文化内容固定资产投资的结构）与2012年相比虽然出现小范围的波动，但是总体结构基本持平。

表4 2012～2013年文化产业投资结构状况对比

单位：%

项目＼年份	2012	2013	变动
产品生产性固定资产投资	27.19	25.78	-1.41
传播渠道固定资产投资	42.83	45.51	2.68
生产性文化服务领域固定资产投资	0.89	2.70	1.81
文化内容固定资产投资	29.10	26.01	-3.09
合　计	100.00	100.00	—

2. 我国文化产业投资行业分布概况

2013年，文化信息传输服务行业投资出现明显的下滑，新闻出版发行服务行业、文化创意和设计服务行业以及文化专用设备的生产行业的投资也出现小范围波动；而广播电影电视服务、文化休闲娱乐服务等行业增长迅速，直接拉动了2013年文化产业投资的攀升。

表5　2012~2013年文化产业投资行业分布

单位：亿元，%

行业	2012年	2013年	增幅
新闻出版发行	1265.79	1263.74	-0.16
广播电影电视	3562.44	3951.96	10.93
文化艺术服务	2546.13	2925.79	14.91
文化信息传输服务	583.23	462.14	-20.76
文化创意和设计服务	1228.63	1224.01	-0.38
文化休闲娱乐服务	6049.59	7740.43	27.95
工艺美术品的生产	710.44	994.33	39.96
文化产品生产的辅助生产	2346.72	2863.28	22.01
文化用品的生产	3246.99	3819.8	17.64
文化专用设备的生产	521.89	495.55	-5.05
合　计	22061.84	25741.02	16.68

文化产业各行业的投资结构总体并未出现明显变化，但是传统媒体（报刊媒体、广播电台媒体和电视媒体）的投资却出现逐步收缩的趋势。

表 6   2011～2013 年文化产业各行业投资占比状况

单位：%

行业 ＼ 年份	2011	2012	2013
新闻出版发行	8.64	5.74	4.91
广播电影电视	17.86	16.15	15.35
文化艺术服务	8.37	11.54	11.37
文化信息传输服务	3.14	2.64	1.80
文化创意和设计服务	1.86	5.57	4.76
文化休闲娱乐服务	33.39	27.42	30.07
工艺美术品的生产	3.58	3.22	3.86
文化产品生产的辅助生产	10.30	10.64	11.12
文化用品的生产	11.38	14.72	14.84
文化专用设备的生产	1.46	2.37	1.93
合　计	100.00	100.00	100.00

注：表中 2011 年的数据已经剔除了 2012 年文化产业重新分类的影响。

　　涉及文化内容固定资产投资的六个行业中，多个行业的文化内容固定资产投资出现明显收缩的现象，在广播电影电视行业和文化休闲娱乐服务行业的文化内容固定资产投资的拉动下，文化产业整体的文化内容固定资产投资并未出现下滑，但是增长脚步显著放缓。

表 7   2012～2013 年文化内容固定资产投资行业分布

单位：亿元，%

行业	2012 年	2013 年	增幅
新闻出版发行	1163.49	1118.43	-3.87
广播电影电视	3319.62	3640.87	9.68
文化艺术服务	39.39	62.98	59.89

行业	2012 年	2013 年	增幅
文化信息传输服务	133.18	90.78	-31.84
文化创意和设计服务	571.62	385.65	-32.53
文化休闲娱乐服务	1191.91	1396.30	17.15
合　计	6419.21	6695.01	4.30

3. 我国文化产业投资总体特点

（1）文化产业的增加值和投资规模增速放缓，但依然保持较好的增长势头

积极的投资政策、产业门槛的逐步放开、管理体制的改革等多重利好消息的支持，使文化产业增加值和投资规模连续 5 年保持双位数的增长。虽然 2013 年文化产业的增加值和投资规模增速放缓，但是与 2010 年相比，几乎实现了投资规模翻番和产业增加值规模翻番。

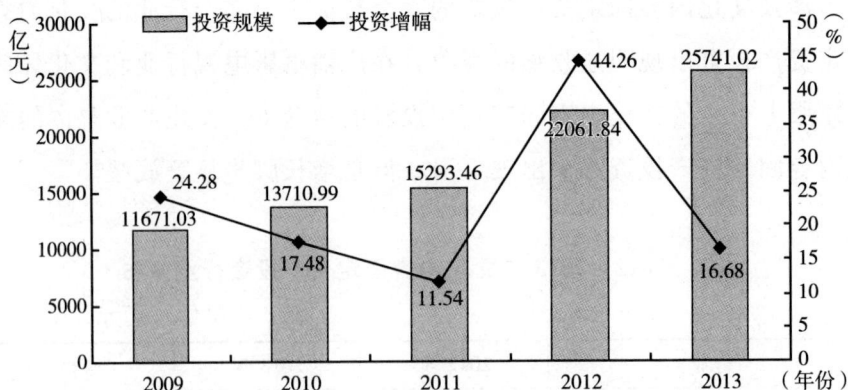

图 2　2009~2013 年文化产业投资规模及增幅

注：未剔除 2012 年分类标准重新调整的影响。

表8 2009~2013年文化产业投资规模及增幅

单位：亿元，%

年 度	2009	2010	2011	2012	2013
总投资	11671.03	13710.99	15293.46	22061.84	25741.02
文化产业增加值	8400	11052	13479	18071	21351
总投资增幅	24.28	17.48	11.54	44.26	16.68
文化产业增加值增幅	10.09	31.57	21.96	34.07	18.15

注：（1）投资数据未剔除2012年分类标准重新调整的影响。

（2）文化产业增加值数据来源于国家统计局。

（2）无形投资增幅下滑，固定资产投资和文化内容固定资产投资的占比差距进一步拉大

2013年文化产业的固定资产投资和文化内容固定资产投资的占比差距与此前相比进一步拉大，文化内容固定资产投资占比首次低于40%。

**表9 2008~2013年文化产业固定资产投资和文化内容
固定资产投资占比状况**

单位：%

年 度	固定资产投资占比	文化内容固定资产投资占比
2008	45.19	54.81
2009	52.10	47.90
2010	54.83	45.17
2011	56.57	43.43
2012	57.87	42.13
2013	61.89	38.11

注：（1）已剔除2012年分类标准重新调整的影响。

（2）统计范围包括新闻出版发行、广播电影电视、文化艺术服务、文化信息传输服务、文化创意和设计服务、文化休闲娱乐服务共六个行业。

从历年文化产业固定资产投资和文化内容固定资产投资的走势看，文化产业的固定资产投资（含产品生产性固定资产投资、传播渠道固定资产投资和生产性文化服务领域固定资产投资）增幅和增长规模都远高于文化内容固定资产投资。同时，2013 年的文化内容固定资产投资的增幅也处于近 5 年来的最低水平。

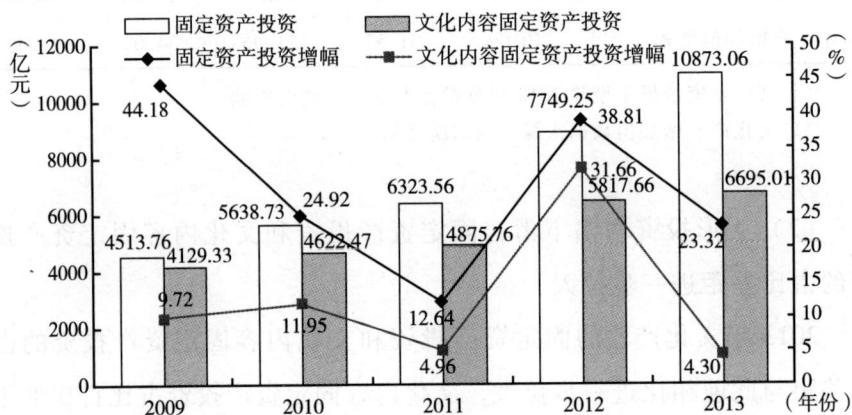

图 3　2009～2013 年文化产业固定资产投资和文化内容固定资产投资

注：（1）已剔除 2012 年分类标准重新调整的影响。

（2）统计范围包括新闻出版发行、广播电影电视、文化艺术服务、文化信息传输服务、文化创意和设计服务、文化休闲娱乐服务共六个行业。

从行业投资推动因素来看，涉及文化产品生产的六大行业中，固定资产投资规模增长主要依赖文化休闲娱乐服务行业拉动；文化内容固定资产投资规模增长则受益于广播电影电视行业和新闻出版发行行业的贡献。

表 10　2009～2013 年文化产品生产主要行业固定资产投资规模情况

单位：亿元

年　度	2009	2010	2011	2012	2013
新闻出版发行	79.56	80.58	102.66	102.30	145.31
广播电影电视	172.77	248.14	194.63	242.82	311.09

续表

年　度	2009	2010	2011	2012	2013
文化艺术服务	839.50	1112.21	1255.43	2319.17	2862.81
文化信息传输服务	370.17	362.82	367.79	296.95	371.36
文化创意和设计服务	114.39	156.30	195.54	56.71	838.36
文化休闲娱乐服务	2937.37	3678.68	4207.51	4731.30	6344.13
合　计	4513.76	5638.73	6323.56	7749.25	10873.06

表11　2009～2013年文化产品生产主要行业文化内容固定资产投资规模情况

单位：亿元

年　度	2009	2010	2011	2012	2013
新闻出版发行	1120.04	1191.11	1221.49	1163.49	1118.43
广播电影电视	2250.77	2484.10	2541.58	3319.62	3640.87
文化艺术服务	18.47	24.47	27.62	36.44	62.98
文化信息传输服务	114.75	112.47	114.01	87.87	90.78
文化创意和设计服务	52.62	71.90	89.95	49.34	385.65
文化休闲娱乐服务	572.68	738.42	881.11	1160.90	1396.30
合　计	4129.33	4622.47	4875.76	5817.66	6695.01

文化产业的固定资产投资和文化内容固定资产投资的差距进一步拉大，主要受到以下因素影响。

第一，国家出台的《国民旅游休闲纲要（2013－2020年）》及《旅游质量发展纲要（2013－2020年）》等政策，对文化休闲娱乐服务行业的发展起到积极的作用；特别是旅游景区的经营者更注重旅游质量和游客的体验，侧重旅游景区的体验和游览景观的投资、建设和保护。

表 12   文化休闲娱乐服务行业重点领域固定资产投资对比

单位：亿元

年　度	野生动物保护	野生植物保护	游乐园	其他娱乐业
2012	13.08	5.72	535.94	372.36
2013	1579.41	3334.70	655.34	439.20

第二，传统媒体领域的文化产业投资出现不同形式的收缩。

一是，新闻出版行业经营者规模缩小，出版的报纸种类也在逐年减少。

表 13   2008~2013 年新闻出版行业经营者规模及报纸种类变动情况

年　度	2008	2009	2010	2011	2012	2013
经营者规模（万家）	35.70	35.70	35.30	35.00	34.70	34.60
出版报纸种类（种）	1943	1937	1939	1928	1918	1915

数据来源：国家统计局及国家新闻出版广电总局。

二是，影视作品"量降质升"的政策导向，令影视领域的文化内容固定资产投资增速也出现不同程度的放缓。

表 14   2009~2013 年国内电影投资制作状况

项目	2009 年	2010 年	2011 年	2012 年	2013 年
国产电影故事片制作数（部）	456	526	558	745	638
国产电影制作投资（亿元）	177.84	205.14	217.62	290.55	263.27
投资增速（%）	12.32	15.35	6.08	33.51	-9.39

注：制作数量数据来源于国家新闻出版广电总局。

表 15　2009～2013 年国内电视剧制作状况

项目	2009 年	2010 年	2011 年	2012 年	2013 年
电视剧部数	456	526	558	745	638
集数	177.84	205.14	217.62	290.55	263.27

注：（1）制作数据来源于国家新闻出版广电总局。

（2）电视剧部数是指获得发行许可证并完成拍摄的电视剧数量。

（二）文化产品生产的投资概况

1. 新闻出版发行服务行业投资概况

2013 年新闻出版发行服务行业投资规模为 1263.75 亿元，其中产品生产性固定资产投资 103.76 亿元，传播渠道固定资产投资 41.56 亿元，文化内容固定资产投资 1118.43 亿元。近三年来，新闻出版发行服务行业的投资增长疲软迹象较为明显，总投资规模已连续两年出现负增长。

表 16　2009～2013 年新闻出版发行服务行业投资状况

单位：亿元，%

年　度	2009 年	2010 年	2011 年	2012 年	2013 年
产品生产性固定资产投资	57.37	51.89	81.56	69.35	103.76
传播渠道固定资产投资	22.19	28.69	21.11	32.94	41.56
小　计	79.56	80.58	102.67	102.29	145.32
文化内容固定资产投资	1120.04	1191.11	1221.49	1163.49	1118.43
合　计	1199.60	1271.69	1324.16	1265.78	1263.75
增长率	1.74	6.01	4.13	-4.41	-0.16

数据来源：国家统计局。

在投资结构上，新闻出版发行服务行业的文化内容固定资产投资虽然依然占据最重要地位，但是其占比出现逐年小幅度下滑的情况。

表17　2009～2013年新闻出版发行服务行业投资比重状况

单位：%

年　度	2009	2010	2011	2012	2013
产品生产性固定资产投资	4.78	4.08	6.16	5.48	8.21
传播渠道固定资产投资	1.85	2.26	1.59	2.60	3.29
小　计	6.63	6.34	7.75	8.08	11.50
文化内容固定资产投资	93.37	93.66	92.25	91.92	88.50
合　计	100.00	100.00	100.00	100.00	100.00

数据来源：国家统计局。

2. 广播电影电视服务行业投资概况

2013年广播电影电视服务行业投资规模为3951.97亿元，其中产品生产性固定资产投资102.19亿元，传播渠道固定资产投资208.91亿元，文化内容固定资产投资3640.87亿元。

表18　2009～2013年广播电影电视服务行业投资状况

单位：亿元，%

年　度	2009	2010	2011	2012	2013
传播渠道固定资产投资	163.12	233.03	173.8	188.22	208.91
产品生产性固定资产投资	9.65	15.11	20.83	54.6	102.19
小　计	172.77	248.14	194.63	242.82	311.10
文化内容固定资产投资	2250.77	2484.10	2541.58	3319.62	3640.87
合　计	2423.54	2732.24	2736.21	3562.44	3951.97
增　幅	4.40	12.74	0.15	30.20	10.93

数据来源：国家统计局。

广播电影电视服务行业固定资产投资和文化内容固定资产投资结构较为稳定，而产品生产性固定资产投资随着影视作品产量的增长在逐步攀升。

表 19　2009～2013 年广播电影电视服务行业投资比重状况

单位：%

年　度	2009	2010	2011	2012	2013
传播渠道固定资产投资	6.73	8.53	6.35	5.28	5.29
产品生产性固定资产投资	0.40	0.55	0.76	1.53	2.59
文化内容固定资产投资	92.87	90.92	92.89	93.18	92.13
合　计	100.00	100.00	100.00	100.00	100.00

数据来源：国家统计局。

3. 文化艺术服务行业投资状况

2013 年文化艺术服务行业投资规模为 2691.70 亿元，其中产品生产性固定资产投资 77.73 亿元，传播渠道固定资产投资 2550.99 亿元，文化内容固定资产投资 62.98 亿元，增幅分别为 32.07%、-9.71%、56.94% 和 59.89%

表 20　2009～2013 年文化艺术服务行业投资状况

单位：亿元，%

年　度	2009 年	2010 年	2011 年	2012 年	2013 年
传播渠道固定资产投资	809.9	1074.23	1218.66	1912.59	2550.99
产品生产性固定资产投资	29.59	37.98	36.77	86.09	77.73
小　计	839.49	1112.21	1255.43	1998.68	2628.72
文化内容固定资产投资	18.47	24.47	27.62	39.39	62.98
合　计	857.96	1136.68	1283.05	2038.07	2691.70
增　幅	59.80	32.49	12.88	58.85	32.07

数据来源：国家统计局。

4. 文化信息传输服务行业投资状况

2013 年文化信息传输服务行业投资规模为 462.14 亿元，其中传播渠道固定资产投资 371.36 亿元，文化内容固定资产投资 90.78 亿元；与 2012 年相比，总投资规模出现明显的下滑。

表 21 2009～2013 年文化信息传输服务行业投资状况

单位：亿元，%

年　　度	2009	2010	2011	2012	2013
传播渠道固定资产投资	370.17	362.82	367.79	450.05	371.36
文化内容固定资产投资	114.75	112.47	114.01	133.18	90.78
合　　计	484.92	475.29	481.80	583.23	462.14
增　　幅	17.85	- 1.99	1.37	21.05	- 20.76

注：（1）2012 年重新分类后，其他电信服务 * 领域纳入统计范围，将对统计数据出现小幅度影响。

（2）2013 年继续沿用 2012 年的统计口径。

5. 文化创意和设计服务行业投资状况

2013 年文化创意和设计服务行业投资规模为 1224 亿元，其中生产性文化服务领域固定资产投资 695.72 亿元，产品生产性固定资产投资 142.63 亿元；文化内容固定资产投资 385.65 亿元。

2013 年，文化创意和设计服务行业投资结构出现较大的调整，生产性文化服务领域固定资产投资继续保持高速增长的趋势，但是产品生产性固定资产投资和文化内容固定资产投资，则出现近五年来的首次负增长。

表 22 2009～2013 年文化创意和设计服务行业投资状况

单位：亿元

年　　度	2009	2010	2011	2012	2013
生产性文化服务领域固定资产投资	35.11	34.81	60.03	195.25	695.72
产品生产性固定资产投资	79.28	121.49	135.51	461.76	142.63
文化内容固定资产投资	52.62	71.90	89.95	571.62	385.65
合　　计	167.01	228.20	285.49	1228.63	1224.00

备注：2012 年数据未剔除重新分类后的影响。

数据来源：国家统计局的固定资产统计年鉴。

表 23　2009~2013 年文化创意和设计服务行业投资增长幅度状况

单位：%

年　度	2009	2010	2011	2012	2013
生产性文化服务领域固定资产投资	34.21	-0.85	72.45	225.25	256.32
产品生产性固定资产投资	76.81	53.24	11.54	240.76	-69.11
文化内容固定资产投资	61.11	36.64	25.10	535.49	-32.53
合　计	61.11	36.64	25.11	330.36	-0.38

注：2012 年数据未剔除重新分类后的影响。
数据来源：国家统计局的固定资产统计年鉴。

6. 文化休闲娱乐服务行业投资状况

2013 年文化休闲娱乐服务行业投资规模为 7740.43 亿元，其中传播渠道固定资产投资 6326.25 亿元，产品生产性固定资产投资 17.88 亿元，文化内容固定资产投资 1396.30 亿元；与 2012 年相比，分别增长 27.95%、30.43%、142.61% 和 17.15%。

表 24　2009~2013 年文化休闲娱乐服务行业投资状况

单位：亿元，%

年　度	2009	2010	2011	2012	2013
传播渠道固定资产投资	2907.24	3646.61	4192.31	4850.33	6326.25
产品生产性固定资产投资	10.02	9.08	15.20	7.37	17.88
文化内容固定资产投资	592.80	761.40	881.11	1191.91	1396.30
合　计	3510.06	4417.09	5088.62	6049.61	7740.43
投资增幅	49.59	25.84	15.20	18.89	27.95

注：上述数据剔除 2012 年重新分类的影响，重新分类后剔除旅行社项的统计。

在重旅游质量、打造旅游精品的政策引导下，2013年景区游览服务领域内的投资结构发生了明显变化，2012年以前，固定资产投资集中在公园及景区管理领域，而在2013年出现了逆转的情况，野生动植物保护领域的投资反而超固定资产投资总额的99%。

表25　2009～2013年景区游览服务领域的固定资产投资情况

单位：亿元

年　度	2009	2010	2011	2012	2013
公园管理	506.75	680.33	331.98	1163.98	18.92
景区管理	1469.25	1857.68	713.49	2541.94	13.54
野生动植物保护	18.80	15.09	15.20	18.80	4914.11
合　计	1994.80	2553.10	1060.67	3724.72	4946.57

数据来源：国家统计局。

表26　2009～2013年景区游览服务领域的固定资产投资结构

单位：%

年　度	2009	2010	2011	2012	2013
公园管理	25.40	26.65	31.30	31.25	0.38
景区管理	73.65	72.76	67.27	68.25	0.27
野生动植物保护	0.94	0.59	1.43	0.50	99.34
合　计	100.00	100.00	100.00	100.00	100.00

数据来源：国家统计局。

而在政策和投资的双重促进下，国内旅游业也取得明显成效。2013年国内旅游人数继续保持约3亿人次的增长，达到32.62亿人次；而国内旅游收入也有3000多亿元的增长，达到26276.12亿元。

表27　2009~2013年景区游览服务领域的经济指标

年　度	2009	2010	2011	2012	2013
国内旅游人数（亿人次）	19.02	21.03	26.41	29.57	32.62
国内旅游收入（亿元）	10183.69	12579.77	19305.39	22706.22	26276.12
旅行社数量	20399	22784	23690	24944	26054
旅行社资产总额（亿元）	585.96	666.14	711.17	839.55	1039.77
旅行社营业收入（亿元）	1806.53	2649.01	2871.77	3374.75	3599.14

数据来源：年度旅游业统计公报。

7. 工艺美术品生产行业投资状况

2013年工艺美术品生产行业投资规模为994.32亿元，其中产品生产性固定资产投资828.18亿元，传播渠道固定资产投资166.14亿元；与2012年相比，分别增长39.96%、47.57%和11.34%。

表28　2009~2013年工艺美术品生产行业投资状况

单位：亿元，%

年　度	2009	2010	2011	2012	2013
产品生产性固定资产投资	353.68	412.44	515.78	561.22	828.18
传播渠道固定资产投资	25.48	28.97	32.89	149.22	166.14
合　计	379.16	441.41	548.67	710.44	994.32
增　幅	10.72	16.42	24.30	29.48	39.96

数据来源：国家统计局。

表 29　2009～2013 年工艺美术品生产行业投资比重状况

单位：%

年　度	2009	2010	2011	2012	2013
产品生产性固定资产投资	93.28	93.44	94.01	79.00	83.29
传播渠道固定资产投资	6.72	6.56	5.99	21.00	16.71
合　计	100.00	100.00	100.00	100.00	100.00

（三）文化相关产品生产的投资概况

1. 文化产品辅助生产行业投资概况

2013 年文化产品辅助生产行业投资规模为 2863.28 亿元，其中产品生产性固定资产投资 1285.71 亿元，传播渠道固定资产投资 1577.57 亿元；与 2012 年相比，分别增长 22.01%、16.59% 和 26.82%。

表 30　2009～2013 年文化产品辅助生产行业投资状况

单位：亿元，%

年　度	2009	2010	2011	2012	2013
传播渠道固定资产投资	550.27	658.28	790.37	1243.96	1577.57
产品生产性固定资产投资	614.07	743.13	788.38	1102.76	1285.71
合　计	1164.34	1401.41	1578.75	2346.72	2863.28
增　幅	28.41	20.36	12.65	48.64	22.01

数据来源：国家统计局。

表 31　2009～2013 年文化产品辅助生产行业投资比重状况

单位：%

年　度	2009	2010	2011	2012	2013
产品生产性固定资产投资	47.26	46.97	50.06	53.01	55.10
传播渠道固定资产投资	52.74	53.03	49.94	46.99	44.90
合　计	100.00	100.00	100.00	100.00	100.00

2. 文化用品生产行业投资概况

2013 年文化用品生产行业投资规模为 3509. 80 亿元，其中产品生产性固定资产投资 3367. 28 亿元，传播渠道固定资产投资 142. 52 亿元；与 2012 年相比，分别增长 8. 09%、6. 57% 和 63. 05%。

表 32　2009~2013 年文化用品生产行业投资概况

单位：亿元，%

年　度	2009	2010	2011	2012	2013
产品生产性固定资产投资	1190. 73	1302. 75	1587. 29	3159. 57	3367. 28
传播渠道固定资产投资	131. 66	120. 41	155. 78	87. 41	142. 52
合　计	1322. 39	1423. 16	1743. 07	3246. 98	3509. 80
增　幅	19. 51	7. 62	22. 48	86. 28	8. 09

表 33　2009~2013 年文化用品生产行业投资比重状况

单位：%

年　度	2009	2010	2011	2012	2013
产品生产性固定资产投资	90. 04	91. 54	91. 06	97. 31	95. 94
传播渠道固定资产投资	9. 96	8. 46	8. 94	2. 69	4. 06
合　计	100. 00	100. 00	100. 00	100. 00	100. 00

3. 文化专用设备生产行业投资概况

2013 年文化专用设备生产行业投资规模为 495. 54 亿元，其中产品生产性固定资产投资 400. 32 亿元，传播渠道固定资产投资 95. 22 亿元；与 2012 年相比，分别增长 - 5. 05%、- 9. 82% 和 22. 11%。

表 34　2009～2013 年文化专用设备生产行业投资状况

单位：亿元，%

年　度	2009	2010	2011	2012	2013
产品生产性固定资产投资	152.89	179.39	214.91	443.91	400.32
传播渠道固定资产投资	9.15	4.39	8.77	77.98	95.22
合　计	162.04	183.78	223.68	521.89	495.54
增　幅	32.17	13.42	21.71	133.32	-5.05

表 35　2009～2013 年文化专用设备生产行业投资比重状况

单位：%

年　度	2009	2010	2011	2012	2013
产品生产性固定资产投资	94.35	97.61	96.08	85.06	80.78
传播渠道固定资产投资	5.65	2.39	3.92	14.94	19.22
合　计	100.00	100.00	100.00	100.00	100.00

（四）我国文化产业投资的外部资金来源分析

近年来，我国出台了多个与文化产业相关的扶持政策，特别是 2014 年 3 月国务院发布的《关于深入推进文化金融合作的意见》，强调对中小文化企业的金融支持、建立地方支持本地文化企业的金融体系，我国金融机构不断加大对文化产业支持的力度，创新融资方式以满足文化企业的多元化需求，进一步提升文化产业金融服务水平，并取得显著成效。多家银行机构加大了对文化产业的信贷支持力度，搭建文化产业信贷一体化合作机制，为各类文化企业、文化产业项目提供全方位的金融支持。保险行业确定了三家保险龙头企业作为试点单位，针对文化企业的自身特点推出保险品种。各类社会资本积极投入文化产业，多种融资方式为文化企业选择多样化的融资提供了方便。同时，一批经营稳定、管理成熟的优质文化企业逐步登陆资本市场，利用多层次资本市场做大做强，文化企业资本市场融资逐步成熟。

1. 社会资本投入文化产业状况

在文化产业信贷融资上，随着"创意贷""文创贷""展业通"等成熟型文化信贷产品的价值开始凸显，包含无形资产与收益权等（抵）质押方式的扶持创新应用，从 2009 年起，文化产业贷款就开始成为文化产业融资的重要方式之一。据中国人民银行统计，截至 2013 年 3 月，全国文化产业中长期贷款余额高达 1291 亿元，同比增长 35.1%，高于全行业平均增速 24.9%，有效地支撑了文化产业的发展。

截至 2013 年 12 月，文化产业中长期本外币信贷余额已达 1574 亿元，185 家文化企业注册发行的债券余额达 2878.5 亿元，77 家文化企业在沪深两地资本市场上市，全国各类型的文化产业股权投资基金 57 只，募集规模超过 1350 亿元。金融对文化产业的支持力度在不断加大，但文化在与金融的实际融合过程中遭遇阻碍重重。

2. 中国银行间债券市场已经成为文化企业债券融资的核心市场

文化企业在中国银行间债券市场和中小企业私募债两大领域开展债券融资。截至 2013 年 7 月，有 80 多家文化企业在银行间市场进行 180 多次各类债券融资工具交易，融资规模累计达 1820 亿元，约占文化企业债务融资总量的 95%。文化休闲娱乐服务（含旅游业）、广播电影电视服务、新闻出版服务占据融资总额前三名，融资数额和比例分别为：1350 亿元，75%；226.82 亿元，13%；200.25 亿元，11%。工艺美术品生产、文化信息传输服务和相关文化产品生产只占 1% 左右。

在文化产业私募债融资方面，自 2004 年到 2013 年 1～7 月，约

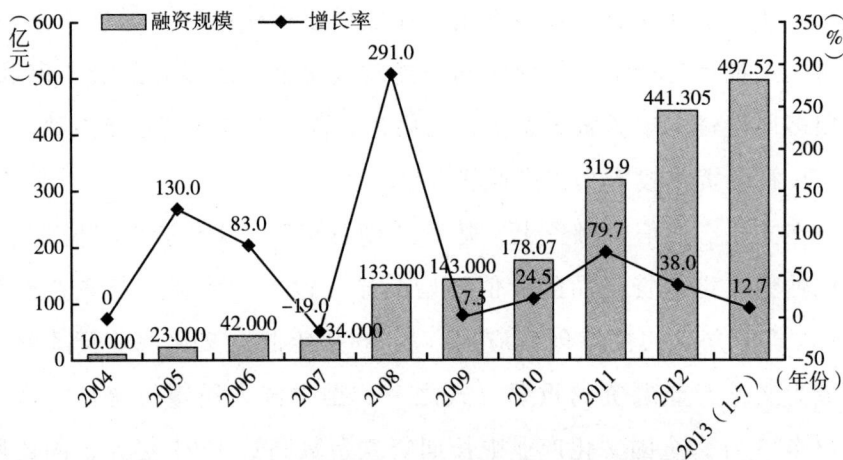

图4 中国银行间市场债务融资规模及年增长率

有21家企业在上海证券交易所和深圳证券交易所（以下称为"两交所"）进行债券融资，融资总金额达96.2亿元，约占文化企业总债务融资额的5%，其中上海证券交易所文化企业债券融资为58亿元，深圳证券交易所为38.2亿元，主要以文化娱乐和文化信息传输类企业为主。

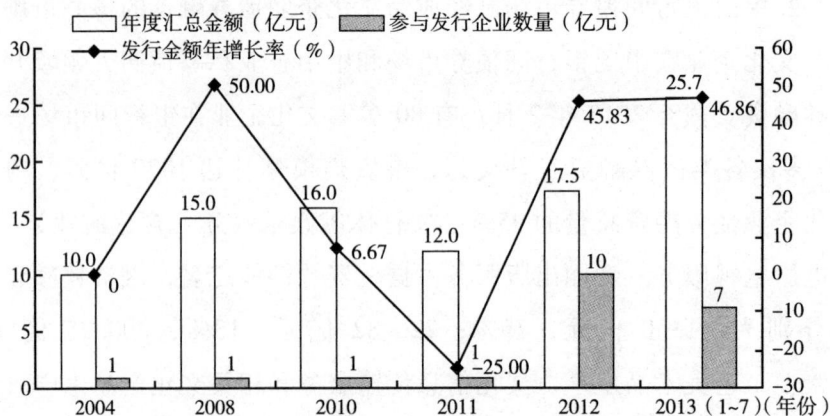

图5 文化企业发行私募债情况

3. 文化企业信托融资实现高速增长，2012年创历史新高

在国家政策的带动下，依托信托融资方式本身的产品灵活多样（有贷款融资产品、权益性融资产品、资产证券化融资产品、股权信托等），信托财产独立性强（既独立于委托人的财产，也独立于信托担保公司的财产），市场化程度高等优势，从2011年起信托融资逐渐成为文化企业融资的新手段。据不完全统计，截至2013年7月，文化产业通过发行信托产品进行约124次融资，融资总金额达近200亿元。

图6显示，2004年到2010年信托融资参与主体数量少、融资金额少，2011年发展较为迅速，增长率达244.39%，发行次数增长到11次，金额达到18.01亿元；2012年文化产业信托产品发行64次，融资规模达到116.28亿元，同比增长545.57%。2013年1~7月发行次数为33次，融资额度达到56.84亿元。

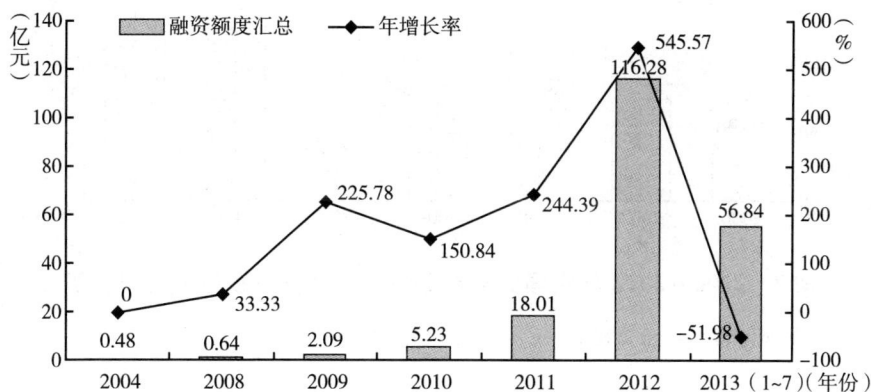

图6 文化产业信托市场情况

数据来源：新元文智整理。

4. 私募股权融资近两年实现融资事件数量和融资规模双向快速增长

以移动互联网为代表的信息传播技术的发展，不断延展文化产业

的规模经济和范围经济的能力，行业间融合、互动、整合能力强，边界更加模糊，给文化产业未来发展带来更大发展空间，促使私募股权机构纷纷投资文化产业，寄希望于文化企业在股市上的变现能力，以此获取高溢价收益。据图7，2006～2012年我国文化产业领域内发生私募股权投融资事件711起，其中公布规模的投融资事件为464起，投融资涉及金额折合1026.9亿元。有迹象表明，2011年文化产业私募股权融资出现拐点，表现为融资事件猛增、融资规模变大，融资领域以互联网文化信息与软件服务、数字化内容生产与制作等创新性业务为主。

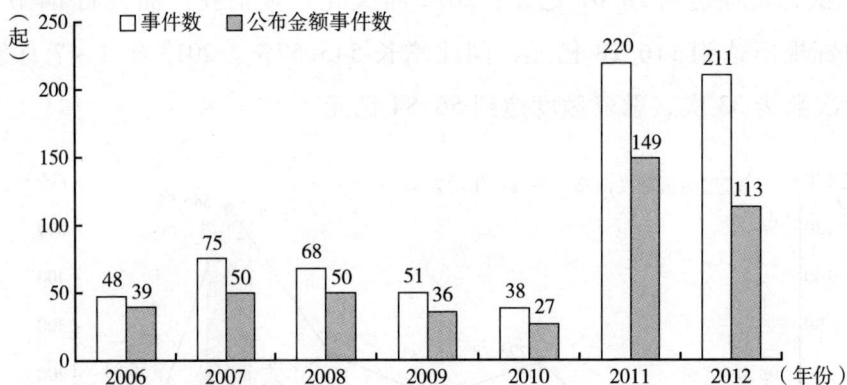

图7　2006～2012年我国文化产业各年度私募股权投融资事件数

数据来源：新元文智整理。

5. 上市融资成为优质文化企业逐步登陆资本市场的重要途径

近年来，一批经营稳定、管理成熟的优质文化企业逐步登陆资本市场，利用多层次资本市场做大做强。截至2012年，我国共有100家文化企业成功上市，我国IPO上市文化产业企业融资规模达到1057.85亿元。2012年我国共有17家文化产业企业成功登陆资本市场，11家IPO上市的企业中，上市融资规模折合人民币103.44亿元。同时，2013 年 8 月，国务院、证监会明确提出中小企业股份转让系统将正式扩容，此举将极大地提高具有高成长性和创新性的文化传媒企业获得资本市场青睐的概率。

（五）我国文化产业投资趋势

1. 文化产业的产业政策及投资政策将对投资发挥更明显的导向作用

2013 年，文化产业的产业政策及投资政策在引导资本对产业进行投资的环节上起到了相当积极的作用。例如，在广播电影电视服务行业，国家以产量换质量的政策导向，引导投资者和作品制作人将重心回归到影视作品的内容和质量上，虽然 2013 年影视作品的产量有所下降，但是作品总体收入稳步上升。又如，在文化休闲娱乐服务行业，国家旅游局以质量建设为切入点，引导精品旅游产品的投资，一连颁布了多个政策和纲要，使得文化休闲娱乐服务行业的投资更注重游客的体验环节，更注重景区本身的旅游特色建设。

未来，在产业政策和投资政策的合力推动下，政策对投资资金的引导作用将会更明显。

2. 通过深化改革和简政放权，文化产业投资领域将持续向社会资本扩大放开

继续深化改革、简政放权，成为 2013 年文化产业政策的重要特点之一。

第一，国家对部分行政管理机构进行重组，对机构职能予以重新界定，取消部分原有机构的行政管理职责，通过市场管理手段实现个别职能的管理。

第二，国家取消及下放文化产业的部分行政管理审批手续，简化了业务的流程，同时也放开了个别领域的资本限制。例如，逐步放宽电影审查的尺度，为电影投资的"宽进"创造条件；取消电影洗印

单位接受委托洗印加工境外电影底片、样片和电影片拷贝审批；取消中外合作摄制电影片所需进口设备、器材、胶片、道具审批。

第三，鼓励社会力量和资本投资文化产业，并加大支持力度。例如，在文化休闲娱乐行业中，国家鼓励社会力量投资建设旅游休闲设施，开发特色旅游休闲线路和优质旅游休闲产品，鼓励和支持发展私人博物馆；在文化信息传输行业中，国家加大财政投资和补贴推进文化信息资源共享，为文化信息共享搭建平台。

随着改革的深化，产业相关领域的进入门槛和行政管制环节将会逐步放开和松绑，同时，国家也将继续出台相应的措施，鼓励和引导社会资本投资文化产业。

3. 技术的更新及泛网络化的深入发展，将进一步改变产业及投资的格局

技术的更新和泛网络化的深入发展，对文化产业的格局会产生深远的影响。

第一，传统媒体（特别是纸质媒体）在互联网的冲击下，出现产业增长疲软、投资增速放缓等情况，会通过寻求纸媒和网媒结合、线上与线下结合的方式构建行业竞争力。

第二，泛网络化和社交化阅读的习惯逐步蔓延，手机取代 PC 成为第一大网络用户终端，文化信息传播产业的格局和投资也会发生调整。

第三，随着以网络和移动网络为技术特征的新媒体的广泛应用，广告行业的发展格局正快速地改变，新媒体逐渐成为广告投放的主要渠道之一。

未来，技术更新将会使得更多新型的文化产业业态逐步萌芽和生长，而泛网络化的消费习惯则在逐步地引导新的市场形成，上述两大因素可能将决定文化产业的投资趋势。

4.产业融合投资和"大文化产业"的投资开始加速，将形成新的产业格局和竞争格局

在"互联网＋文化产业"的趋势逐步明朗之际，文化产业内部相关产业融合的步伐也正在迈出。

第一，资源整合型的产业融合。例如报纸、期刊、图书、音像制品、电子出版物、数字出版业务和出版、印刷复制、发行等资源，将可能通过云技术及数字化手段实现资源共享、产业互补、行业边界扩展等，进行全产业链发展，为投资者带来广阔的投资空间。

第二，资源共享型的产业融合。例如2013年，华策影视通过收购上海克顿文化传媒和入股上海最世文化，实施其打造"文化＋影视"平台的战略；奥飞动漫通过收购资讯港、广东原创动力以及手机游戏公司方寸科技和爱乐游，从原来的玩具公司发展壮大成为拥有制作能力、播出渠道、玩具生产和游戏开发等的全产业链运营动画公司。通过产业链的融合，相关的内容资源得以共享，实现了资源优势互补，能充分发挥不同产业的特点和优势。

第三，资源互补型的产业融合。例如，广告宣传与产品营销传播一体化将更深入。广告设计服务业将由此展开以营销为核心的产业升级，并与产品的营销传播进行深入的一体化。包括在广告内容设计环节融入产品营销的手段；在广告渠道的选择上，将整合公关、购销互动等元素；在产业链上，广告服务将与产品的促销、直销相结合。

（六）我国文化产业投融资存在的问题

文化产业投融资是推动文化产业发展的重要力量，近年来文化产业的快速发展，与文化金融合作的深入开展和投融资体系的建设不断取得成效密不可分，正是由于社会资本和金融资本快速进入文化产

业，文化产业顺利实现连续多年快速增长。而资金仍然是制约文化产业进一步提升的瓶颈之一。一方面，文化产业具有巨大的投融资空间，如需求空间、内容空间、规模空间；另一方面，文化产业的投入不足，投融资效率低，投融资渠道缺乏。当前我国文化产业投融资主要存在以下问题。

1. 无形资产评估和债券融资模式亟须突破，亟须建立良性的无形资产交易市场机制，不断完善中介服务和担保服务体系

当前受文化产业发展水平不足、市场机制不完善、法律法规执行不严谨、交易机制不透明等多种因素制约，我国无形资产债券融资依然没有完全破题。一些城市建立起来的版权交易中心在版权评估、融资中介等方面不断尝试，也产生了一定的作用，但与大量的版权融资需求相比微不足道。未来，破解无形资产融资难问题的核心是要建立完善的无形资产交易市场机制，建立完善的法律法规，保障无形资产具有真实可信的评估依据。同时，无形资产融资的模式需要突破，版权链融资、债券融资、权益融资等模式需要创新。

2. 当前现状难以满足大量中小微企业极为迫切的融资需求

随着文化产业的进一步发展，中小微企业的成长越来越需要资金的扶持，对小额贷款和担保服务的需求越来越强烈。文化企业的特点是资金使用时间计划性差、资金需求量小、资金使用期限差异较大，商业银行贷款普遍难以满足需求。

3. 创新时代到来之后，天使投资和创业投资存在较大缺口

2015 年 3 月 11 日，国务院办公厅发布《国务院办公厅关于发展众创空间推进大众创新创业的指导意见》。该意见明确，到 2020 年，形成一批有效满足大众创新创业需求、具有较强专业化服务能力的"众创空间"等新型创业服务平台，培育一批天使投资人和创业投资机构，使投融资渠道更加畅通。随着"万众创新、大众创业"的时

代到来，大量创业型文化企业涌现，创新型企业对天使投资和创业投资基金资金需求增强，当前我国文化产业在这方面仍有较大缺口。

4. 创意项目和筹备项目融资需求强劲，但缺乏有效的融资渠道

目前，越来越多的创意期和筹备期的项目和产品的市场探索和资金需求强烈，大量中小微企业创意和筹备阶段的项目和产品亟须探索市场反应并进行融资。然而，目前文化创意产业的投融资体系还不健全，融资制度限制过多，国家并没有真正放开管理权，导致许多企业尤其是创意项目和筹备项目无法筹集到急需的资金，对其生产经营产生了很不利的影响。

5. 专业服务平台和服务机构发展较为滞后，亟须政府扶持

中小微企业普遍缺乏财务和金融知识以及融资技能，需要专业服务平台和服务机构的服务，但付费意愿普遍不足。同时，针对中小微文化企业的专业服务平台和服务机构发展比较落后，难以满足大量中小微企业的融资服务需求。在这方面，需要政府为专业服务平台和服务机构提供扶持，帮助这些机构降低经营成本，拓展业务机会。

6. 西部地区大量特色文化产业项目急需资金

2014 年 8 月，文化部、财政部联合印发了《关于推动特色文化产业发展的指导意见》。该指导意见确定了发展重点领域、发展区域特色文化产业带、建设特色文化产业示范区、打造特色文化城镇和乡村等主要任务。提出到 2020 年，实现基本形成特色鲜明、重点突出、布局合理、链条完整、效益显著的特色文化产业发展格局，形成若干在全国有重要影响力的特色文化产业带等一系列目标。大量的西部文化企业急需资金，但受融资技能较弱、产业发展水平不高等因素制约，融资难的问题非常突出。

7. 艺术品金融市场尚不规范，亟须完善

2013 年之前出现的艺术品信托基金、私募投资基金、艺术品租赁、艺术品抵押贷款等金融产品有着一些探索和创新，但整体金额过小、难以形成规模。当前艺术品金融市场面临的最大问题是艺术品交易市场机制不完善，交易规则和交易数据不透明，拍卖市场混乱和拍卖价格失真，缺乏真实可信的艺术品价值评估依据。我国艺术品市场经过数年调整和阵痛，未来将快速发展，对艺术品金融的需求将有着大规模增长，艺术品金融体系亟须规划艺术品交易市场，建立艺术品交易数据库。

8. 文化财政资金投入方式单一，投资效果不明显

"十二五"时期，从中央到地方都设立了文化产业专项扶持资金，对文化产业的发展起到了很大的推动作用。但是，资金在使用过程中也引起了产业界和社会的一些质疑，资金投入产生的效果是问题之一。文化财政资金投入方式亟须转变，要从扶持单个项目投资向扶持创业、扶持整合并购、扶持专业化服务平台方向发展。

（七）对策建议

1. 要加强无形资产评估和债券融资模式研究，建立良性的无形资产交易市场机制，不断完善中介服务和担保服务体系

首先，积极推进文化无形资产市场机制的建立，完善知识产业、版权、商标等无形资产质押市场机制。通过对无形资产评估和会计理论的研究，建立完备的文化无形资产评估体系，培养高素质的评估人才，保障文化无形资产价值的确定性和真实性。其次，完善无形资产质押融资的管理制度，规范无形资产交易业务。政府产权管理部门要充分发挥其职能，进一步完善无形资产登记管理，同时要与银行等金融部门建立沟通机制，共同维护无形资产监管体系。再次，要建立健全相关的法律法规，使文化无形资产抵押交易有法可依、有章可循。最后，要大力发展中介服务组织，使其在版权交易中介、版权交易评

估、担保服务等方面发挥积极作用。

2. 要适应大量中小微企业的融资需求，大力发展小额贷款、担保体系，并对中小微企业提供金融服务支持

中小微企业，甚至个人创业就业将越来越成为我国文化产业发展的主流和希望所在。中小微企业的成长需要资金的扶持，因此我国文化市场对小额贷款和担保服务的需求越来越强烈。文化企业的特点是资金使用时间计划性差、资金需求量小、资金使用期限差异较大，商业银行贷款普遍难以满足需求。因此，需要大力发展具有灵活性和快速审批等特点的小额贷款公司，适应中小微文化产业的资金需求。中小微企业普遍缺乏财务和金融知识以及融资技能，需要专业服务平台和服务机构的服务，但付费意愿普遍不足。在这方面，需要政府为专业服务平台和服务机构提供扶持，帮助这些机构降低经营成本、拓展业务机会，可以采取适当给予房租补贴、人才补贴、资金奖励等形式。

3. 要适应大量创业企业对创新型商业模式的探索需要，鼓励发展天使投资人和创业投资基金

随着"大众创业、万众创新"的时代到来，大量创业型文化企业涌现，创新型企业对天使投资和创业投资基金资金的需求增强。文化产业应大力培育天使投资人和创业投资基金，积极为天使投资人和创业投资基金提供服务和机会。可以扶持专业化社会机构发起设立"文化产业天使投资人联盟"，建设"文化产业天使投资人网络服务平台"，采取信息交流、对接活动、会议论坛、培训等多种形式为天使投资人和创业型企业提供服务。

4. 积极推动互联网众筹融资模式应用于创意期和筹备期的文化产业项目

越来越多的创意期和筹备期的项目和产品的市场探索和资金需求

强烈，互联网众筹融资这种资金来源日益重要。大量中小微企业创意和筹备阶段的项目和产品需要探索市场反应并进行融资，互联网众筹平台已经显示出良好的生命力和资金融资能力。因此，应大力扶持互联网众筹平台的发展，并鼓励文化企业通过众筹平台融资。

5. 鼓励社会资本进入文化产业领域，积极推广 PPP 合作模式

2014 年 11 月 16 日，《国务院关于创新重点领域投融资机制鼓励社会投资的指导意见》（国发〔2014〕60 号）下发，提出在生态、水利、基础设施、交通、能源、信息和民用空间基础设施、社会事业等领域，鼓励社会资本特别是民间资本参与投资。2014 年 12 月 4 日，国家发改委与财政部分别在各自官网上发布了《关于开展政府和社会资本合作的指导意见》和《政府和社会资本合作模式操作指南（试行）》，分别从政策层面和实际操作上对政府和社会资本的合作予以指导。2014 年 10 月 24 日国务院常务会议提出，积极推广政府与社会资本合作（PPP）模式。PPP 模式侧重于政府和社会资本合作，有利于增强公共产品和服务供给能力、提高供给效率，PPP 模式还可以通过特许经营、购买服务、股权合作等方式，与社会资本建立利益共享、风险分担及长期合作关系。文化产业 PPP 模式大有可为，应该成为财政支持文化发展的重要战略方向。这就需要进一步创新社会化组织，承接财政资金的运作，使广泛的社会资本和金融资本形成联动，推动 PPP 项目的实施。

6. 建立有针对性的投融资平台，大力扶持社会化专业化服务机构，为西部文化企业提供投融资中介服务

大量的西部文化资源开发、文化企业发展急需资金，但相对于中部和东部地区，西部文化市场更不健全，专业化机构更加缺乏，文化企业融资能力较弱、融资难的问题更加突出。因此，推动西部特色文化产业发展既需要加大财政资金投入力度，也需要专业化社会化服务

机构和服务平台。可以考虑选择西部大型区域综合性文化产业项目进行 PPP 试点，建立"西部文化发展组合基金"，鼓励和扶持中东部优秀的服务机构加入其中提供专业化服务，争取获得突破性的成果。同时也可以采取资金资助、奖励，当地政府房租补贴、协助推广、组织培训班等形式，吸引中东部的优秀机构在西部开设分支机构。

7. 完善艺术品市场交易机制，规范艺术品拍卖市场

中国艺术品交易市场最大的瓶颈就是市场机制不完善，缺乏艺术品市场退出程序。同时，市场内部评估机制不完善，艺术品交易不透明，给黑幕交易提供了方便，极易引发金融危险。发展艺术品金融，应完善艺术品交易市场机制，完善法律法规，规范拍卖市场，建立艺术品交易记录机制。在这方面，政府应采取措施规范拍卖市场，通过支持建立社会化服务机构，采集和整合艺术品交易数据，面向艺术品投资人、经纪人、商业银行等金融机构提供交易信息服务。依托艺术品交易数据，鼓励金融机构开发艺术品金融产品和服务，推动艺术品金融创新。

8. 转变财政资金投入方式，加强与社会资本、金融资本的协同合作

财政资金投入方式亟须转变，应与社会资本、金融资本进一步加强协同合作，从扶持单个项目投资向扶持创业、扶持整合并购、扶持专业化服务平台方向发展。财政资金的投入方向应从单个项目投资和企业奖励转变为以"最大限度推动产业发展、最大限度产生杠杆效应、最大限度维护市场公平"为原则，与社会资本、金融资本协同合作的模式，联合社会资本、金融资本共同设立创业投资基金、整合并购基金，扶持社会化专业服务平台，扶持和奖励互联网众筹融资平台。

文化产业海外投资分析报告

摘　要： 按照投资的资本使用意向和投资标的的行为，我国国内文化企业海外投资事件分为股权投资事件、海外并购事件和海外投资项目。2013～2014 年，国内文化企业在海外股权投资事件 51 起，涉及金额 40.76 亿美元；2013～2014 年，阿里巴巴、华谊兄弟、腾讯、百度及搜狐等 21 家国内文化企业海外并购事件 25 起。

近年来，海外投资金额规模不断扩大，文化产业海外投资快速发展，文化产业海外投资主要涉及软件网络及计算机服务领域、游戏动漫领域、SNS 社交领域、教育培训领域及文化产业外的其他领域。投资区域主要集中于美国，腾讯和阿里巴巴是主要投资者。

关键词： 海外投资　游戏动漫　社交领域　互联网　并购重组

近年来，在国家文化产业政策的积极引导和文化体制改革的大力推动下，我国文化产业已经由探索、起步的初级阶段，开始步入高速发展的新时期。文化产业具有产业关联度大、带动性强的特点，可以和其他产业融合发展，促进我国产业结构的升级发展。中国文化企业是文化产业的经营主体，中国文化企业"走出去"，不仅可以通过将更多的文化产品和文化服务销往海外获得经济利益，还将在"走出去"的过程中增加与外国文化企业的交流与合作，学习先进的发展经验，从而有助于企业自身的发展，推动我国文化产业的发展，并有利于促进我国产业结构的升级发展。

自 2013 年起，我国政府陆续出台政策引导、财政支持、税收减免及奖励补贴等政策来鼓励文化企业进行海外投资，通过并购重组以及设立分支机构等方式来扩大海外经营。至 2014 年 10 月，国内文化企业海外投资范围从亚洲地区逐渐扩大到北美及欧洲等文化产业发达地区，涉及领域也从早期的互联网和网络游戏行业向出版、广告传媒、影视、社交及旅游等行业扩展，投资金额也逐步增加。当然，我们还应注意到我国文化产业科技与文化融合还有欠缺，文化产品内容创意水平还有待提高。通过增强我国文化企业原创力、提升文化产业资源创意开发能力，以及提高文化产品创新能力，来增强我国文化企业海外竞争软实力还有一段路要走。

一　文化产业海外投资政策环境

随着以国务院、文化部及商务部等为主体的国家主管部门发布一系列支持文化产业海外投资发展的政策文件，我国文化产业企业海外发展更加积极，其前景也得到了更大的保障。进行海外投资的文化企业的行业分布更加广泛，产品和服务也更加丰富和多样，海外投资版图也持续快速扩大。

（一）政策扶持和财政减免

2014 年 3 月，《国务院关于推进文化创意和设计服务与相关产业融合发展的若干意见》发布，该意见提出"支持有条件的企业'走出去'，扩大产品和服务出口，通过海外并购、联合经营、设立分支机构等方式积极开拓国际市场"。

2014 年 3 月，《国务院关于加快发展对外文化贸易的意见》提出，"着力培育外向型文化企业，鼓励各类文化企业从事对外文化贸易业务，到境外开拓市场"并"扩大文化产品和服务出口，加大文化领域对外投资"，同时"鼓励各类企业通过新设、收购、合作等方式，在境外开展文化领域投资合作"来提高文化产品质量，提升文化企业的竞争软实力。

2014 年 3 月，文化部、中国人民银行及财政部联合下发《关于深入推进文化金融合作的意见》，该意见特别指出要"开发推广适合对外文化贸易特点的金融产品及服务"，"积极支持文化企业海外并购、境外投资，推进文化贸易投资的外汇管理和结算便利化"，同时要求地方政府和各金融机构"积极发挥文化金融在自由贸易区、丝绸之路经济带、海上丝绸之路等建设中的作用"，引导文化企业快速发展并鼓励文化企业走向海外。

文化部、财政部联合工信部在 2014 年 8 月相继出台了《关于大力支持小微文化企业发展的实施意见》和《关于推动特色文化产业发展的指导意见》，要求各级地方文化及金融部门支持文化企业发展，健全体系规划，并在国家"十二五"规划纲要的基础上推进文化产业发展，同时鼓励有条件的文化企业"在境外开展项目推介、产品展销、投资合作，扶持特色文化精品进入国际市场"。并要求文化金融机构"协助特色文化企业了解和分析境外文化市场动态，拓展境外营销网络和渠道"。

（二）项目补贴和奖励

为鼓励和支持我国文化企业参与国际竞争，扩大文化产品和服务出口，推动中华文化"走出去"，2014年5月，商务部、中宣部、财政部、文化部和国家新闻出版广电总局共同认定了《2013－2014年度国家文化出口重点企业和重点项目目录》，对符合国家政策和财政支持的企业和项目提供运营保障。

其中认定了重点企业366家，企业主要集中在北上广和江苏、浙江、安徽等省市，主要涉及出版和影视行业。重点项目123项，项目主要涉及出版、影视和传媒等行业，投资地区涵盖北美、西欧、北欧和东南亚等地区。被认定企业和项目不但可享受国家财政和税收补贴、企业以及项目的知名度和资质的认定，其在海外的投资和项目也能实施得更加容易，同时政府对文化企业海外投资的肯定，也能极大地调动文化企业海外投资的积极性。

二　国内文化企业海外投资

近年来，我国政府非常重视文化产业的发展，产业政策实施积极有效，文化产业企业的管理水平不断提升，经营规模也日渐扩大。在全球文化产业大发展以及中国积极引导文化企业"走出去"的背景下，国内文化产业企业经营者更加积极地在不同地区的不同领域寻求投资和发展机会，以增强竞争优势，国内文化企业海外投资越来越常态化。

进入 2013 年后，国内文化企业受国家政策的引导和国外文化产业扶持政策的吸引，海外投资的数量和金额大幅度提高，投资地域也逐渐扩大，国内文化企业的海外影响力也逐渐增强。以下按照投资的资本使用意向和投资标的的行为，将国内文化企业海外投资事件分为股权投资事件、海外并购事件和海外投资项目（海外分支机构）三项分别进行分析。

（一）股权投资事件

随着国内文化企业实力的增长和管理水平的提升，国内文化企业开始主动寻找海外投资机会来增强企业在海外的影响并有效增强自身竞争力，涉及的投资金额也越来越大。同时，基于国家政策和财政的有力支持，国内文化企业海外投资的信心和积极性都得到了很大的提升，海外投资的利益也获得了国家有力的保障。

1. 股权投资积极性提升

2013～2014 年，国内文化企业在海外进行股权投资事件 51 起，涉及金额 40.76 亿美元，标的方主要涉及软件网络及计算机服务领域、游戏动漫领域、SNS 社交领域、教育培训领域及文化产业外的其他领域。投资方主要以阿里巴巴、腾讯及百度等互联网企业为代表。

（1）主要投向软件网络及计算机服务业

投资软件网络及计算机服务业的事件数最多，有 15 起，涉及金额 45520 万美元，投资方主要是阿里巴巴、腾讯和百度，而网信金融和奇虎 360 等稍小型的互联网企业也开始走向海外。其中复兴资本投资东南亚的移动互联网企业 Mainspring，是复星昆仲第一家海外 TMT 投资项目。在平台方面，Mainspring 拥有印尼最大的安卓下载及攻略网站；在游戏方面，它引入了多款经中国等市场充分验证的游戏产品，Mainspring 很有机会成为东南亚地区最具影响力的移动互联网服务平台。

表1 2013～2014 年投资软件网络及计算机服务业事件一览

序号	领域	投资方	标的方	地区	时间	金额
1		阿里巴巴	V–Key	新加坡	2014 年	（合投）1200 万美元
2		阿里巴巴	Quixey	美国	2013 年	5000 万美元
3		阿里巴巴	Tango	美国	2014 年	2.8 亿美元
4		腾讯	AltspaceVR	美国	2014 年	520 万美元
5		腾讯	CyanogenMod	美国	2013 年	（合投）2300 万美元
6		腾讯	Scaled Inference	美国	2014 年	未披露
7		百度	Pixellot	以色列	2014 年	300 万美元
8	软件网络及计算机服务	时尚传媒 & 联创策源	Asap54	英国	2014 年	200 万美元
9		网信金融	Hailo	英国	2014 年	未披露
10		奇虎 360	PSafe	巴西	2013 年	（合投）3000 万美元
11		小米科技 & 顺为基金	Pebbles Interfaces	以色列	2013 年	（合投）1100 万美元
12		复兴资本	Mainspring	印度尼西亚	2014 年	（合投）数千万美元
13		联创策源	Delectabl	美国	2014 年	300 万美元
14		21 世纪天使创投	M87	美国	2014 年	（合投）300 万美元
15		戈壁投资	Mainspring	印度尼西亚	2013 年	数百万美元

数据来源：新元文智整理。

（2）阿里巴巴主导的电子商务领域也是投资重点

投资电子商务领域的事件有6起，投资方以阿里巴巴为主导，阿里巴巴以电子商务起家，一直致力于更加快捷高效的电子商务服务，2014年9月，阿里巴巴在美国纽交所成功上市，预计其在美国及更广阔的海外地区还将有后续的投资计划。

表2　2013～2014年投资电子商务领域事件一览

序号	领域	投资方	标的方	地区	时间	金额
1	电子商务	阿里巴巴	ShopRunner	美国	2013年	7000万美元
2		阿里巴巴	ShopRunner	美国	2013年	2.06亿美元
3		阿里巴巴	1stdibs	美国	2014年	1500万美元
4		阿里巴巴	Fanatics	美国	2013年	（合投）1.7亿美元
5		腾讯	Fab	美国	2013年	1.5亿美元
6		君联资本	Wish	美国	2014年	（合投）5000万美元

数据来源：新元文智整理。

（3）文化艺术及相关服务等领域投资看涨

投资游戏动漫领域事件8起，SNS社交网络领域事件5起，教育培训领域事件2起，旅游休闲服务领域、广告会展领域和广播电影电视领域事件各1起，共涉及金额146080万美元。其中游戏动漫领域和SNS社交网络领域事件最多，投资方主要为腾讯，腾讯是中国最早起步的互联网社交应用企业，也是目前中国最大的网络游戏服务提供商，腾讯近年来一直积极努力拓展海外市场，最早是投资韩国、日本和东南亚周边的一些游戏企业，目前也逐渐向美国等北美和欧洲地区发展。

教育培训领域的海外投资是众多股权投资中的一个亮点，中国的教育发展与西方教育发展之间一直被认为有一定的差距。2014 年 10 月，好未来领衔中国投资财团与美国硅谷著名的 Benchmark 资本共同投资美国 Minerva 大学，其中好未来单方出资 1800 万美元，好未来十分看重 Minerva 在独特的教学方法与互联网结合方面的创新型实践，此次与 Minerva 达成战略投资协议，搭建一座中美教育衔接的新桥梁，将为中国的优秀学生提供极其前沿创新的学习视角。如今，全世界范围内教育行业正迎来前所未有的大变革，科技、互联网与教育的结合如火如荼，未来教育行业定会在全球范围内共享资源和创新，并得到更加迅速的发展。

表3　2013～2014 年投资文化艺术及相关服务等领域事件一览

序号	领域	投资方	标的方	地区	时间	金额
1	游戏动漫	腾讯	CJ E&M	韩国	2014 年	5 亿美元
2		腾讯	kamcord	美国	2013 年	100 万美元
3		腾讯	Plain Vanilla	冰岛	2013 年	（合投）2200 万美元
4		腾讯	Playdots	美国	2014 年	（合投）1000 万美元
5		腾讯	Aiming	日本	2014 年	未披露
6		腾讯	Kamcord	美国	2014 年	1500 万美元
7		腾讯	Creative Lab	韩国	2014 年	1.1 亿美元
8		阿里巴巴	Kabam	美国	2014 年	1.2 亿美元
9	SNS 社交网络	腾讯	Snapchat	美国	2013 年	8000 万美元
10		腾讯	Whisper	美国	2014 年	（合投）3600 万美元
11		腾讯	Yo	美国	2014 年	150 万美元
12		平安创投基金	eToro	俄罗斯	2014 年	2700 万美元
13		复兴资本	Connect	美国	2014 年	1030 万美元

续表

序号	领域	投资方	标的方	地区	时间	金额
14	教育培训	好未来	Minerva	美国	2014 年	1800 万美元
15		阿里巴巴	TutorGroup	美国	2014 年	（合投）1 亿美元
16	旅游、休闲服务	携程	Tours4fun	美国	2013 年	1 亿美元
17	广告会展	百度	IndoorAtlas	芬兰	2014 年	1000 万美元
18	广播电视电影	复兴集团	Studio 8	美国	2014 年	1 亿美元以上

数据来源：新元文智整理。

（4）文化产业外的其他领域的投资更加丰富

投资于文化产业外的其他行业的国内文化企业以阿里巴巴、奇虎360 和百度这些互联网企业为主，投资的领域也基本与其本身的业务领域相关或者具有产业业务延伸功能。像阿里巴巴投资美国的 Peel、Lyft 和 SingPost，都与本身电子商务主营业务相关，特别是阿里巴巴在美国上市之后，并购这些企业有助于未来阿里巴巴在海外展开业务，而以阿里巴巴作为大股东的"去哪儿"并购 GrabTaxi 也是对旅游相关业务的产业链的延伸。

表4 2013～2014 年投资文化产业外的其他领域事件一览

序号	领域	投资方	标的方	地区	时间	金额
1	其他	阿里巴巴	Peel（电子硬件）	美国	2014 年	5000 万美元
2		阿里巴巴	Lyft（汽车交通）	美国	2014 年	2.5 亿美元
3		阿里巴巴	SingPost（新加坡邮政）	新加坡	2014 年	2.49 亿美元
4		奇虎360	EyeVerify（生物技术）	美国	2014 年	600 万美元

序号	领域	投资方	标的方	地区	时间	金额
5	其他	奇虎360	Spire（企业服务）	美国	2014年	（合投）2500万美元
6		百度	Carmel Ventures（风投机构）	以色列	2014年	1.94亿美元
7		百度	Uber（汽车交通）	美国	2014年	6亿美元
8		腾讯	Tile（智能设备）	美国	2014年	1300万美元
9		人人网	Fundrise（房产酒店）	美国	2014年	3100万美元
10		小米科技	Misfit Wearables（电子硬件）	美国	2014年	（合投）4000万美元
11		去哪儿	GrabTaxi（汽车交通）	新加坡	2014年	（合投）1500万美元
12		华为	XMOS（电子硬件）	英国	2014年	（合投）2600万美元

数据来源：新元文整理。

2. 投资领域和投资金额定位密集

2013~2014年，共收集国内文化企业51起海外股权投资事件。2013年发生事件13起，涉及金额约9.16亿美元；2014年发生事件38起，涉及金额约31.6亿美元。2014年与2013年相比，投资事件数增加了25起，投资总额增加了22.44亿美元，单个事件平均投资额变化不明显。

在51起股权投资事件中，标的方涉及软件网络及计算机服务领域、游戏动漫领域、SNS社交领域、教育培训领域及文化产业外的其他领域等9大板块。其中软件网络及计算机服务领域事件数最多，为15起，占事件总数的29%，然后依次是游戏动漫领域8起（占16%），电子商务领域6起（占12%），SNS社交网络领域5起（占

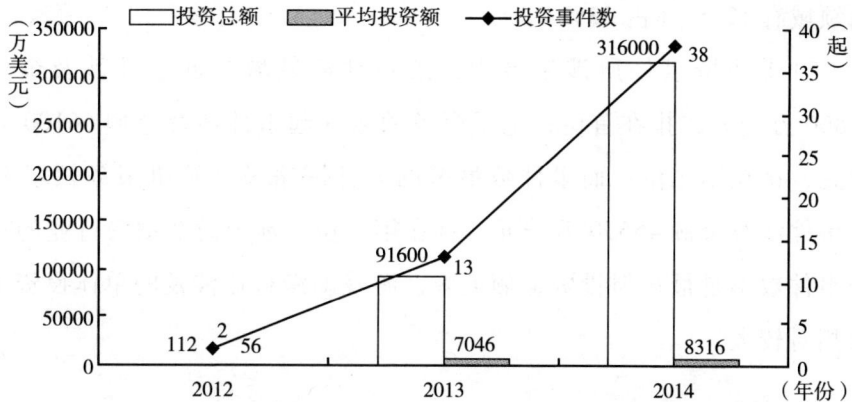

图 1　2012 年、2013 年与 2014 年股权投资事件及规模对比

数据来源：新元文智整理。

10%），教育培训领域 2 起（占 4%），广播电影电视领域、广告会展
领域和旅游休闲服务领域各 1 起（各占 2%），另外文化产业外的其

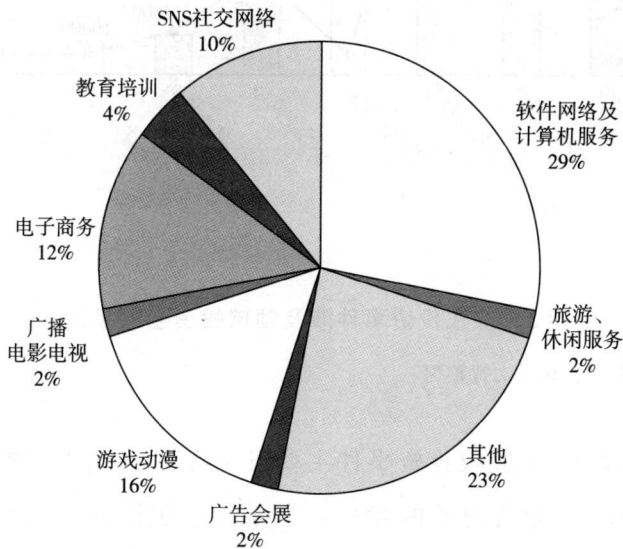

图 2　股权投资事件涉及领域事件数占比分布示意

数据来源：新元文智整理。

他领域有 12 起（占 23%）。

51 起投资事件所涉领域中，游戏动漫领域 8 起事件涉及金额 77800 万美元，排在首位；电子商务领域 6 起事件涉及金额 66100 万美元，排在第二位；而事件数最多的软件网络及计算机服务领域 15 起事件涉及金额 45550 万美元，排在第三位。涉及游戏动漫行业的投资事件数不是最多但投资金额最多，游戏动漫行业涉及的单体投资金额相对较大。

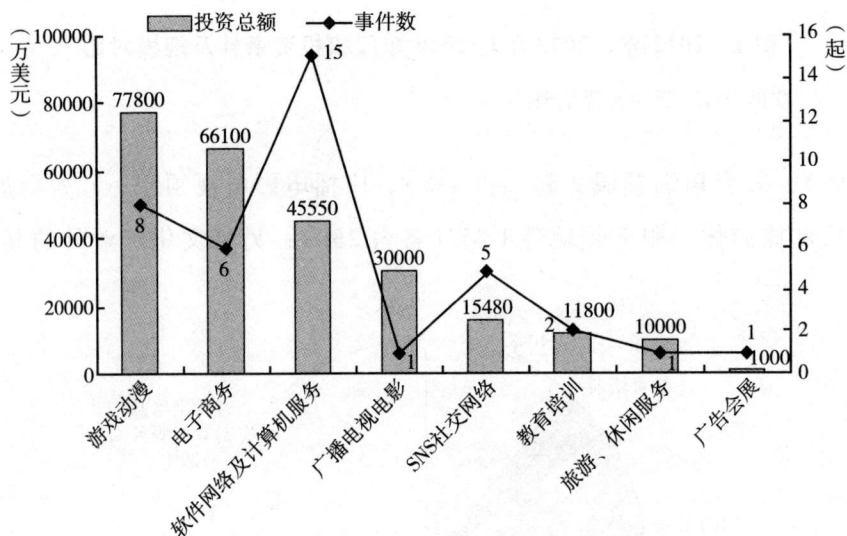

图 3　股权投资事件涉及领域投资金额示意

数据来源：新元文智整理。

2013～2014 年股权投资事件主要发生在美国，51 起投资事件有 33 起在美国，占事件总数的 65%；新加坡、英国和以色列各有 3 起事件；韩国和印度尼西亚各有 2 起事件；另外，巴西、俄罗斯、芬兰和日本等都有投资事件发生。

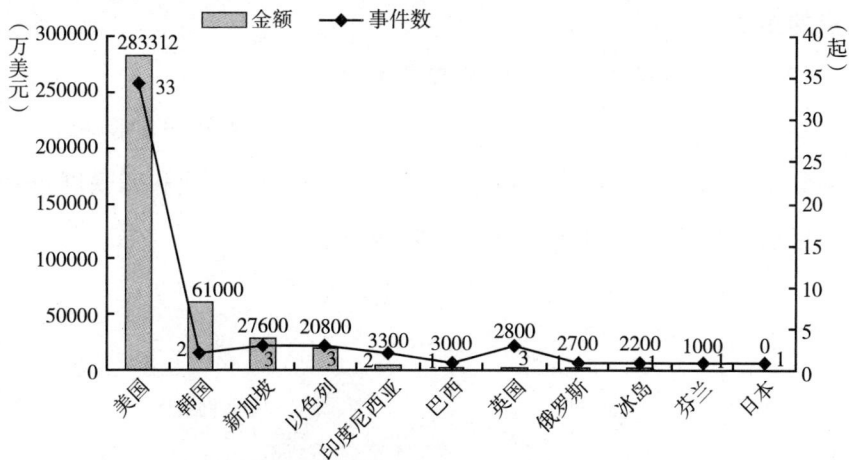

图4 股权投资事件涉及地区个数及规模示意

数据来源：新元文智整理。

3. 投资地域化明显

（1）美国的互联网及应用行业是主投

综合 51 起投资事件来看，美国是投资事件的主要发生地，51 起投资事件有 33 起发生在美国。而标的方涉及的行业主要集中在游戏动漫、电子商务和软件网络及计算机服务等互联网周边行业。

美国是互联网起步最早，也是当今互联网发展程度最高的国家，互联网在美国的渗透率也极高，互联网与金融、社交、游戏、教育、文化等众多方面形成了很好的融合，美国人在互联网的基础上创造了一个又一个企业营利模式的奇迹，也不断吸引着全球的关注。当年百度和腾讯的上市开启了中国互联网企业的爆炸式增长，中国庞大的用户基础始终吸引着众多投资者参与互联网的发展，作为互联网发展水平最高的美国，从管理体系到运营模式，一直是中国互联网企业模仿和学习的典范。中国互联网企业可以从标的方了解到更深层次的市场模式和需求。2014 年阿里巴巴在美国的上市带来了一波互联网海外投资的热潮。

（2）腾讯和阿里巴巴是主要投资者

参与51起海外投资的企业共有约20家，其中腾讯和阿里巴巴2家主导了27起投资事件。腾讯主要投资在社交、游戏和互联网行业；阿里巴巴主要投资在电子商务和互联网行业。

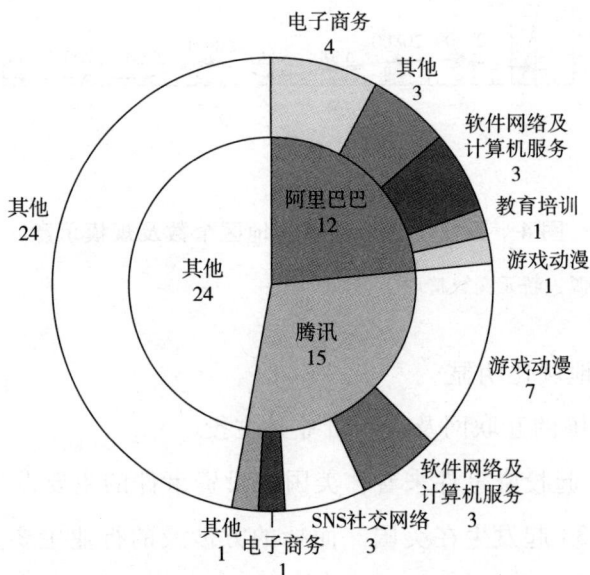

图5 海外投资主要企业及涉及行业分布

数据来源：新元文智整理。

腾讯是以交友软件为主体、游戏运营为主业的大型互联网企业，近年来积极拓展游戏运营业务，现已成为国内最大的游戏运营商。其投资主要定位于韩国的游戏企业和美国的社交行业企业，腾讯在国际上的投资一直都比较频繁，且多以游戏行业为主。

阿里巴巴是国内大型多元化互联网企业，旗下淘宝商城和支付宝是国内电子商务行业的典范，阿里巴巴一直致力于海外互联网和电子商务行业的投资，2014年阿里巴巴在纽约成功上市更提升了自身在海外市场的影响力。阿里巴巴主要围绕自身电子商务及互联网周边应用进行海外投资。

（二）海外并购事件

近年来，我国文化企业管理水平稳步提高，经营规模也逐渐扩大，在国家政策和财政的有力支持下，越来越多的文化企业走出国门，并购海外企业并参与其管理，学习先进的管理知识，了解国外企业的经营状况和策略，更加深入地贴近海外用户，结合中外差异来完善自身的管理和发展体系，打通国际市场，并提升自身的海外营销能力。

1. 海外并购事件增多，规模持续扩大

2013～2014年，共收集到来自阿里巴巴、华谊兄弟、腾讯、百度及搜狐等21家国内文化企业海外并购事件25起，并购金额约39亿美元。标的方企业涉及游戏动漫、广播电影电视、广告会展、软件网络及计算机服务和新闻出版以及文化产业外的其他行业等9个板块，并购地区涵盖了美国、韩国、日本、新加坡、英国及澳大利亚等10个国家和地区。

表5　2013～2014年国内文化企业海外并购事件一览

序号	领域	买方	标的方	地区	时间	金额	占股
1		腾讯	PATI Games	韩国	2014年	200亿韩元	20%
2		腾讯	Riot Games	美国	2013年	2.31亿美元	92.78%
3	游戏动漫	完美	Digital Extremes	加拿大	2014年	360万美元	3%
4		奇虎360	KLab	日本	2013年	5亿9400万日元	2.56%
5		天舟文化	ON HOLDING INC	日本	2014年	120万美元	25%

续表

序号	领域	买方	标的方	地区	时间	金额	占股
6	广播电影电视	华策影视	NEW	韩国	2014 年	535.8 亿韩元	15%
7		华谊兄弟	Studio 8	美国	2014 年	1.5 亿美元	—
8		搜狐	Keyeast	韩国	2014 年	150 亿韩元	6%
9	广告会展	蓝色光标	Vision 7	加拿大	2014 年	11.2 亿元人民币	85%
10		蓝色光标	Fuseproject	美国	2014 年	4667 万美元	75%
11	电子商务	兰亭集势	Ador	美国	2014 年	未披露	100%
12		百度	Peixe Urbano	巴西	2014 年	未披露	0%
13	软件网络及计算机服务	久邦数码	GetJar	美国	2014 年	530 万美元	100%
14		百度	TrustGo（移动安全公司）	美国	2013 年	3000 万美元	100%
15	旅游、休闲服务	探路者	Asiatravel 公司	新加坡	2014 年	400 万新元	7.07%
16		探路者	Asiatravel 公司	新加坡	2013 年	800 万新元	14.15%
17	新闻出版	凤凰传媒	PIL	美国	2014 年	8000 万美元	100%
18		广西师大出版集团	澳大利亚视觉出版集团	澳大利亚	2014 年	200 万美元	100%
19	SNS 社交网络	富智康	mig33	新加坡	2014 年	960 万美元	19.90%
20	其他	山东远大网络	AutoAgronom	以色列	2014 年	2000 万美元	100%
21		阿里巴巴	SingPost（新加坡邮政）	新加坡	2014 年	3.125 亿新元	10.35%
22		万达	圣汐公司	英国	2014 年	3.2 亿英镑	98.81%
23		美盛文化	Agenturen en Handelsmij Scheepers	荷兰	2013 年	1062.5 万欧元	85%
24		华为	Neul	英国	2014 年	2500 万美元	100%
25		联想集团	IBM	美国	2014 年	23 亿美元	—

数据来源：新元文智整理。

2. 海外并购的领域和地域跨度大

2013~2014年，共收集国内文化企业海外并购事件25起，其中2013年5起，并购金额28599万美元，约2.9亿美元；2014年20起，并购金额365781万美元，约36.6亿美元，是2013年的10多倍。2013年单起并购金额5720万美元，2014年单起并购金额18289万美元，相较于2013年增加了约2倍。

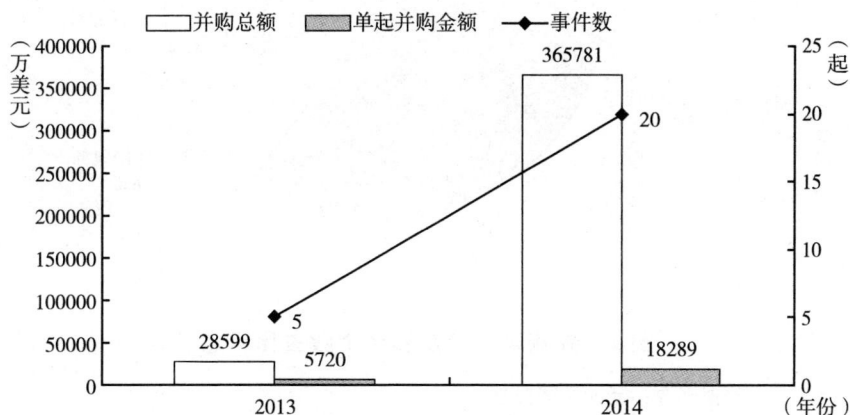

图6　2013年与2014年并购事件及规模对比

数据来源：新元文智整理。

在统计的25起并购事件中，参与并购的国内文化企业数量多且行业广泛，标的方企业涉及的领域和地区范围广。参与并购的国内文化企业达21家，标的方企业涵盖了10个国家和地区的8大行业。

在25起并购事件中，标的方企业涉及了8个以上行业，其中游戏动漫领域并购事件最多，为5起，占总并购事件数的20%；其次是广播电影电视领域，为3起，占总并购事件数的12%。

25起并购事件的并购总金额达394380万美元，约39亿美元，

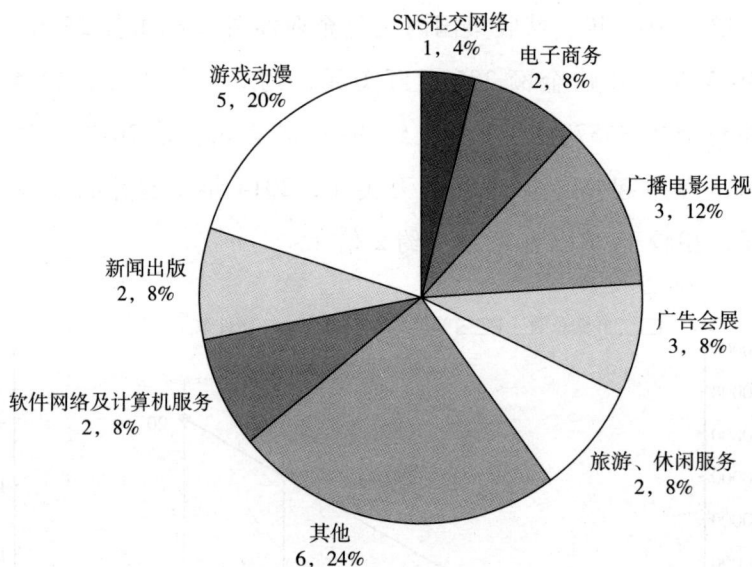

图7 并购事件涉及领域个数占比示意

数据来源：新元文智整理。

其中游戏动漫行业并购事件 5 起，并购金额约 2.6 亿美元，位列并购金额的首位；其次是广告会展行业并购事件 2 起，并购金额约 2.2 亿美元；广播电影电视行业并购事件 3 起，并购金额约 2.16 亿美元。

25 起并购事件涉及了 10 个国家。其中发生在美国的并购事件 8 起，并购金额约 28 亿美元，居并购金额的首位；其次是英国，发生并购事件 2 起，并购金额约 5.3 亿美元；然后是新加坡，发生并购事件 4 起，并购金额约 2.7 亿美元。美国是并购事件发生数量和并购金额最大的国家。

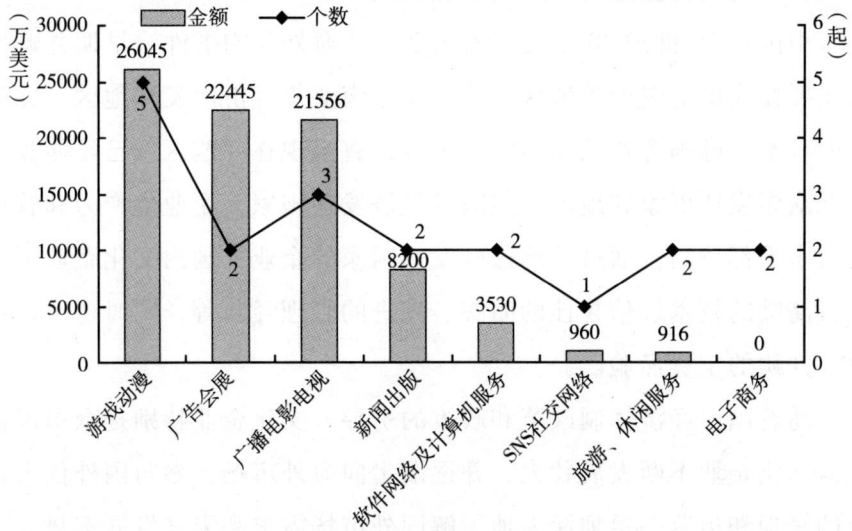

图 8　并购事件涉及领域并购金额示意

数据来源：新元文智整理。

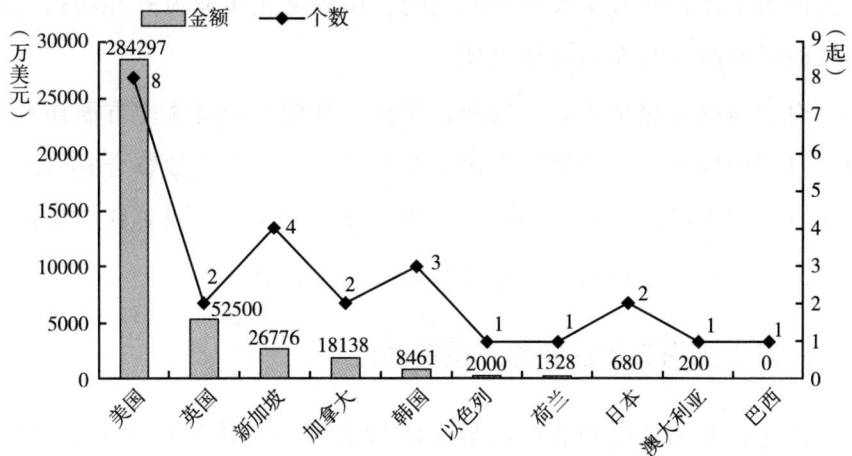

图 9　并购事件涉及地区个数及规模示意

数据来源：新元文智整理。

3.国内文化企业海外并购更加积极

中国自20世纪90年代开始出现国企海外并购事件，早期并购区域主要在我国港澳台等地区，然后是东南亚等经济次发达地区，并逐步向日本、韩国等亚洲发达国家扩展，直至现在并购区域已经蔓延至全球众多发达国家和地区。美国等经济发达国家，企业生产力和管理运营水平都较高，通过并购这些发达国家的企业，国内文化企业可以获得高级的技术、信誉佳的品牌、先进的管理经验等，同时也可取得海外并购的宝贵经验。

随着国内经济体制改革和政策的引导，文化企业特别是众多民营优秀文化企业不断发展壮大，并逐渐走向海外市场，参与国外优秀企业的管理和运营，更加深入地了解国外市场需求和未来发展态势，这对进一步制订企业发展战略有积极作用。

虽然国内越来越多的优秀文化企业走向国际，海外并购数量越来越多且并购规模也越来越大，但是在企业数量和并购金额上，与世界上其他国家比较还有很大的发展空间，国内文化企业海外并购鲜有重大且能影响所在行业的事件出现。

由于国内文化企业起步较晚，在整体规模和经济实力方面还有欠缺，目前国内也只有少数的文化企业有实力并购并有效整合收购海外企业，如阿里巴巴、腾讯、百度、华谊兄弟和凤凰传媒等几家规模较大的文化企业才是最近几年海外并购的典型企业。

（三）国内文化企业海外投资项目

文化企业和传统企业相比最大的特点就是其体量小，不受原料、市场和生产过程的限制，即文化企业经营不以市场和资源为导向。文化企业在经营时更加强调提升企业生产力、核心竞争力和品牌实力。

部分国内文化企业在海外开展投资项目，贴近前沿市场寻求科技革新、发掘市场需求并提升企业品牌信誉。表6共收集了2013年至2014年10月部分国内文化企业海外投资的20个项目,涉及影视、传媒和出版三大行业,投资项目不以收益为目的,主要在于寻求新技术和扩大海外影响。

乐视积极在美国影视城设立公司,更加贴近美国影视制作基地,寻求影视未来新技术、业务布局和知识产权解决方案;阿里巴巴寻求在美国经济体制下运营商务网站的新模式;国内出版集团积极扩大海外影响以增强自身品牌实力等。

表6 2013~2014年10月部分国内文化企业海外投资项目一览

投资方	投资项目	地区	时间	投资目标
中国移动多媒体广播	亚洲之星卫星	美国	2014年	扩大覆盖范围,增强影响力
阿里巴巴	Golden Leading(Cayman) Holding Limited	开曼群岛	2014年	在不扰乱国内O2O的基础上扩大外部市场
阿里巴巴	11Main	美国	2014年	进驻美国高端电子商务的首家网站
乐视	洛杉矶分部	美国	2014年	乐视影业内容制作业务线
乐视	硅谷分部	美国	2014年	乐视影业互联网业务线和智能终端业务线
乐视	Radical Vision China 乐视野文化创意知识产权研发公司	美国	2014年	负责乐视影业内容设计以及知识产权开发
乐视	洛杉矶子公司	美国	2014年	开拓好莱坞市场
华谊兄弟	美国全资子公司	美国	2014年	电影、电视剧、电视节目的投资、制作、发行、营销宣传,海外公司股权的投资并购及海外项目投资
奇虎360	硅谷办公室	美国	2014年	开拓新市场并寻找新需求

续表

投资方	投资项目	地区	时间	投资目标
李彦宏	《悟空》(Kong)	美国	2014 年	跟好莱坞合作打造亚洲最大动画项目
万达	文旅商业项目	英国	2014 年	扩大投资范围，增强海外影响力
中播控股	New York Broadband	美国	2014 年	筹备视频新一代移动网络
中青宝	海外投资基金	—	2014 年	整合资源，提升实力
中视国际传媒(北京)	中央电视台中文国际频道悉尼观众俱乐部	澳大利亚	2013 年	加强海外交流，了解海外需求
腾讯	美国 EA FIFA online	美国	2013 年	以跨公司、跨地域、跨产业的合作，为用户创造多元化的价值和体验
江西出版集团	美国意联科技公司	美国	2013 年	进一步增强在全球物联网研发技术及专利等领域的核心竞争力
安徽出版集团	时代马尔沙维克集团	波兰	2014 年	打造集团向欧洲"走出去"发展的桥头堡和总部基地
昆明新知集团	新知马来西亚吉隆坡华文书局	马来西亚	2013 年	率先拓展中国出版物的国际营销渠道
昆明新知集团	新知缅甸曼德勒华文书局	缅甸	2013 年	率先拓展中国出版物的国际营销渠道
昆明新知集团	新知斯里兰卡科伦坡华文书局	斯里兰卡	2013 年	率先拓展中国出版物的国际营销渠道

数据来源：新元文智整理。

（四）国内文化企业海外投资重点领域

近年来，随着无线互联技术和移动终端的快速发展，基于以智能手机和平板电脑为代表的移动终端的移动互联网得到了飞速发展，文化、经济、教育、娱乐等各行业均得益于移动互联网而快速发展。全球移动终端的大规模应用和无线技术的快速革新，极大地改变了传统互联网的应用格局和人们的生活及行为方式。

基于移动互联网应用的游戏、音乐、影视、社交及传媒等领域在国外都得到了快速的发展，同时也吸引了越来越多的走向海外的国内文化企业的关注和投资。

1. 移动游戏

美国休闲游戏协会发布的游戏市场报告——《2017 年全球游戏市场》指出，2017 年，全球游戏市场收入将达 1000 亿美元，并预计移动游戏收入将会超过 350 亿美元，占据全球游戏 34% 的市场份额。移动游戏对游戏行业的发展起到极大的促进作用，平板电脑和智能手机已经快速发展为全球消费者的必需品，这就为移动游戏提供了巨大的消费平台。

同时，美国休闲游戏协会发布的另一报告《2013 年智能手机和平板电脑游戏市场报告》数据显示，2013 年，移动游戏创造了全球游戏收入的 17.4%，约 123 亿美元，到 2016 年，这一比例将达到 27.8%。同时，报告显示 2012～2016 年移动游戏的复合年均增长率为 27.3%，是整个游戏行业（6.7%）的四倍多。东欧与西欧地区以超过 33% 的年均复合增长率保持其全球增速最快地区的地位，西欧国家的每个移动游戏者平均月花费最高，为 4.4 美元。

进入 2014 年后，英国、德国以及加拿大等国陆续发布了取消游戏行业的税费政策，极大推动了本国游戏行业的发展，并极大地吸引了国外投资者的关注。

随着全球化进程的加快，游戏逐渐吸收了众多不同背景的包容性的文化元素，并向各种媒体延伸，游戏本身已经不仅是游戏，更逐渐成为一种娱乐品牌，并吸纳了特定的文化内涵而成了一种传递意识和思想的介质，这也是其吸引更多投资者的魅力所在。

2. 移动广告

普华永道 2014 年上半年发布了"消费情报系列"之《跨国比较：消费者对移动广告的需求调查》报告。报告指出，随着智能手机、平板电脑在人们生活中越来越普及，这些设备已经获得它们"主人"的信任，从而可以获得使用者的各类信息，如位置信息、喜好信息、内心想法等。这就为广告商提供了大量关于消费者的数据，因此广告商在移动设备上投放广告时就可以做到有的放矢，将有针对性的广告直接发送给某个个体，大大提高了广告的相关性和有效性。同时，报告得出结论，移动设备正在变成广告投放的重要终端，更好地了解用户对于移动广告的态度和行为，有助于广告商更有效地投放广告，提高广告投放的效益。

另据普华永道《2014－2019 年全球娱乐及媒体行业展望》报告，在未来五年中，全球娱乐和媒体收入将继续增长，2018 年，非数字媒体将继续占全球消费的最大份额，电视仍将是最大的广告媒体，而美国将成为世界上最大的娱乐和媒体市场。但是，数字化收入和互联网广告收入将迎头赶上，不断缩小与非数字媒体及电视广告收入的差距。数字广告收入在广告收入中所占的比例已经由 2009 年的 14% 上升到 2013 年的 25%，2018 年这一比例将高达 33%。

2009 年，互联网广告收入为 587 亿美元，而电视广告收入是其两倍还多，达到了 1320 亿美元。但是，有一点需要指明，那就是互联网广告收入将会以 10.7% 的年均复合增长率增长，其收入在 2018 年将达到 1945 亿美元，仅仅比电视广告收入少 200 亿美元。

美国互动广告局（IAB）于 2014 年 10 月 20 日发布了《互联网广告收入报告》，报告显示 2014 年上半年互联网广告收入再创新高，达到 231 亿美元，较 2013 年（201 亿美元）同比增长 15%。2014 年第二季度的互联网广告收入 117 亿美元，较 2013 年（103 亿美元）同比增长 14%，一直保持着正增长的态势。其中移动设备的广告收入在 2014 年上半年收益达 53 亿美元，较 2013 年（30 亿美元）同比增长 77%。

美国《广告时代》杂志官网 2014 年 11 月 4 日报道，全球性研究和咨询机构 Forrester 预测，到 2016 年，美国数字化广告支出将赶超电视广告。到 2019 年，数字化广告支出和电视广告支出将分别达到 1030 亿美元和 858 亿美元，分别占所有广告支出的 36% 和 30%。其中数字广告增长中有 66% 来自移动广告；2019 年，移动广告支出将达 460 亿美元。

随着移动互联网用户的逐渐增加，布局于移动终端的移动互联网应用也会随之增长。在全球化进程中，国家以及企业之间的交流会更加频繁，国内企业在海外投资以及扩大影响都要基于广告传媒的宣传，移动广告可以达到与移动终端客户即时沟通的效果，移动广告不但是一种工具，更会形成一种发展趋势。

三　文化产业海外投资建议

（一）国内文化企业海外投资存在的问题

自 20 世纪 90 年代中国企业开始进行海外投资至今，中国企业海外投资经历了一段曲折的历程，在这些事件中，海外投资失败的案例比比皆是。随着国家海外投资相关政策的出台和法律的进一步完善、文化企业管理水平和管理人才能力的提升，海外投资逐渐获得理想效益。综合近年来文化企业海外投资的数据来看，文化企业海外投资依然存在以下问题。

首先，政治风险问题。东道国政局和母国政策是海外投资首先要考虑的问题，海外投资后，企业不仅受母国政府的监督管理，还要受东道国政府政策的影响，企业应密切关注东道国政府动态和政策导向，及时规避风险。

其次，专业人才问题。在海外投资特别是参与海外企业经营管理的国内文化企业，要储备专业性的人才，懂异国文化、会企业经营管理、外语熟练、熟悉国际市场运作等方面知识的人才依然是现阶段文化企业所急需的。

再次，文化障碍问题。不同的国家有不同的民族，有不同的历史文化积淀，在国际交流和日常管理中，应熟悉不同文化背景下的运营方式。

复次，文化创新问题。不同的国家体制以及不同体制下人们的思维是不一样的，意识形态已不是现阶段中外文化交流的障碍，但是客观来讲现阶段中国文化的创新能力确实有待提高，思维的创新力和产品服务的原创力在信息和技术飞速发展的当下，是一个企业能否生存以及长期发展的决定因素，这是现阶段中国文化企业应该非常重视的关键点。

最后，发展方向问题。现阶段国家政策鼓励文化企业海外投资，众多文化企业也积极响应，在进行投资的过程中，有部分企业不能很好地掌握标的企业的经营状况，在投资过程中损失人力和物力，不但不能扩大经营，反而使自身陷入困境。

（二）国内文化企业海外投资建议

1. 企业应加强管理，客观审视外部发展环境

文化企业在海外投资，首先要考虑东道国政府政策和法律法规，

和东道国政府形成良好关系，由于现阶段中国经济快速增长，遭到部分西方国家的敌视，国内文化企业在海外应时刻审视自身外部发展环境，避免造成不必要的损失。

西方国家的文化和历史与中国往往存在差异，在员工任用、日常沟通及品牌宣传时要时时注意。

文化企业不受原料和市场的主导，经济全球化破除了人为的贸易和投资壁垒，文化企业在海外投资时应选择有利于企业生产率增长的地域。现阶段，企业管理水平不断提升，管理体系更加完善，伴随着日趋激烈的竞争，一个企业的许多竞争优势不再由企业内部决定，而取决于企业所在地的地域和产业集群，企业所在地政策完善且产业发展良好，将极大地促进企业的发展。所以建议文化企业向经济和文化发达的国家和地区投资。

结合近年的文化企业海外投资案例可以看出，许多国内文化企业在进行海外投资时没有明确的线路，很大程度上依靠管理者的直觉和创业者的机会主义来考虑问题。而且这些企业通常忽视对投资目标进行全面的调查和分析，使得投资成本增加。国内文化企业可以学习腾讯的方法，先对投资企业的产品进行测试，再进行整体考察；或者先进行试点运营，然后再决定后期投资与否。

同时，国内文化企业在进行海外投资时应放眼全球市场和资源分布，而不能一直盯着一个区域的资源和市场，进行海外投资后企业就要在多国进行整体的运营优化，而不是简单地将两个地区的经营活动进行组合。进行海外投资的目的就是进行资源整合和流程优化，而不是简单地在国外进行业务的复制和扩大经营。

另外，我国的文化产业化发展尚处于初期，缺乏足够的创意将文化资源开发出足够精彩的产品来获得国外用户的肯定，文化企业要成功走出去尚需加强科技与文化的融合发展，还要增强我国文化企业的原创力，文化企业如果没有大量优秀的原创作品做支撑，没有大量具有创新精神的从业人员积极主动地进行文化创造，就很难得到长远的发展。事实上，只有在文化产品的创作生产十分活跃、既有思想内涵又有艺术魅力的原创作品不断出现的国家和地区，才存在着有竞争力的文化企业。这些地区也是现阶段国内文化企业应该积极拓展的区域，它不但可以让企业得到竞争的锻炼，还可以快速学习并吸收有益的文化元素。

2. 政府应保障海外投资企业的利益及地位

首先是政策法制方面。要进一步加快国家相关立法步伐，出台配套的政策，保障国内企业的海外投资利益。根据我国企业海外投资的发展情况，加快制定和完善海外投资相关法律，为我国文化产业海外投资、经营、发展提供参考和指导意见。

其次是监督防控方面。积极建立海外风险信息及防控平台，设立专门的机构或委托学术团体加强对世界各国的相关法律、行政程序、资源状况、市场行情特色及投资行为的研究，为投资者提供信息咨询和技术服务。同时进一步完善海外投资企业的监管机制，严格规定海外投资企业的风险投资限额、建立投资资格的评估制度；强化对海外企业的后续管理，加强税收、外汇、财务方面的监督。

最后是资源保障方面。可以提供配套金融支持，在经费方面确保文化产业的顺利发展，引导鼓励风投、基金、银行贷款、民间资本等资金扩大文化产业海外投资渠道。同时，加大海外投资专业及管理人才队伍的建设，完善人才管理、引进及输送体系，加强海外投资企业的人才供应及渠道建设。

文化内容固定资产投资分析报告

摘　要：本文主要分析 2005～2013 年我国文化内容固定资产投资情况，剖析文化内容固定资产投资及其发展过程中存在的不足和缺陷，对其未来发展趋势做出判断并提出相关对策建议。

关键词：文化内容固定资产　文化产业　投资

2013 年，文化内容固定资产投资总体仍然高速增长，具体到十大行业分类，则又各有不同：文化休闲娱乐服务业文化内容固定资产投资持续高速增长，投资规模占总体投资的近三成；文化用品的生产业紧随其后，同比增幅独占鳌头；文化信息传输服务、文化产品生产的辅助生产和文化专用设备的生产这三大行业投资规模则有所缩减，各有不同程度的负增长。从行业和区域来看，文化内容固定资产投资也出现了许多亟须解决的问题，主要有：东西部地区间固定资产投资结构不协调；行业总体结构发展不平衡；外资没有得到有效引入与利用，规模偏小等。因此，需要借助国家政策的力量，通过制定有效的文化投资政策，引导资本涌入文化及相关产业，从而实现文化内容固定资产的持续增长。

一 文化内容固定资产投资概况

2013年，在宏观文化政策的引导和推动下，文化产业的外部投资环境不断改善，投资规模进一步扩大、投资效益进一步提高，各类投资主体的投资信心和意愿不断增强，体现在数据上，就是文化内容固定资产投资继续保持稳定增长。同时，随着金融支持文化产业发展的政策逐步落实，文化产业的门槛同步降低，这吸引了大量民营文化企业的进入和投资。

（一）文化内容固定资产投资呈持续增长趋势

自2005年以来，文化内容固定资产投资总体呈持续增长趋势，2013年年末，文化内容固定资产投资额总计19046亿元。总体来看，2013年度投资增长率稍有下滑，但仍然维持在20%以上。虽然投资增长态势仍然强劲，但投资增速下滑一半还多，形势十分严峻。预计未来三年内，文化内容固定资产投资已经达到一定规模，同比增速将持续维持在15%～20%的区间内，同比增速进一步放缓。

（二）文化内容固定资产投资主要集中于四大行业

从投入规模看，2013年，在文化产业投资的十个构成行业中，文化休闲娱乐服务、文化用品的生产、文化产品生产的辅助生产和文化艺术服务四个行业完成投资15890亿元，占文化内容固定资产投资的83%；新闻出版发行服务、广播电影电视服务、文化信息传输服务、文化创意和设计服务、工艺美术品的生产和文化

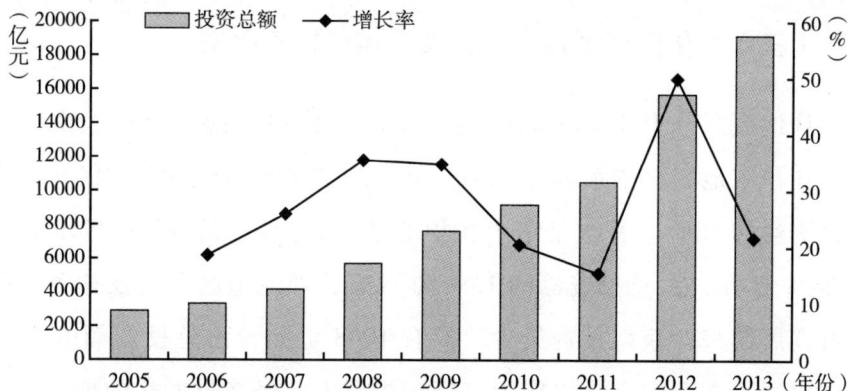

图1　2005~2013年我国文化内容固定资产投资规模与增长率

数据来源：国家统计局，新元文智整理。

专用设备的生产这六个行业完成投资3156亿元，占投资总额的17%。

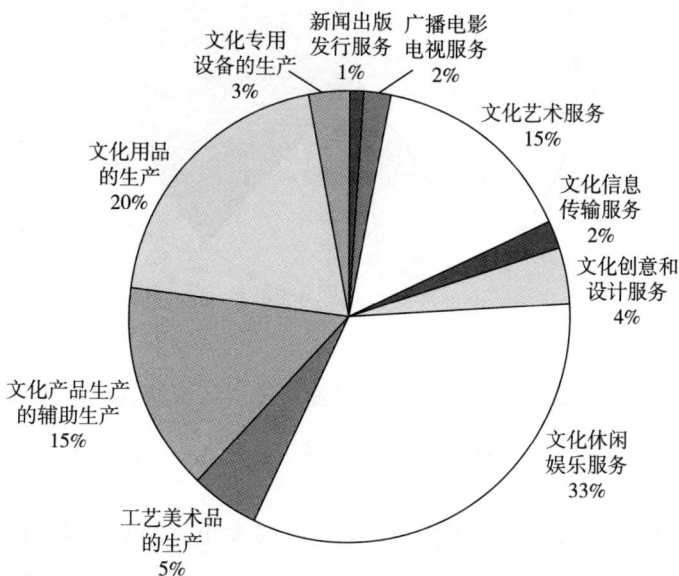

图2　2013年文化内容固定资产投资行业分布

数据来源：国家统计局，新元文智整理。

（三）文化内容固定资产投资区域结构不平衡

从地域划分上来看，2013 年，全国文化内容固定资产投资主要集中在华东地区。华东地区六省一市，共获得投资额 7656 亿元，占总投资额的 40%。其次是华中和华北地区，分别获得投资 2959 亿元和 2649 亿元，占总投资额的 16% 和 14%；西北地区文化及相关产业没有发展起来，获得投资最少，只有 1008 亿元，占总投资额的 5%。总体来说，在全国文化内容固定资产投资上，经济越发达的地区，文化产业发展越快，获得的固定资产投资也就越多。

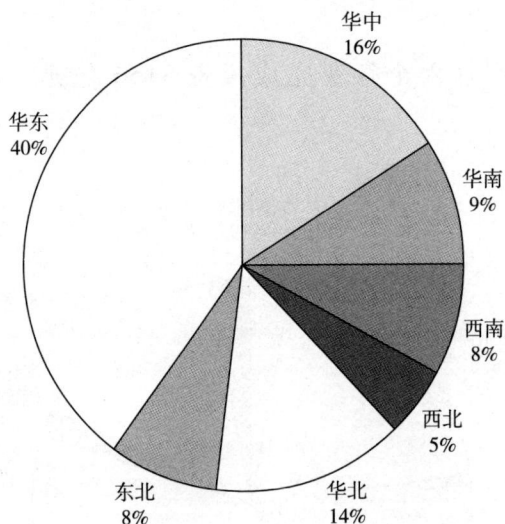

图 3　文化内容固定资产投资区域结构

数据来源：国家统计局，新元文智整理。

总体来看，按照固定资产投资规模的大小，可以将其分为三个层次，一是超过 5000 亿元的地区，有且只有一个，为华东地区；二是 2000 亿~5000 亿元的地区，共有两个，分别是华中地区和华北地区；

三是 1000 亿～2000 亿元的地区，依次为华南地区、东北地区、西南地区和西北地区。

1. 华东地区固定资产投资基数高，规模增长快

自 2005 年以来，华东地区文化内容固定资产投资规模总体呈持续增长趋势。2013 年，华东地区固定资产投资额总计 7656 亿元。总体来看，年度投资增长率波动明显。其中，2008 年和 2012 年是同比增长速度最快的年份，同比增长率分别为 48.10% 和 51.97%，而其他时间段同比增长速度大多只在 20% 上下。

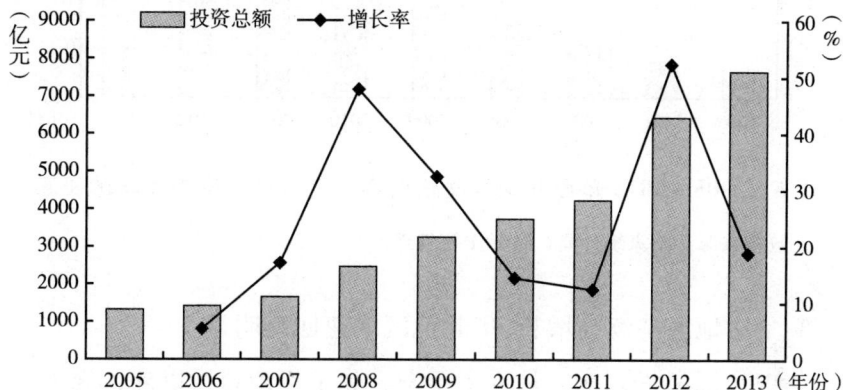

图 4　2005～2013 年华东地区文化内容固定资产投资规模与增长率

数据来源：国家统计局，新元文智整理。

2. 西北地区获得投资者青睐，同比增速领跑全国

自 2005 年以来，西北地区文化内容固定资产投资规模总体呈持续增长趋势。2013 年，西北地区固定资产投资金额总计 1008 亿元。总体来看，其年度投资增长率波动明显。西边地区地处偏远，交通不便，其固定资产投资规模向来排名最末；但是规模小、潜力大，固定资产投资同比增速始终遥遥领先，除了 2010 年有过短暂的 -0.91% 的负增长，其他时段，西北地区同比增长速度一直保持在

20％以上。尤其是2013年，在其他地区增速明显回落的情况下，西北地区文化内容固定资产投资同比增速达到了53.19％，远比其他地区高。

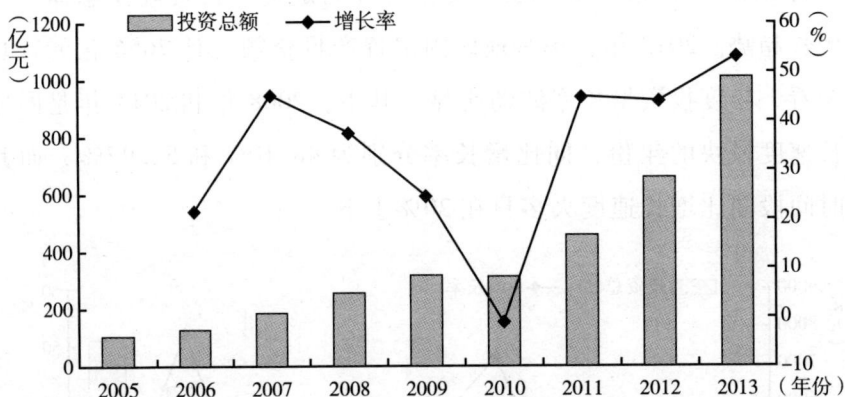

图5　2005～2013年西北地区文化内容固定资产投资规模与增长率

数据来源：国家统计局，新元文智整理。

3. 华中地区持续高增长,华北地区增速回落明显

华中地区和华北地区是近十年来，除了华东地区以外，规模增长最迅速的两个地区。2013年，华中地区固定资产投资已经接近3000亿元的节点，但是其增长速度仍然高达26.84％，仅次于文化内容固定资产投资基数较低的西北地区。华北地区2013年投资增速放缓，增速迅速回落到20％以下，缺乏持续增长点。

4. 东北、华南和西南地区固定资产投资仍然保持平稳增长

东北、华南和西南三个地区是文化内容固定资产投资规模较小的三个地区，虽然这三个地区也有过同比高增长的年份，但是相比其他地区增速仍然较为缓慢。2012年以前，这三个地区固定资产投资基本都在1000亿元以下，直到2013年才增长到1500亿元以上，只及华中地区的一半、华东地区的五分之一。

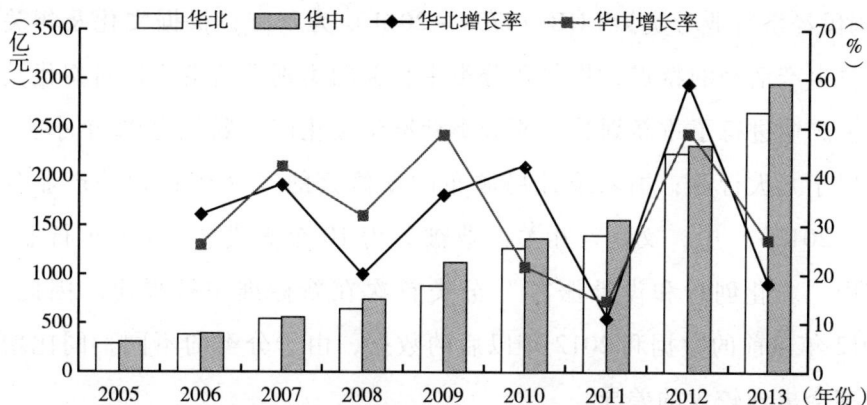

图6 2005～2013年华北和华中文化内容固定资产投资规模

数据来源：国家统计局，新元文智整理。

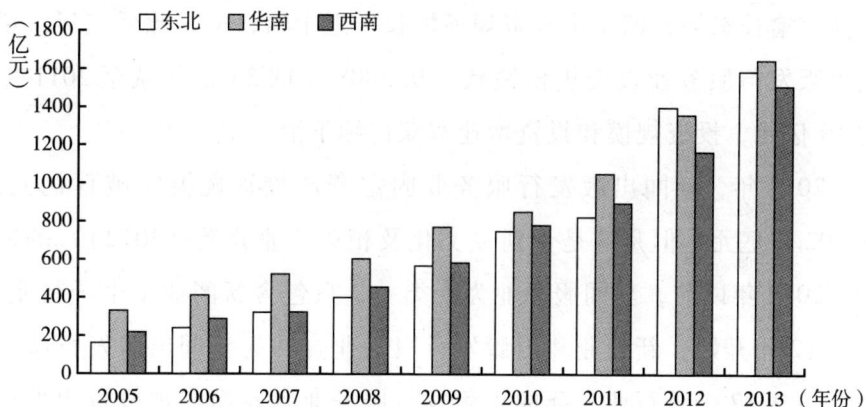

图7 2005～2013年东北、华南、西南三地区文化内容固定资产投资规模

数据来源：国家统计局，新元文智整理。

二 主要文化行业的固定资产投资特点

2012年，根据我国文化体制改革和发展的实际，国家统计局以

《国民经济行业分类》（GB/T4754－2011）为基础，根据文化及相关单位生产活动的特点，将行业分类中相关的类别重新组合，对文化及相关产业进行了重新划分。原分类标准将文化产业划分为99个小类，分属于九大行业；国家统计局颁布的新修订的《文化及相关产业分类（2012）》中，文化及相关产业被分为10个大类、120个子行业，其中"文化创意和设计服务"分类首次在新标准中被提出。因此，2012年以前的数据和2012年以后的数据，由于分类的不同，同比增长率会出现较大的差异。

（一）新闻出版发行服务业固定资产投资情况

2005～2008年，新闻出版发行服务业固定资产投资规模始终呈现高速增长态势，四年来投资规模增长了近十倍；但是此后三年，新闻出版发行服务业投资规模锐减，从2008年的33亿元减至2011年的20亿元，投资规模和投资增速双双持续下滑。

2012年，新闻出版发行服务业固定资产投资规模突破百亿元，达102.3亿元，但是这是受到《文化及相关产业分类（2012）》的影响。2012年以前，新闻服务业为大类一，只包含新闻业1个子行业；从2012年开始，新闻业和出版发行服务业合并为新闻出版发行服务业，包含12个子行业。新闻出版发行服务业因此而实现投资规模爆发式增长。按照新标准，2013年新闻出版发行服务业获得投资145.3亿元，同比增长42.03%，增长幅度远超从前。

（二）广播电影电视服务业固定资产投资情况

自2005年以来，广播电影电视服务业固定资产投资规模总体呈持续增长趋势，但增长幅度不大。2005～2008年投资规模逐年递增，投资增速反而逐年下降，在2008年增速降至3.95%，投资规模增至

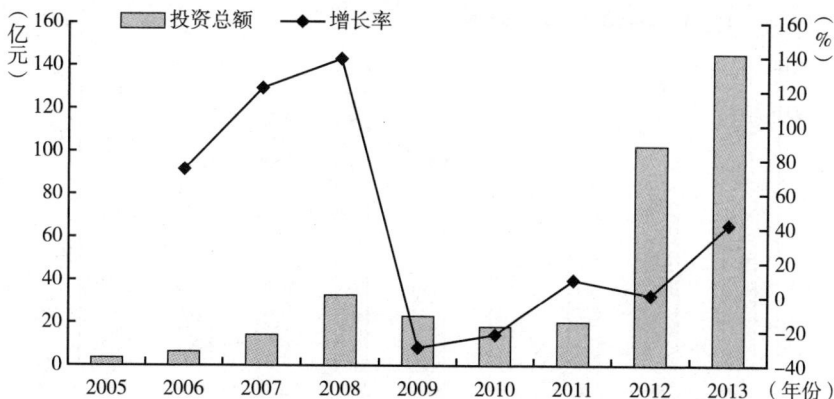

图8　2005～2013年新闻出版发行服务业固定资产投资规模与增长率

数据来源：国家统计局，新元文智整理。

244亿元；2008～2010年，广播电影电视服务业实现固定资产投资规模和同比增速的双增长；2011年则有一个较明显的负增长（-15.54%），投资规模下滑至294亿元。

2012年，受到新行业分类的影响，广播电影电视服务业新增录音制作这一个子行业，去掉了有线广播电视传输服务、无线广播电视传输服务和卫星传输服务这三个子行业。因此其固定资产投资规模在2012年也有一个小幅度的下滑，总计获得投资额242.8亿元；2013年，固定资产投资规模增长至311.1亿元，同比增长28.13%。

（三）文化艺术服务业固定资产投资情况

自2005年以来，文化艺术服务业固定资产投资规模总体呈现持续增长趋势。总体来看，年度投资增长率波动幅度不大。除了在2006年有一个小幅度的负增长（-2.11%）以外，其他时期，文化艺术服务业固定资产投资同比增速都维持在10%以上。2011年，文化艺术服务业固定资产投资额总计1255亿元。

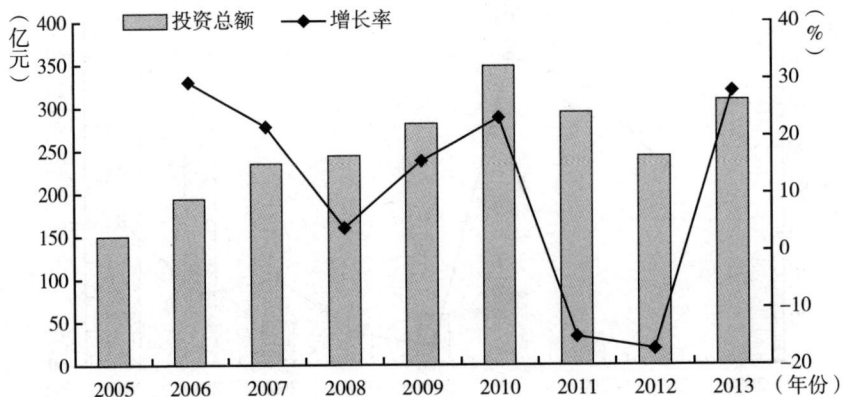

图9 2005~2013年广播电影电视服务业固定资产投资规模与增长率

数据来源：国家统计局，新元文智整理。

2012年，受到新行业分类的影响，文化艺术服务业新增加了文化艺术培训业和其他未列明教育业这两个子行业，其包含的子行业也从11个增加至13个。受此影响，2012年，文化艺术服务业固定资产投资规模翻了一番，投资金额总计达2506.7亿元。2013年，文化艺术服务业依然有14.21%的正增长，规模增长至2862.8亿元。

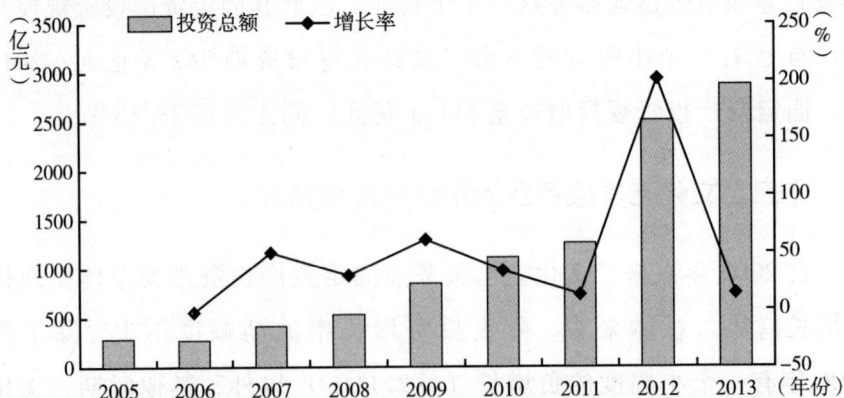

图10 2005~2013年文化艺术服务业固定资产投资规模与增长率

数据来源：国家统计局，新元文智整理。

（四）文化信息传输服务业固定资产投资情况

自 2005 年以来，文化信息传输服务业固定资产投资规模总体呈现缓慢增长态势。文化信息传输服务业主要依托于互联网进行发展，所具有的资产多为"轻资产"，在固定资产投资方面具有天然劣势。2005～2009 年，受到电子产品更新换代等的影响，文化信息传输服务业的固定资产投资持续平稳增长，但同比增长较为缓慢；2010 年投资规模略有下滑，2011 年又回复到 2009 年的水平。

2012 年，受到新行业分类的影响，网络文化服务业变更为文化信息传输服务业，后者所包含的子行业也从 1 个增长到 5 个，因此其固定资产投资规模在 2012 年有一个明显的增长。2013 年，文化信息传输服务业固定资产投资规模缩减，陷入负增长（-17.56%），投资规模减少至 371 亿元。

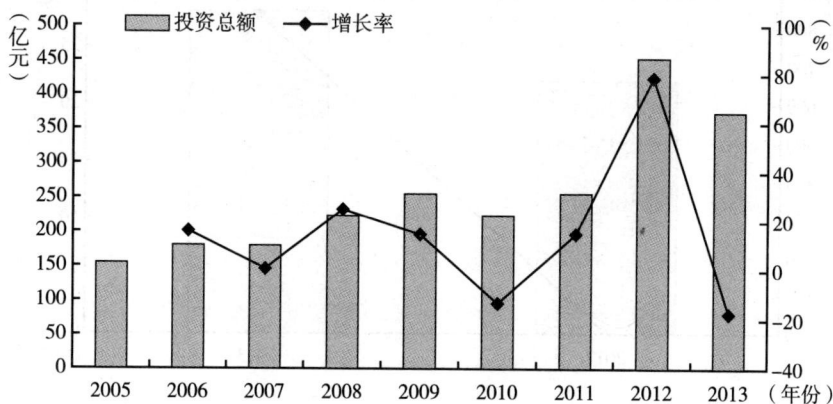

图 11　2005～2013 年文化信息传输服务业固定
资产投资规模与增长率

数据来源：国家统计局，新元文智整理。

（五）文化创意和设计服务业固定资产投资情况

文化创意和设计服务业是 2012 年新标准推出以后，新增加的一个大类，共包含软件开发（多媒体、动漫游戏软件开发）、数字内容服务（数字动漫、游戏设计制作）、广告业、工程勘察设计（房屋建筑工程设计服务、室内装饰设计服务、风景园林工程专项设计服务）、专业化设计服务五个小类。广告业是从以前的《国民经济行业分类》"其他文化服务业"中单独提取出来的小类，其他四项则是特别新增的。因此在做数据统计时，只有 2012 年和 2013 年两年的数据。

如图 12 所示，最近两年，文化创意和设计服务业固定资产投资从 2012 年的 657 亿元增长至 2013 年的 838.4 亿元，同比增长 27.61%。

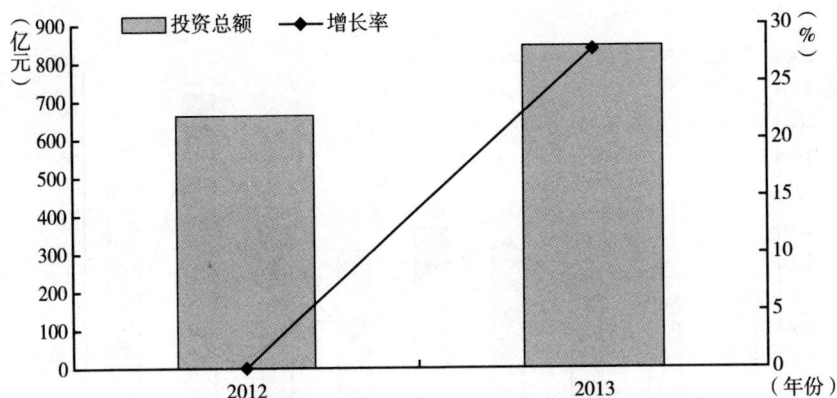

图 12　2012～2013 年文化创意和设计服务业固定资产投资规模与增长率

数据来源：国家统计局，新元文智整理。

（六）文化休闲娱乐服务业固定资产投资情况

自 2005 年以来，文化休闲娱乐服务业固定资产投资规模总体呈现持续增长趋势。总体来看，年度投资增长率波动幅度不大。2011年以前，文化休闲娱乐服务业固定资产投资同比增速始终保持在25% 以上；2011 年时投资增速略有放缓，同比增长 15%，投资规模增长至 4220 亿元。

2012 年，受到新行业分类的影响，文化休闲娱乐服务业这一大类增加了摄影扩印服务和游乐园这两个子行业，去掉了旅行社、其他计算机服务和休闲健身娱乐活动这三个子行业。其固定资产投资规模增至 4857.7 亿元，同比仍然有 15.11% 的增长，2013 年又在此基础上增长 30.6%，固定资产投资规模增至 6344.1 亿元。

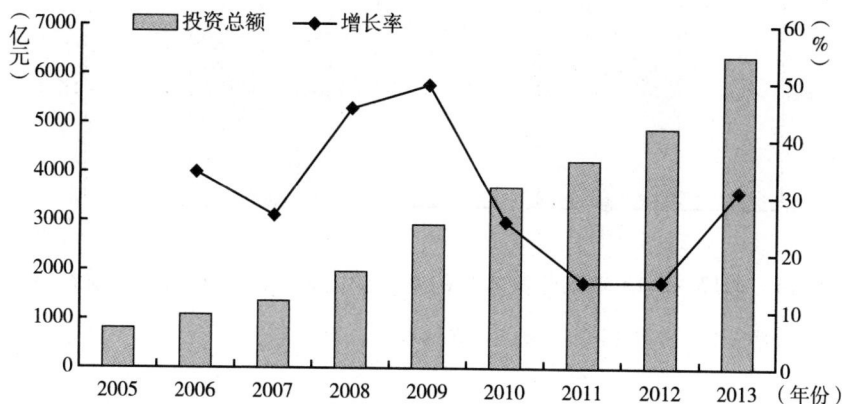

图 13　2005～2013 年文化休闲娱乐服务业固定资产投资规模与增长率

数据来源：国家统计局，新元文智整理。

（七）工艺美术品的生产业固定资产投资情况

工艺美术品的生产业也是 2012 年新标准推出来以后，新修改的一个大类，共包含 13 个子行业，取代了以前的"其他文化服务业"。按照新标准，这 13 个子行业是从以前的"文化用品、设备及相关文化产品的生产"这一类中细化出来的。由于许多小类也进行了大修改，比如以前的乐器制造细化为 2431、2432、2433、2439 四种，但是按照新标准，2431、2432、2433 和 2439 分别指代雕塑工艺品制造、金属工艺品制造、漆器工艺品制造和其他工艺美术品制造。新旧数据差异巨大，因此图 14 只列出了最近两年的数据。

如图 14 所示，工艺美术品的生产业固定资产投资从 2012 年的 710.4 亿元增长至 2013 年的 994.3 亿元，同比增长 39.96%。

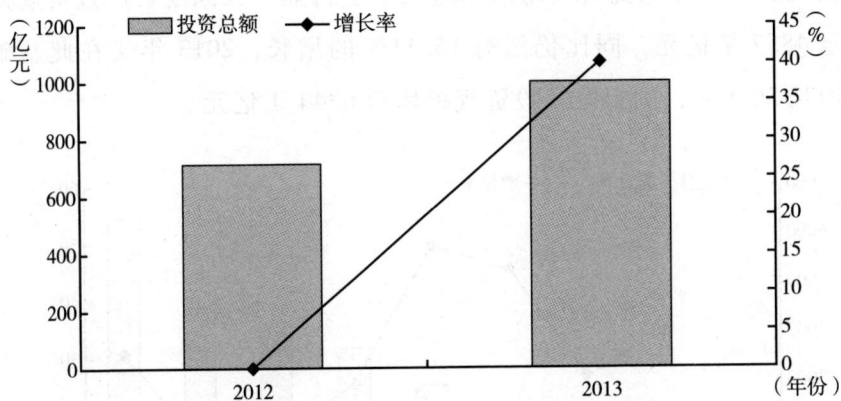

图 14 2012～2013 年工艺美术品的生产业固定资产投资规模与增长率

数据来源：国家统计局，新元文智整理。

（八）文化产品生产的辅助生产业固定资产投资情况

2005～2011 年，文化产品生产的辅助生产业固定资产投资规模总体呈现持续增长态势。总体来看，年度投资增长率波动幅度不大，增长比较平稳，同比增速始终维持在 15% 以上，尤其在 2008 年，固定资产投资同比增速高达 87.88%，投资规模相比 2005 年翻了两番。

2012 年，受到新行业分类的影响，文化产品生产的辅助生产业这一大类从 6 个子行业增长至 15 个子行业。受统计口径变宽的影响，其固定资产投资规模也从 2011 年的 852 亿元增长至 2012 年的 2346.7 亿元，同比增长约两倍。2013 年，在同口径对比下，文化产品生产的辅助生产业固定资产投资规模同比增长 22.01%，达 2863.3 亿元。

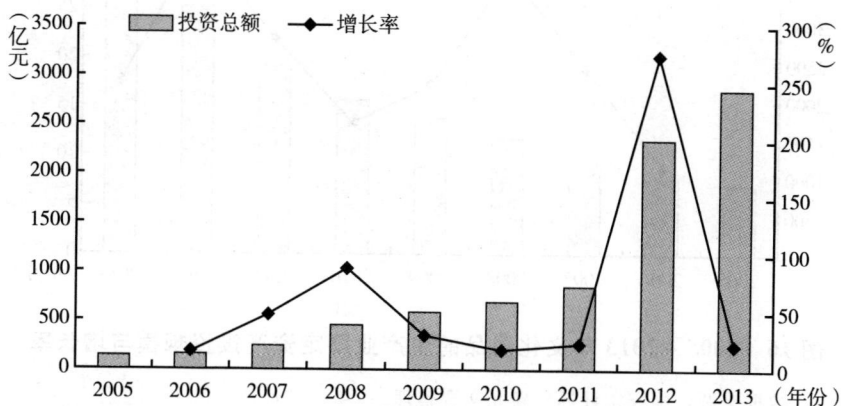

图 15　2005～2013 年文化产品生产的辅助生产业固定资产投资规模与增长率

数据来源：国家统计局，新元文智整理。

（九）文化用品的生产业固定资产投资情况

2005～2011 年，文化用品的生产业固定资产投资规模总体呈现持续增长态势。总体来看，增长比较平缓，除了 2008 年同比增长率高达 28.76% 外，其他时期，同比增长率一直保持在 10%～20% 之间。至 2011 年，文化用品的生产业固定资产投资增至 2469 亿元。

2012 年，受到新行业分类的影响，文化用品的生产业从 10 个子行业增长至 30 个子行业。虽然行业类别增加，但是由于新标准关于行业小类的划分比较细致，文化用品的生产业在 2012 年的增长并没有像其他行业那样明显，同比增长 31.51%，投资规模增长至 3247 亿元。2013 年，文化用品的生产业固定资产投资同比增长 17.64%，投资金额总计 3819.8 亿元。

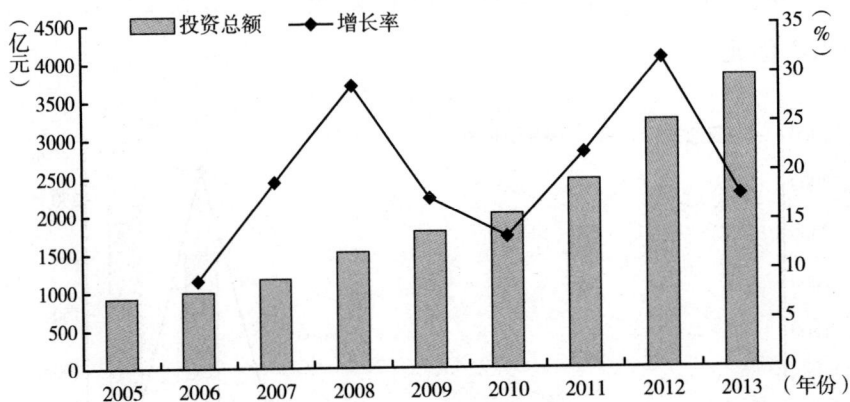

图 16　2005～2013 年文化用品的生产业固定资产投资规模与增长率

数据来源：国家统计局，新元文智整理。

（十）文化专用设备的生产业固定资产投资情况

文化专用设备的生产业，也是 2012 年新标准推出来以后，新修改的一个大类，共包含 10 个子行业，基本上都是从以前的"文化用品、设备及相关文化产品的生产"这一类中细化出来的。

按照新标准，我们将 2005～2011 年相同和相似的类进行统计分析对比（由于新标准统计口径也存在一定程度修改，所以图 17 的数据可能有一定的误差）。2005～2011 年，文化专用设备的生产业固定资产投资始终保持 10% 以上的高速增长，但是由于其基数较低，7 年来虽然固定资产投资规模增长了两倍多，2011 年，固定资产投资规模也只有 223.7 亿元。

2012 年，受到新行业分类和统计口径变宽的影响，文化专用设备的生产业固定资产投资规模同比增长 133.30%，达 521.9 亿元；2013 年则有一个小幅度的负增长（－5.06%），投资规模减少至495.5 亿元。

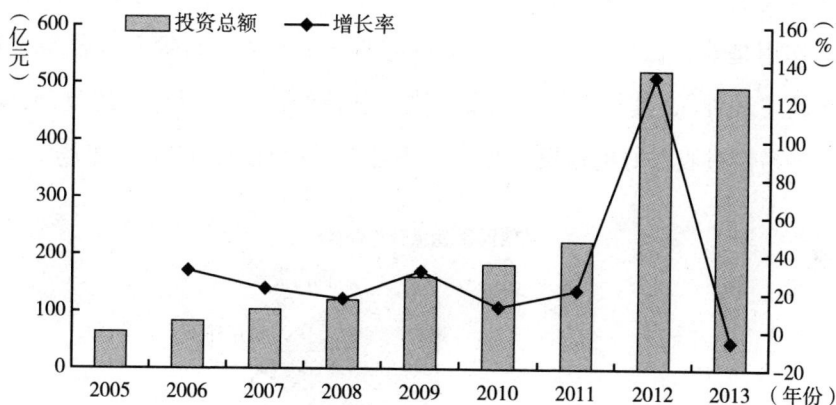

图 17　2005～2013 年文化专用设备的生产业固定资产投资规模与增长率

数据来源：国家统计局，新元文智整理。

三　文化内容固定资产投资资金来源情况

统计 2013 年文化内容固定资产投资构成，自筹资金、国内贷款、国家预算资金占据资金来源前三名，资金金额和比例分别为：16197.3 亿元，81%；1559.4 亿元，8%；1038.4 亿元，5%。[①]

总体来看，国家预算资金近年来保持较高增长，有效平衡了由外

---

① 因统计口径不同，此处文化内容固定资产投资总额与前文略有差异。

部环境恶化造成的外资减少的负面冲击，改善了对投资资金的预期，稳定了企业自筹和其他资金的信心。利用外资额在经历了几年的低迷之后已经显现出回升势头，所占比重的降低幅度也已经缩小。利用外资是我国投资资金来源中很重要的一个方面，其自身有很强的风险意识和较高的经济效益要求，但仅从增量角度看，目前外资对全社会投资的作用是非常微弱的，是一项不稳定的资金来源。自筹和其他资金始终比较"理性"，其积极与否主要取决于整体经济和投资环境的改善，既不会轻易错过收益好的投资项目，也不会空泛地对政府政策"捧场"。

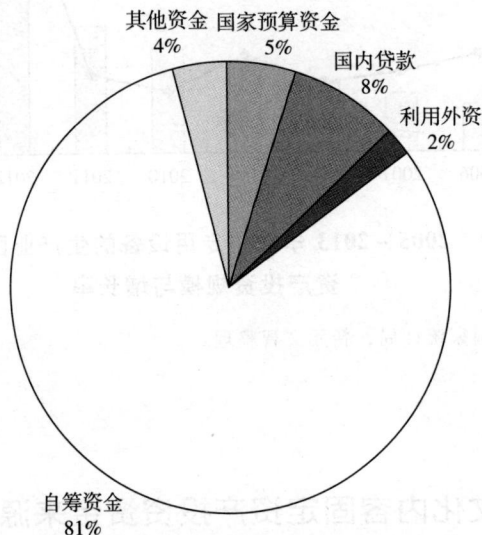

图18 2013年文化内容固定资产投资资金来源构成

数据来源：国家统计局，新元文智整理。

（一）自筹资金持续高增长，对推动文化产业发展起决定性作用

从2005年开始，我国文化及相关产业自筹资金一直呈现持续增

长趋势，总体规模不断扩大。2005 年时，自筹资金只有 2063 亿元，到 2013 年时，资金规模已增长至 16197 亿元，是 2005 年的近 8 倍，年均增长率达 30.2%。2013 年在 2012 年的基础上增长 23.68%。

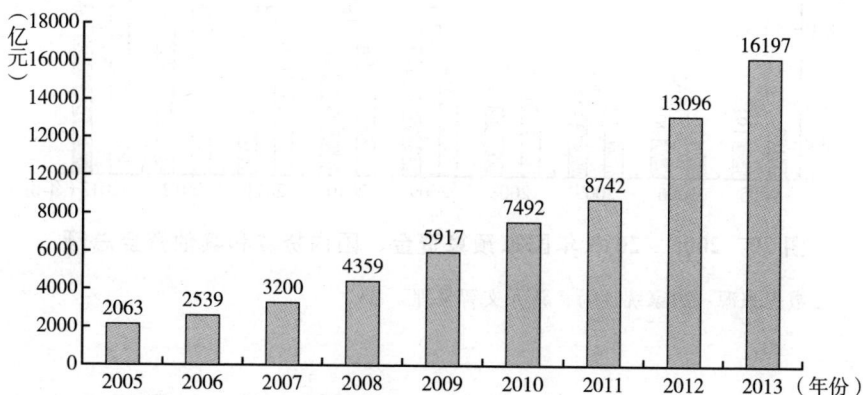

图 19　2005～2012 年自筹资金总额

数据来源：国家统计局，新元文智整理。

（二）国家预算资金和国内贷款增长仍然强劲，其他资金则增长放缓

这些年来，国家不断加大对文化产业的支持力度，国家预算资金逐年增加，从 2005 年的 103 亿元增长至 2013 年的 1038 亿元，在整体资金来源的占比中，也从 2005 年的 3.57% 增长至 2013 年的 5.23%，虽然数额和占比都较小，但是整体一直呈持续增长趋势。国内贷款这些年来增长较快，相比国家预算资金和其他资金，增长的幅度更大，2013 年国内贷款总额为 1559 亿元，相比 2011 年的 895 亿元，几乎增长了一倍。其他资金来源 2012 年以前也有小幅度增长，但是受整体经济环境不景气的影响，2013 年几乎没有增长。

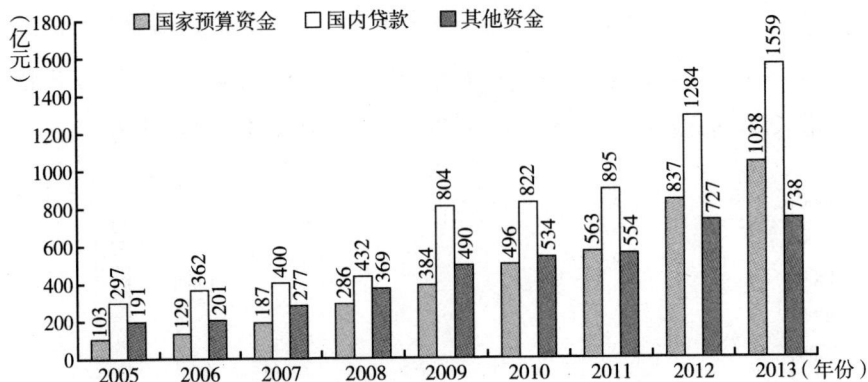

图20 2005～2013年国家预算资金、国内贷款和其他资金总额

数据来源：国家统计局，新元文智整理。

（三）利用外资规模偏小，增长不明显，没有发展起来

2005年以来，利用外资规模一直偏小，只从2005年的237亿元增至2013年的329亿元，年均增长率只有3.69%。总体来看虽然有所增长，但是增幅微小，在全部资金来源的占比中，也从2005年的8.2%降至2013年的1.66%。

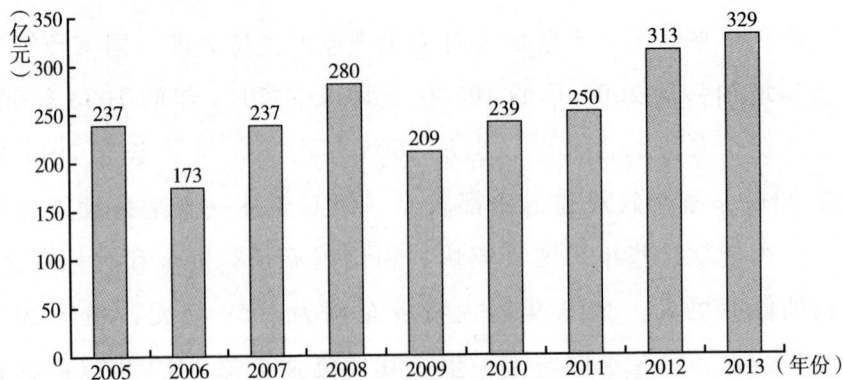

图21 2005～2013年外资利用总额

数据来源：国家统计局，新元文智整理。

四 文化内容固定资产投资存在的问题

总体来看，近年来我国文化产业投资取得长足进步，但从经济社会发展情况看，我国文化产业投入相对不足，文化生活相对贫乏，公共文化服务设施相对落后，跟经济社会发展不相适应，在发展过程中存在亟须解决的问题。

（一）文化投资环境有待改善

目前，我国文化投资运行环境相对较差，"玻璃门"、"弹簧门"的存在一定程度上影响了整体文化及相关产业的发展。此外，国内外经济形势仍然比较严峻复杂，国家逐步强调扩大内需政策，货币信贷政策从宽松走向稳健，信贷闸门逐步收紧，企业生产经营和融资成本进一步上升，等等，这些都对整个投资走势产生了一定影响。

（二）外资没有得到有效引入与利用，规模偏小

在文化内容固定资产投资来源中，利用外资只从 2005 年的 237 亿元增长至 2013 年的 329 亿元，8 年来只增长了 92 亿元。这说明我国目前利用外资的程度还相当低，虽然吸收外资进入文化内容固定资产投资的方式很多，可以吸引其直接投资建厂，也可以将其资金引入大型文化产业基地和园区建设，抑或引入大型文化项目。

外资的增长仍然缓慢，除了地域、观念、体制等原因外，说明我国还存在招商引资的方式、方法比较单一和落后，项目的开发、论证、推介的市场化程度和专业化水平较低，市场竞争软环境还不尽如人意等问题。

（三）全国各地区间固定资产投资不平衡

一是地区间不平衡。经济发达、交通便利的华东地区发展形势很好，获得固定资产投资最多；西北地区虽然最近两年同比增速最快，但是底子薄弱，还需发掘更多项目来支持文化产业发展；而且其受地理区位、资源配置、交通运输、融资等诸多因素的影响，文化产业开发不足，同华东地区相比差距较大。2013年，华东地区文化及相关产业完成固定资产投资7656亿元，同比增速达19.05%；而西北地区获得固定资产投资1008亿元，比上年增长53.19%，尽管增速很快，但西北地区固定资产投资占全国固定资产投资的比重仅为5.29%。投资能力不足、缺少能带动地方文化产业发展的项目是西北地区投资一直徘徊不前的根本原因。

二是行业间不平衡。固定资产投资主要集中在文化休闲娱乐服务、文化艺术服务、文化用品的生产和文化产品生产的辅助生产这四大行业之中，其余六个行业获得固定资产投资较少，资本流入倾向性明显。

五 文化内容固定资产投资建议

（一）政府应创造宽松完善的文化产业投资环境

投资环境是指决定和影响资本增值的各种政治、自然、经济和社会因素相互作用而形成的对立统一体。投资者在选择投资目标时，除了考虑投资地区的地理区位、经济状况、基础设施、产业结构等条件外，更看重那些能够使其资本增值的机会和条件，即意在获得最大的经济效益。那些投资条件优越但投资效益不高的区域很难成为投资者理想的投资区域，相反，一些投资条件相对较落后，但投资效益显著的地区，可能成为投资者的资本投放区——条件欠缺或不具备的地区，可以创造条件。其原因就是利益驱使。

文化产业的发展，对投资环境的要求更高。因此，文化产业需要以改革发展为核心，以行业体制为手段，以促进产业发展为目的，创造更为宽松的投资政策环境、更为完善的投资政策体系。通过综合运用相关政策措施，例如允许、禁止、鼓励、支持等，引导资金进入文化内容固定资产投资领域。比如针对新闻出版发行服务行业，就可以适当降低行业进入门槛，有序地向社会资本或民间资本开放产业的相关核心环节，有效利用社会或民间资源促进行业的发展。同时，可通过国有资本引导社会资本参与新闻出版发行服务业的投资，提高国有资本的杠杆作用，提升社会资金使用效率。

（二）加强文化基础设施建设，提升文化基础设施承载力

良好的文化基础设施建设是一个国家或地区拉动文化产业发展的重要力量、推动文化产业发展的重要支撑、改善文化投资环境的重要保障。完善的文化产业基础设施，可以推进文化产业发展、提升区域综合承载力、营造全社会支持文化事业和文化产业发展的浓厚氛围。加强文化基础设施建设，可以更好更有效地吸引特色文化产业有序聚集，文化基础设施完善了，也能更方便地吸引文化企业的到来、入驻和投资。

（三）加大招商引资工作力度

各地、各部门要把招商引资、发展非公经济、充分调动民间资本参与建设的积极性，作为推进文化内容固定资产投资工作的重要内容

来抓。要进一步创新招商理念，在思想认识上放胆、在机制上放活、在政策上放宽，努力营造良好的投融资环境，大力引进和承接有实力、符合当地实际的文化企业和项目，切实提高招商引资的项目履约率和资金到位率。

（四）加大项目前期工作力度，进一步优化项目施工环境

各地、各部门要针对各自所引进的项目实际，加快推进项目前期调研、初步设计等工作的进度，做到项目成熟一个就及时上报一个，形成谋划项目、编制项目、申报项目、争取项目、实施项目的良性循环，提高政府投资项目的建设质量，使政府投资项目真正成为文化内容固定资产投资高速发展的引擎。要切实帮助文化企业项目单位解决用地难、用电难、融资难、审批难等问题，对各地已开工、动工的投资项目，要加强项目征地、拆迁服务保障，避免因强拦工程等出现阻工和破坏施工环境等不良现象。

（五）进一步拓宽投融资渠道

一般来讲，资金到位总量和增速高于固定资产投资完成总量和增速，才能保证项目的建设进度，推动固定资产投资较快增长。资金紧张将是投资快速发展道路上的"拦路虎"。保持投资又好又快增长，必须搞好资金衔接。不仅要着力提高政策性资金使用效益，注重发挥政府投资"四两拨千斤"、"以点带面"的引导作用，也要继续完善和拓宽多层次投融资体系，特别要落实好支持小型微型文化企业发展的财税支持政策和金融政策，努力缓解融资困难。继续全面落实好促进民间投资进入文化产业发展的各项政策，完善配套措施和投资服务体系，发挥民间投资的巨大拉动作用。

文化产业私募股权投融资分析报告

摘　要：本文主要分析 2014 年我国文化产业私募股权投融资状况；对主要的文化产业投资机构和案例做了重点分析；系统分析了文化产业不同细分领域私募股权投融资状况；剖析文化产业私募股权投融资特点，并对其未来发展趋势做出判断和提出相关对策建议。

关键词：私募股权　投融资　投资机构　在线教育

一　2014 年中国文化产业私募股权投融资状况分析

（一）中国文化产业股权投融资总体概况分析

1. 投融资事件总体规模分析

2014 年是中国文化产业投资事件较多的一年，无论是事件数量还是投资总规模，同比增长都在 140% 以上，文化产业投资依旧保持火爆。

2014 年，中国文化产业投融资事件数量增长了近 1.5 倍，投融资规模增长了近 4 倍，连投融资金额增长率相比 2013 年都增长了 2.6 倍。在金融危机的大背景下，在中国，文化产业相对于其他产业连续几年出现几乎逆天的投资增长率，与政府转方式、调结构、大力发展文化产业的政策指针与支持是分不开的，与中国文化产业相对于其他国家巨大的发展潜力分不开，与消费者的巨大需求分不开，与资本的追捧分不开。

（1）投融资事件数量出现猛增

2014 年，中国文化产业领域披露的股权投融资事件 668 起，同比 2013 年的 270 起增加了 398 起，同比增长高达 147%。

（2）投融资总规模出现扩大

在投融资规模上，2014 年文化产业股权投融资总金额约 614 亿元人民币，同比增长 395%。

表1　2011～2014 年中国文化产业投融资事件数量、金额及增长率

年份	2011	2012	2013	2014
数量（起）	116	116	270	668
金额（亿元）	79	59	124	614
投融资事件增长率（%）	—	0	133	147
投融资金额增长率（%）	—	−25	110	395

数据来源：新元文智整理。

2. 投融资事件分币种情况分析

（1）美元依然占据主导地位

分币种来看，2014 年中国文化产业股权投融资事件披露金额的美元投资有 187 起，投资额折合人民币 365.52 亿元；披露金额的人民币投资事件 428 起，披露投资总额为 237.30 亿元；未披露金额事件数量为 42 起。

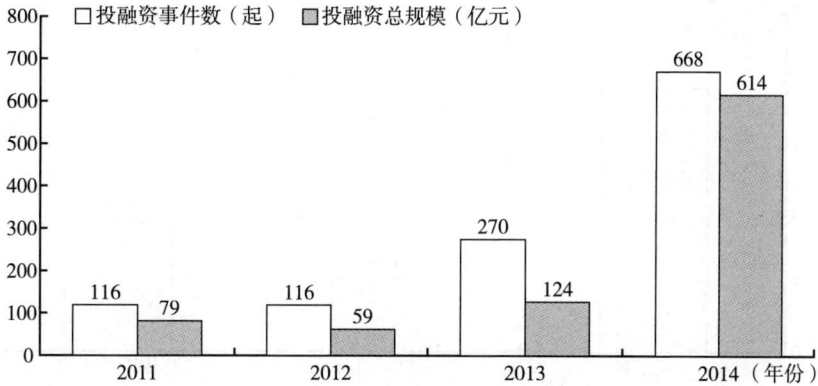

图1　2011～2014年中国文化产业投融资事件及披露金额事件分析

数据来源：新元文智整理。

表2　2014年中国文化产业股权投融资分币种投资规模统计

	投资金额（亿元）	投资事件数量（起）	平均单起投资额（亿元）
美元投资	365.52	187	1.95
人民币投资	237.30	428	0.55
未披露币种及金额	—	42	—
合　计	602.82	657	0.92

数据来源：新元文智整理。

（2）单起投资规模上美元约是人民币的3.55倍

如图2所示，2014年中国文化产业投融资平均规模方面，美元平均单起的投资额为1.95亿元，人民币单起平均投资额为0.55亿元，美元约是人民币种的3.55倍。

3. 投融资事件所涉省市情况分析

按投融资事件排序：前五名省级行政区依次是北京（351）、上海（129）、广东（77）、浙江（29）、江苏（27），这五个地区占全国的91.77%，其他地区与这前五名存在较大差距。

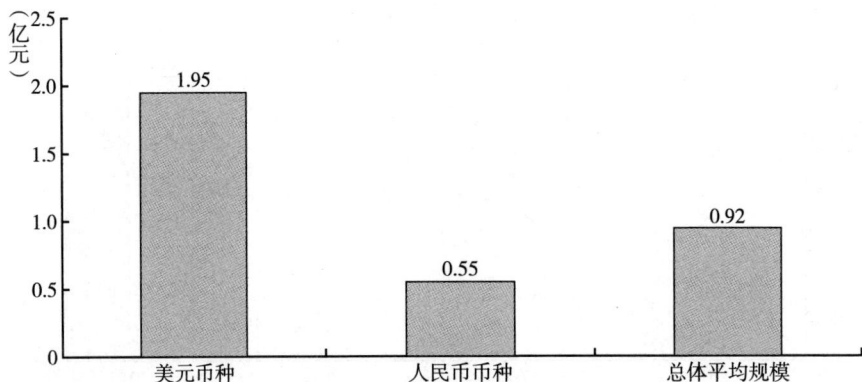

图2　2014年中国文化产业股权投融资单起事件投资规模（分币种）对比

数据来源：新元文智整理。

按披露投资金额排序：前五名省级行政区依次是北京（355.15亿元）、浙江（73.37亿元）、上海（65.29亿元）、广东（55.91亿元）、江苏（34.50亿元），这五个地区占全国的96.91%，其他地区与这前五名存在较大差距。

北京、浙江、上海、广东、江苏恰恰是中国经济最发达的地区，良好的经济基础、地区人口对文化的巨大需求为这些地区文化产业的发展提供了强大的支撑和动力。

根据新元文智的监测数据，2014年中国文化产业投融资事件中有351起发生在北京，位列第一，占据总投融资事件数量的52.55%；第二位是上海，共有129起股权投资事件，占总事件数量的19.31%；居第三位的是广东，该地区主要以深圳、广州为主，共发生股权投融资事件77起，占据11.53%的份额；位列第四、第五的是浙江和江苏。

2014年中国文化产业股权投融资规模分布如图4所示，北京投融资规模为355.15亿元，约占全国的57.83%；其次是浙江省，股权投融资规模73.37亿元，占据11.95%的份额。

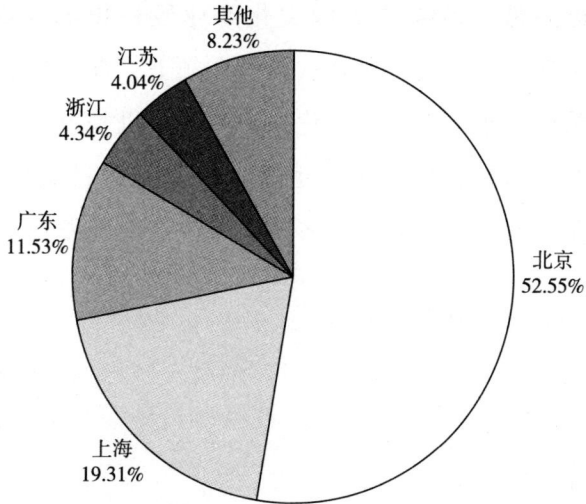

图3　2014年中国文化产业股权投融资事件数省市分布

数据来源：新元文智整理。

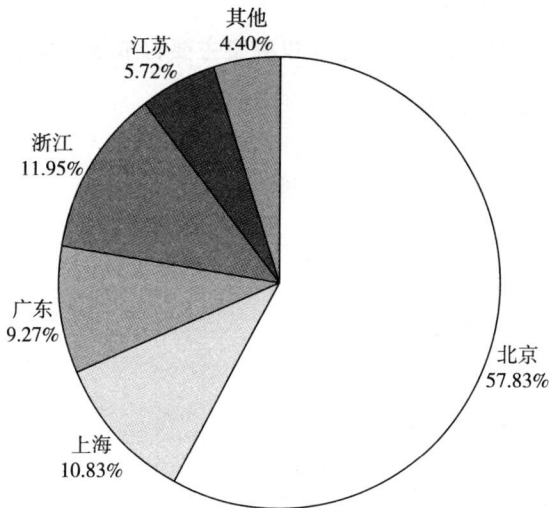

图4　2014年中国文化产业股权投融资规模省市分布

数据来源：新元文智整理。

值得一提的是，2014 年中国文化产业股权投融资资金规模中，北京市无论从事件数量上，还是从投资金额上，都占到了全国的半壁江山，这与北京市作为中国的文化中心有关，也是政府对文化产业重点关注的结果。但是，这种情况也显示了其他地区文化产业发展缓慢，文化产业过度集中在北京，不利于整个产业的发展。

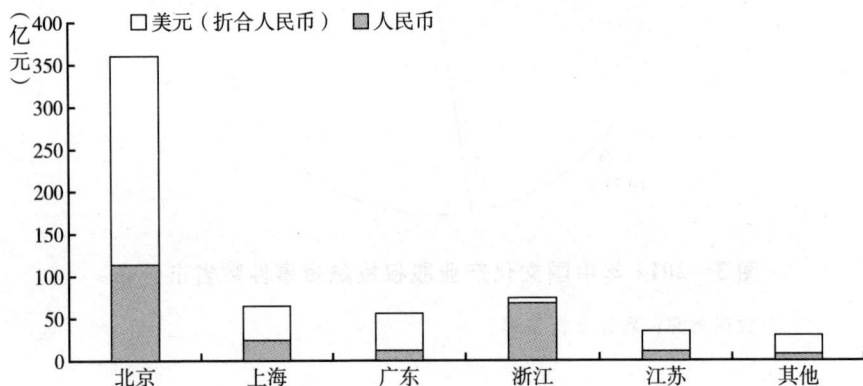

图 5　2014 年中国文化产业股权投融资主要省市分币种规模构成情况

数据来源：新元文智整理。

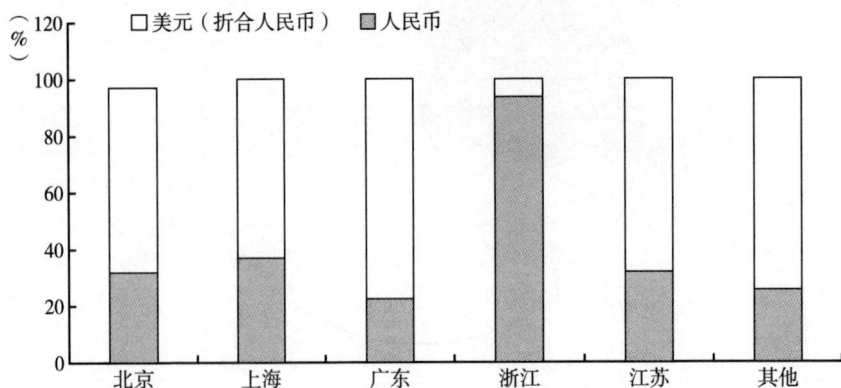

图 6　2014 年中国文化产业股权投融资主要省市分币种比例构成情况

数据来源：新元文智整理。

4. 投融资事件分阶段状况分析

2014 年中国文化产业股权投融资项目主要集中在种子天使轮、A 轮，两者的事件数占比接近 77%，表明文化产业整体仍然处在创业成长初期。从融资额来看，IPO 上市及以后所获融资额最为突出，占比为 36%，虽然 A、B、C 三轮融资也都占比 10% 或以上，但与 IPO 相比仍逊色许多，表明文化产业在早期成长阶段所需资金少，投资回报高，也表明文化产业需要更多资金支持其成长发展。具体统计数据见表 3。

表 3　2014 年中国文化产业股权投融资项目分阶段投资数据

序号	轮次	所有事件（起）	披露金额（亿元）	事件占比（%）	披露金额占比（%）
1	种子天使	272	10	40.7	2
2	A 轮	241	91	36.1	15
3	B 轮	62	102	9.3	17
4	C 轮	35	64	5.2	10
5	D 轮	6	19	0.9	3
6	E 轮	1	未披露	0.1	—
7	F 轮 – PreIPO	11	37	1.6	6
8	IPO 上市及以后	21	223	3.1	36
9	战略投资	8	59	1.2	10
10	不明确	11	9	1.6	2
合计		668	614	100.0	100

数据来源：新元文智整理。

5. 投融资事件时间分布情况分析

（1）投资金额在第二、四季度较高

从投资事件数量来看，除了第二季度较少外，都比较均衡。没有

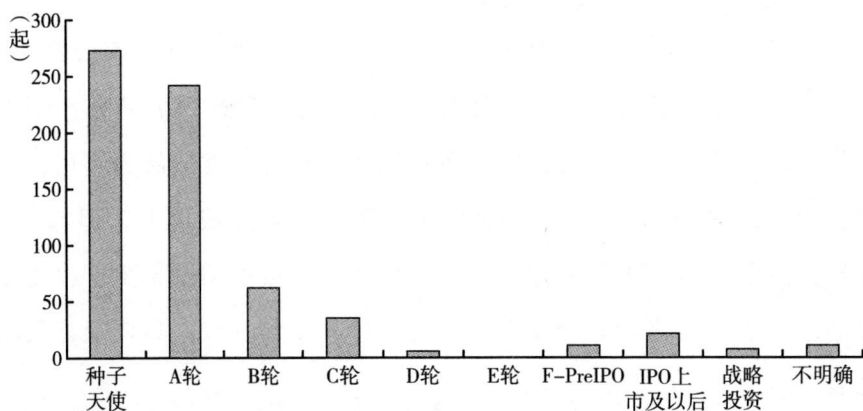

图7　2014 年中国文化产业股权投融资事件融资轮次分布（按事件数）

数据来源：新元文智整理。

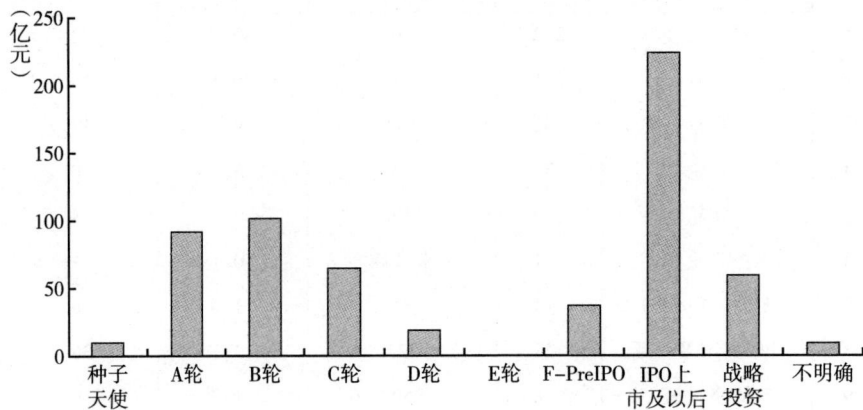

图8　2014 年中国文化产业股权投融资各轮次融资金额分布

数据来源：新元文智整理。

特别集中在哪一个季度。

从投资金额来看，综合总投资、人民币投资、美元投资，可以发现第二季度、第四季度明显比其他两个季度要高出许多。

表4 2014年中国文化产业股权投融资事件季度统计

单位：起，亿元，%

季度	总投资				人民币投资				美元投资			
	事件数	占比	金额	占比	事件数	占比	金额	占比	事件数	占比	金额	占比
第一季度	184	28	93	15	128	30	50	21	41	22	42	12
第二季度	123	18	232	38	76	18	89	37	33	18	143	39
第三季度	174	26	88	14	114	27	34	14	53	28	54	15
第四季度	187	28	201	33	112	26	64	27	60	32	126	34
合　计	668	100	614	100	430	100	237	100	187	100	365	100

数据来源：新元文智整理。

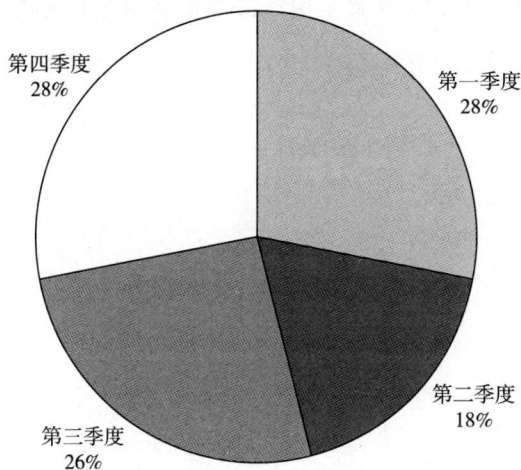

图9 2014年中国文化产业股权投融资事件数量季度占比

数据来源：新元文智整理。

（2）1月和12月事件最多，4月和12月投融资规模最大

2014年，按事件数量排名，1月和12月排名前两位且与其他月份拉开较大差距；按投资金额排名，4月、12月、11月排名前三。综合来看，岁末年初是投资文化产业的扎堆时间段。

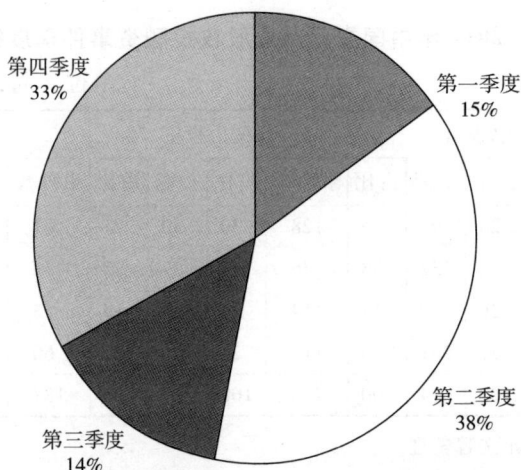

图 10　2014 年中国文化产业股权投融资事件各季度融资规模占比

数据来源：新元文智整理。

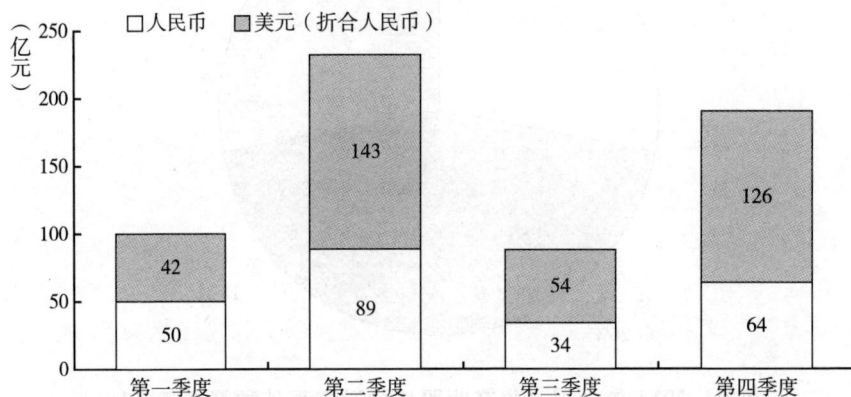

图 11　2014 年中国文化产业股权投融资不同币种季度构成情况

数据来源：新元文智整理。

　　人民币投资：1 月事件最多，4 月金额最多；美元投资：12 月事件最多，4 月金额最多。综上，如果按投资事件数量判断冷热，则 1 月和 12 月是文化产业投资最火热的时间段；如果按照投资金额判断冷热，则 4 月最热。4 月有阿里资本领衔的 2 笔巨额投资，如 65.36 亿元投资华数传媒、12.2 亿美元投资优酷土豆，使得 4 月投资额最多。

综上，1 月和 12 月是文化产业投资的高峰期。

表 5　2014 年中国文化产业股权投融资数据统计

月份	投资总额			人民币投资		美元投资	
	事件数（起）	金额（亿元）	占比（%）	事件数（起）	金额（亿元）	事件数（起）	金额（亿元）
一月	101	45.64	7.4	75	35.94	19	9.70
二月	35	27.78	4.5	23	9.49	10	18.29
三月	48	19.13	3.1	30	5.08	12	14.05
四月	44	191.63	31.2	27	70.03	12	121.60
五月	29	14.34	2.3	18	7.08	8	7.26
六月	50	25.83	4.2	31	11.39	13	14.44
七月	48	20.87	3.4	28	11.23	16	9.64
八月	60	35.88	5.8	43	12.33	15	23.56
九月	66	31.66	5.2	43	10.64	22	21.01
十月	57	23.94	3.9	39	7.69	16	16.25
十一月	46	87.49	14.2	26	41.32	14	46.17
十二月	84	89.98	14.7	47	15.10	30	63.55
合　计	668	614.17	100.0	430	237.30	187	365.52

数据来源：新元文智整理。

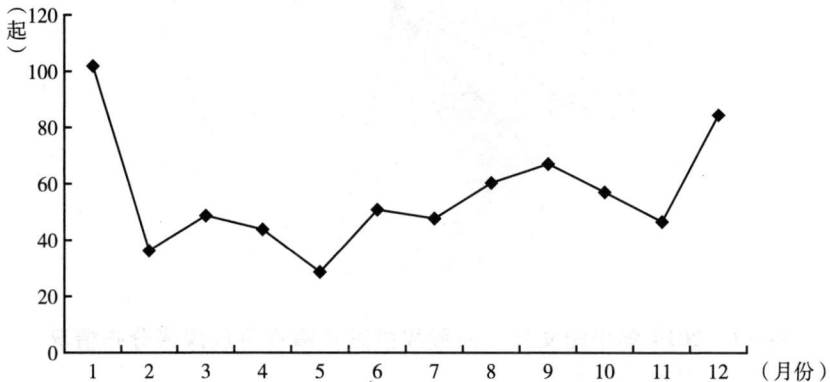

图 12　2014 年中国文化产业股权投融资事件数

数据来源：新元文智整理。

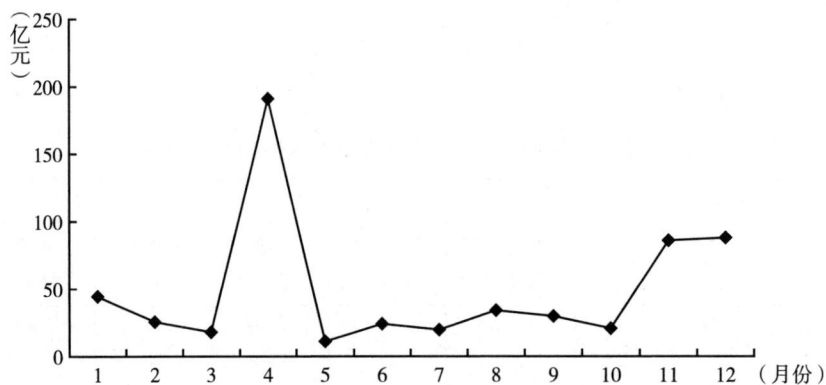

图 13　2014 年中国文化产业股权投融资金额

数据来源：新元文智整理。

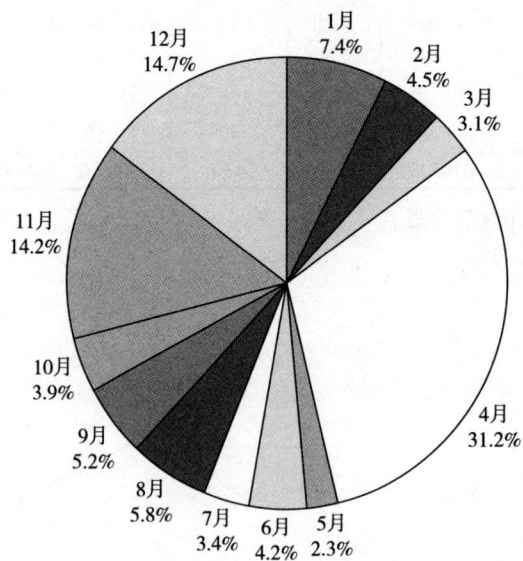

图 14　2014 年中国文化产业股权投融资事件月度规模分布情况

数据来源：新元文智整理。

（二）中国文化产业股权投融资细分领域概况分析

1. 在线教育、在线旅游、手机游戏成为重点投资领域

2014 年文化产业投融资事件主要分属 33 个细分领域，在线教育、在线旅游、手机游戏成为投资机构重点关注领域。据不完全统计，2014 年在线教育领域投融资事件 110 起，在线旅游 97 起，手机游戏 87 起，三大领域投融资事件数共计占到了总事件数的44.01%。

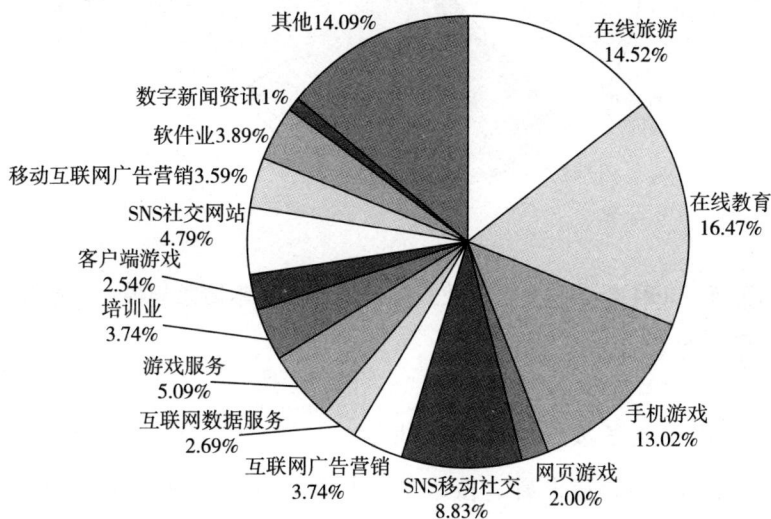

其他14.09%
在线旅游 14.52%
数字新闻资讯1%
软件业3.89%
移动互联网广告营销3.59%
SNS社交网站 4.79%
客户端游戏 2.54%
培训业 3.74%
游戏服务 5.09%
互联网数据服务 2.69%
互联网广告营销 3.74%
SNS移动社交 8.83%
网页游戏 2.00%
手机游戏 13.02%
在线教育 16.47%

图 15　2014 年中国文化产业投融资事件所涉领域数量占比情况

数据来源：新元文智整理。

2. 电影制作与发行、电视制作与发行和数字内容出版及发行融资规模居前列

据不完全统计，2014 年文化产业投融资事件所涉领域中，电影

制作与发行、数字内容出版及发行、电视制作与发行投融资规模明显大于其他细分领域。

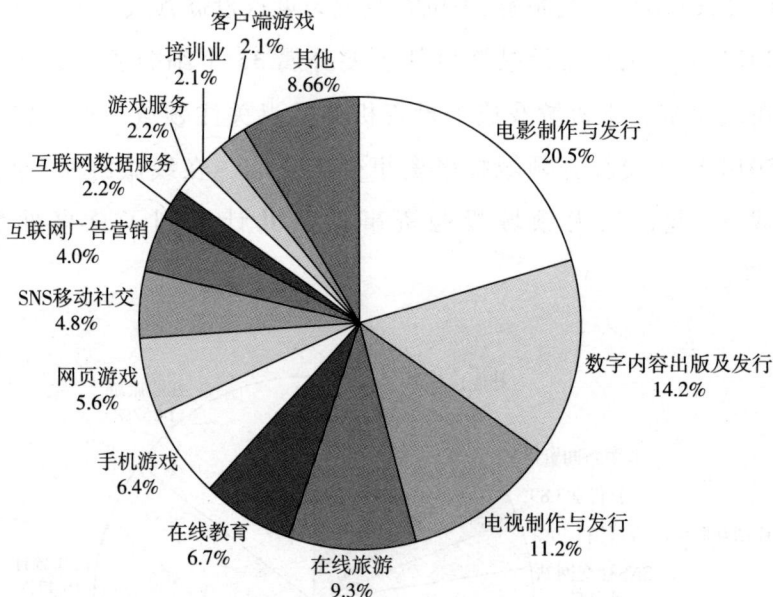

图 16　2014 年中国文化产业投融资事件所涉领域总规模占比情况

数据来源：新元文智整理。

3. 文化企业多数处于成长初期

从已监测到的数据看，按事件数排序，文化产业融资阶段主要是种子天使、A 轮，说明文化产业中的大多数公司处于初创、初始发展阶段，产业整体相对其他产业很不成熟，依然存在巨大发展潜力。

按投资规模排序，文化产业融资阶段主要是 IPO 上市及以后、B 轮、A 轮。而投资事件数量占据第一位的种子天使阶段的融资规模却未能夺得第一，说明种子天使阶段的公司在初期所获融资很少，显示出 IPO 仍然是文化企业通过质变继而量变的重要途径。同时，也表明投资者对于文化产业投资在初创期的谨慎态度。

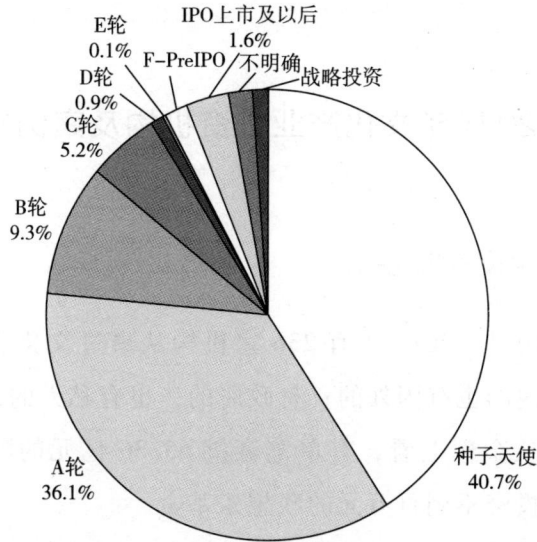

图 17　2014 年文化产业投融资事件所涉领域投资轮次情况（按事件数）

数据来源：新元文智整理。

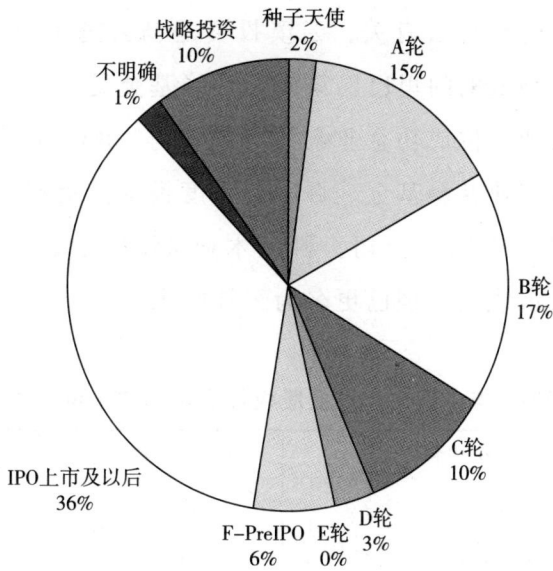

图 18　2014 年中国文化产业投融资事件所涉领域投资轮次情况（按规模）

数据来源：新元文智整理。

二 2014年文化产业投资机构及案例研究

（一）主要投资机构概况

据不完全统计，2014年有236家机构从事过文化产业相关的投资，其中有国内的也有国外的；有政府的，也有私人的；也有单干的天使投资人。从金额上看，有单笔豪掷65.36亿元的阿里系云溪投资，也有单笔投资不到百万元的联想乐基金。

总体上看，阿里系旗下的阿里资本是2014年最耀眼的明星机构，无论是总投资金额、投资项目数，还是单笔投资金额，均位列前十。

有三个机构与马云有关，云溪投资是马云携手史玉柱成立的，阿里资本隶属马云的阿里巴巴集团，云峰基金是马云、聚众传媒创始人虞锋及其他多位成功企业家共同成立的。BAT另外两个核心成员腾讯的腾讯产业共赢基金、百度的百度投资投资规模也较大，而小米科技也是一个明星公司。科冕木业25.4亿元收购天神互动，使后者借壳上市成功，现已更名为天神娱乐。

表6 2014年中国文化产业股权投资机构前十位（按金额）

排名	机构名称	投资项目数	投资额（亿元）
1	阿里资本	10	89.63
2	云溪投资	1	65.36
3	百度投资	6	27.13

排名	机构名称	投资项目数	投资额（亿元）
4	科冕木业	1	25.40
5	小米科技	7	23.84
6	腾讯产业共赢基金	10	19.70
7	携程	5	15.66
8	苏宁电器	1	14.74
9	顺为基金	8	11.77
10	云锋基金	1	8.10

数据来源：新元文智整理。

按投资项目数排名，文化产业投资最活跃的机构前十一名（有并列）见表7。

表7 2014年中国文化产业股权投资机构前十一位（按项目数）

排名	机构名称	投资项目数	投资额（亿元）
1	IDG资本	28	5.53
2	真格基金	17	1.09
3	创新工场	16	2.59
4	深圳市创新投资集团	15	4.12
5	经纬中国	14	3.73
6	上海永宣联创	14	3.71
7	阿里资本	10	89.63
8	腾讯产业共赢基金	10	19.70
9	复星昆仲资本	10	5.03
10	PreAngel	10	0.27
11	丰厚资本	10	0.26

注：创新工场、PreAngel有两起事件未披露金额。

数据来源：新元文智整理。

表8　2014年中国文化产业股权投资机构前十位（按单起投资规模）

排名	机构名称	投资项目数	单起投资规模（亿元）
1	云溪投资	1	65.36
2	科冕木业	1	25.40
3	苏宁电器	1	14.74
4	阿里资本	10	8.96
5	云锋基金	1	8.10
6	GIC新加坡政府投资公司	1	6.39
7	百度投资	6	4.52
8	Forgame	1	4.30
9	唯品会	1	3.43
10	小米科技	7	3.41

数据来源：新元文智整理。

（二）2014年主要投资机构投资文化产业项目分析

目前，中国文化产业投资领域的主要投资机构有200多家，2014年这些机构的主要关注点有：在线教育、在线旅游、手机游戏等。下面我们简要介绍一些投资机构及其主要关注领域、投资阶段及投资的主要项目情况。

1. IDG 资本

【网址】http://www.idgvc.com/

【阶段】天使初创期，成长发展期，成熟期

【领域】互联网，移动互联网，医疗健康，环保能源，制造业，消费品，现代服务，传媒新媒体，教育培训，金融，文化创意，电子半导体

【简介】IDG资本专注于与中国市场有关的VC/PE投资项目，核心投资领域为互联网/移动/高科技、新型服务/品牌、医疗健康、工

业技术/资源、媒体内容/旅游地产，覆盖初创期、成长期、成熟期、Pre-IPO 各个阶段，投资规模从上百万美元到上千万美元不等。

【文化产业投资概况】2014 年，IDG 资本在文化产业的投资事件共 28 起，涉及投资总额约 5.5 亿元，平均单起投资规模约为 0.2 亿元。从事件数量来看，主要集中在种子天使和 A 轮投资；从投资金额来看，主要集中在 A 轮、B 轮、C 轮，呈现橄榄形投资组合。

从事件数量来看，IDG 在 2014 年重点投资了在线教育。从金额来看，IDG 的投资较多元地分布在：在线教育、数字内容出版及发行、数字新闻资讯、生活信息服务、在线旅游等领域。

具体投资详细数据见表 9。

表 9　2014 年 IDG 资本投资文化产业事件统计

月份	项目	轮次	投资额	细分领域
2014 年 1 月	苏州叠纸网络	A 轮	1842.84 万元人民币（兑换后）	手机游戏
2014 年 1 月	MoreTV 电视猫/千杉网络	A 轮	1842.84 万元人民币（兑换后）	互联网电视
2014 年 1 月	南京五十岚数字科技有限公司	种子天使	300 万元人民币	网络视频制作
2014 年 1 月	扇贝网/贝湾教育	A 轮	1842.84 万元人民币（兑换后）	在线教育
2014 年 1 月	Pipe Of Insight	种子天使	300 万元人民币	在线教育
2014 年 1 月	优问答/亚巴顿科技	种子天使	300 万元人民币	在线教育
2014 年 1 月	为艺科技 Wegenart	种子天使	300 万元人民币	在线教育
2014 年 1 月	NTA 创新传播/怪杰	A 轮	1842.84 万元人民币（兑换后）	广告创意与代理

月份	项目	轮次	投资额	细分领域
2014 年 3 月	Sevenga 游戏/毅诚科技	种子天使	300 万元人民币	手机游戏
2014 年 4 月	短裤视频/达达文化传播	种子天使	300 万元人民币	数字内容出版及发行
2014 年 4 月	迅雷网络	F 轮 - PreIPO	47606.7 万元人民币（估算）	数字内容出版及发行
2014 年 5 月	玩途 Hitour/北京欢途智行	A 轮	1860 万元人民币（兑换后）	在线旅游
2014 年 5 月	爱考拉/知学友邦	A 轮	1000 万元人民币	在线教育
2014 年 6 月	追光动画	B 轮	3071.4 万元人民币（估算）	数字内容出版及发行
2014 年 7 月	站酷网 Zcool	A 轮	921.42 万元人民币（估算）	版权服务
2014 年 7 月	TimeSchool 时光校园/Chogic 旗禾科技	种子天使	300 万元人民币	SNS 移动社交
2014 年 7 月	猿题库	C 轮	4607.1 万元人民币（估算）	在线教育
2014 年 8 月	量视网络	种子天使	300 万元人民币	数字内容出版及发行
2014 年 9 月	玩兔科技	种子天使	300 万元人民币	SNS 社交网站
2014 年 9 月	轻轻家教/轻轻教育	A 轮	1842.84 万元人民币（兑换后）	在线教育
2014 年 9 月	老师来了	种子天使	300 万元人民币	在线教育
2014 年 9 月	Eput. com/路大在线科技	A 轮	1842.84 万元人民币（兑换后）	版权服务
2014 年 10 月	Seven 七个人/干大事网络	种子天使	300 万元人民币	SNS 移动社交

月份	项目	轮次	投资额	细分领域
2014 年 10 月	iDarex 敢玩	种子天使	300 万元人民币	在线旅游
2014 年 12 月	果壳网	C 轮	6142.8 万元人民币（估算）	数字新闻资讯
2014 年 12 月	一起唱	B 轮	7371.36 万元人民币（兑换后）	生活信息服务
2014 年 12 月	捞月狗	A 轮	1842.84 万元人民币（兑换后）	客户端游戏
2014 年 12 月	在路上	B 轮	4650 万元人民币（估算）	在线旅游

数据来源：新元文智整理。

表 10 2014 年 IDG 资本投资文化产业所涉轮次统计

轮次	事件数量（起）	投资金额（亿元）	投资额占比（%）
种子天使	12	0.4	7
A 轮	10	1.7	30
B 轮	3	1.5	27
C 轮	2	1.4	25
F 轮 – PreIPO	1	0.6	11
总　计	28	5.5	100

数据来源：新元文智整理。

表 11 2014 年 IDG 资本投资文化产业所涉领域统计

投资领域	金额（亿元）	事件数量（起）	投资额占比（%）
在线教育	1.05	8	19
数字内容出版及发行	0.98	4	18
数字新闻资讯	0.92	1	17
生活信息服务	0.74	1	13
在线旅游	0.68	3	12

续表

投资领域	金额（亿元）	事件数量（起）	投资额占比（%）
版权服务	0.28	2	5
手机游戏	0.21	2	4
广告创意与代理	0.18	1	3
互联网电视	0.18	1	3
客户端游戏	0.18	1	3
SNS 移动社交	0.06	2	1
SNS 社交网站	0.03	1	1
网络视频制作	0.03	1	1
合　计	5.53	28	100

数据来源：新元文智整理。

2. 真格基金

【网址】http：//www.zhenfund.com/

【阶段】天使初创期

【领域】物联网，移动互联网，游戏，企业软件，O2O，电子商务及教育培训

【简介】真格基金是由新东方联合创始人徐小平、王强和红杉资本中国在 2011 年联合创立的天使投资基金，旨在鼓励青年人创业、创新、创富、创造。真格基金希望能为海外学子搭建起归国创业的桥梁，侧重于但并不限于留学生创业。真格基金专注于 TMT 行业，包括物联网、移动互联网、游戏、企业软件、O2O、电子商务及教育培训等领域的种子期投资。

【文化产业投资概况】2014 年，真格基金在文化产业领域共投资了 17 起。

<h3 style="text-align:center">表 12　2014 年真格基金文化产业投资情况</h3>

月份	项目	轮次	投资额	细分领域
2014 年 1 月	WeComics 微漫网络	种子天使	300 万元人民币	软件业
2014 年 1 月	NeBulium Games 星云素	种子天使	300 万元人民币	手机游戏
2014 年 1 月	芥末堆/颉墨科技	种子天使	150 万元人民币（估算）	在线教育
2014 年 2 月	应试宝/掌控优教	种子天使	300 万元人民币	在线教育
2014 年 3 月	Dreamobi	种子天使	300 万元人民币	移动互联网广告营销
2014 年 4 月	nice 品牌滤镜	A 轮	1638.08 万元人民币（估算）	SNS 社交网站
2014 年 4 月	乐博乐博机器人 ROBOROBO	种子天使	1000 万元人民币	培训业
2014 年 6 月	那好网	种子天使	300 万元人民币	在线教育
2014 年 6 月	小红书/行吟科技	A 轮	1860 万元人民币	在线旅游
2014 年 8 月	ChineseSkill	种子天使	150 万元人民币（估算）	在线教育
2014 年 8 月	GMAT 加分宝/Prep4GMAT	A 轮	614.28 万元人民币（估算）	在线教育
2014 年 8 月	实验楼/SimpleCloud 琛石科技	种子天使	300 万元人民币	在线教育
2014 年 10 月	橘子娱乐	种子天使	333.33 万元人民币（估算）	SNS 社交网站
2014 年 10 月	Blink 快看	A 轮	2457.12 万元人民币（估算）	SNS 移动社交
2014 年 10 月	MusicFlow 乐流/渡鸦科技 RavenTech	种子天使	300 万元人民币	软件业
2014 年 10 月	摇头玩/仙境网络	种子天使	300 万元人民币	游戏服务
2014 年 11 月	北京钛核互动	种子天使	300 万元人民币	手机游戏

数据来源：新元文智整理。

从投资轮次上看，17 起投资事件中有 13 起为种子天使投资，说明了真格基金是以创业孵化为主的基金。而从金额来看，A 轮投资共 4 起，占总投资的一半以上，说明了真格基金在把大部分资金投在风险较小的阶段，显示了在文化产业领域的风险控制特点。

表 13　2014 年真格基金文化产业投资轮次规模构成情况

轮次	事件数量（起）	投资金额（亿元）	投资额占比（%）
种子天使	13	0.43	39
A 轮	4	0.66	61
总　计	17	1.09	100

从事件数量来看，在线教育排名第一。从投资规模来看，SNS 移动社交、SNS 社交网站、在线旅游、在线教育排名前列。

表 14　2014 年真格基金文化产业领域投资金额构成情况

投资领域	投资额（亿元）	事件数量（起）	投资额占比（%）
SNS 移动社交	0.25	1	23
SNS 社交网站	0.20	2	18
在线旅游	0.19	1	17
在线教育	0.18	6	17
培训业	0.10	1	9
软件业	0.06	2	6
手机游戏	0.06	2	6
移动互联网广告营销	0.03	1	3
游戏服务	0.03	1	3
合　计	1.09	17	100

数据来源：新元文智整理。

3. 创新工场

【网址】http：//www.chuangxin.com/

【阶段】天使初创期，成长发展期

【领域】移动互联网，数字娱乐，在线教育，智能硬件，智能商务，云计算，电子商务

【简介】创新工场由李开复博士创办于 2009 年 9 月，是一家早期投资机构，同时为创业者提供全方位的创业服务。创新工场的投资立足于信息产业最热门的领域：移动互联网、数字娱乐、在线教育、智能硬件、智能商务、云计算、电子商务；主要涉足的投资阶段为：种子天使和 A 轮，对 C 轮会有选择地进行跟投。

【文化产业投资概况】2014 年创新工场在文化领域共投资了 16 起，涉及总投资规模 2 亿余元（仅披露金额的项目）。

表 15　2014 年创新工场文化产业领域投资情况

月份	项目	轮次	投资额	细分领域
2014 年 1 月	翻翻动漫	A 轮	3000 万元人民币	软件业
2014 年 1 月	半次元网	A 轮	1842.84 万元人民币（兑换后）	游戏服务
2014 年 1 月	VIPKID 少儿英语/大米科技	种子天使	300 万元人民币	在线教育
2014 年 3 月	卢恒宇和李姝洁工作室	A 轮	未披露	动漫制作与发行
2014 年 3 月	壹枱 The ONE 智能钢琴/小叶子科技	A 轮	1000 万元人民币	在线教育
2014 年 4 月	TOPIT.ME 优美图/优美风尚网络	A 轮	1842.84 万元人民币（兑换后）	SNS 社交网站
2014 年 5 月	追追漫画/漫动科技	种子天使	150 万元人民币	软件业
2014 年 7 月	Blink 快看	种子天使	300 万元人民币	SNS 移动社交

月份	项目	轮次	投资额	细分领域
2014 年 7 月	66RPG 橙光游戏中心	A 轮	1842.84 万元人民币（兑换后）	游戏服务
2014 年 7 月	ImbaTV	A 轮	未披露	游戏服务
2014 年 9 月	米豆网 Meedow	种子天使	307.14 万元人民币（估算）	在线教育
2014 年 9 月	摩摩信息	C 轮	9214.2 万元人民币（估算）	专业设计
2014 年 10 月	Blink 快看	A 轮	2457.12 万元人民币（估算）	SNS 移动社交
2014 年 10 月	糗事百科	A 轮	3071.4 万元人民币	生活信息服务
2014 年 10 月	三国之乱舞	种子天使	300 万元人民币	手机游戏
2014 年 10 月	FView 无水社区	A 轮	500 万元人民币	数字新闻资讯

数据来源：新元文智整理。

从表 16 可以看出，创新工场在文化产业的投资策略较好，种子天使和 A 轮以项目数多来分散风险、获得潜在"规模"效益。而 A 轮风险较种子天使小，但潜在收益较 C 轮大，所以 A 轮在事件数量和金额上都最多。C 轮风险相对最小，收益也不如种子天使和 A 轮大，所以需要使用大的资金投资才能获得真正的规模效益。

表 16　2014 年创新工场文化产业分轮次投资构成

轮次	事件数量（起）	投资额（亿元）	备注
种子天使	5	0.14	
A 轮	10	1.56	2 笔未披露金额
C 轮	1	0.92	
总　计	16	2.62	

数据来源：新元文智整理。

从投资额来看，2014 年，创新工场文化领域的投资（不包括未披露金额项目）主要集中在专业设计。从事件数量来看，游戏服务和在线教育分别投资了 3 个，数量最多。而总体来看，创新工场投资门类广，并无特别侧重的领域。

表 17 2014 年创新工场文化产业所涉投资领域分布

投资领域	投资额（亿元）	事件数量（起）	备注
动漫制作与发行	—	1	未披露金额
专业设计	0.92	1	
游戏服务	0.37	3	1 笔未披露金额
软件业	0.32	2	
生活信息服务	0.31	1	
SNS 移动社交	0.28	2	
SNS 社交网站	0.18	1	
在线教育	0.16	3	
数字新闻资讯	0.05	1	
手机游戏	0.03	1	
总　计	2.62	16	

数据来源：新元文智整理。

4. 深圳市创新投资集团

【网址】http：//www.szvc.com.cn/

【阶段】初创期，成长发展期

【领域】IT，生物医药，新材料，光机电，新能源，新材料

【简介】深圳市创新投资集团是以资本为主要联结纽带的母子公司为主体的大型投资企业集团，于 2002 年 10 月正式成立。集团核心企业——深圳市创新投资集团有限公司的前身为 1999 年 8 月 26 日成立的深圳市创新科技投资有限公司。

【文化产业投资概况】2014 年深圳市创新投资集团在文化领域共投资了 15 起，涉及总投资规模约 4.12 亿元。在投资上主要以游戏行业为主，包括客户端游戏、手机游戏、游戏服务，在投资轮次上几乎仅参与 A 轮，特征明显。

表 18　2014 年深圳市创新投资集团文化产业投资情况

月份	项目	轮次	投资额	细分领域
2014 年 1 月	寅酷游戏	B 轮	3000 万元人民币	客户端游戏
2014 年 1 月	一块去旅行/途游网络	A 轮	1860 万元人民币（兑换后）	在线旅游
2014 年 2 月	天工异彩	A 轮	2500 万元人民币	电影制作与发行
2014 年 4 月	广州越川网络	A 轮	3000 万元人民币	客户端游戏
2014 年 6 月	有趣岛	A 轮	3000 万元人民币	数字内容出版及发行
2014 年 6 月	苏州米粒影视 Mili Pictures	A 轮	3000 万元人民币	数字内容出版及发行
2014 年 7 月	常州瑞虎网络	A 轮	3000 万元人民币	手机游戏
2014 年 8 月	GTA 国泰安	A 轮	3000 万元人民币	培训业
2014 年 8 月	苏州米谷网络	A 轮	3000 万元人民币	游戏服务
2014 年 9 月	福建非同凡想网络	A 轮	300 万元人民币	手机游戏
2014 年 9 月	点点客	A 轮	1500 万元人民币	移动互联网广告营销
2014 年 12 月	天津通世传媒	A 轮	3000 万元人民币	互联网广告营销
2014 年 12 月	小西游戏/小西网络	A 轮	3000 万元人民币	客户端游戏
2014 年 12 月	大连龙谷科技/霸三国	A 轮	3000 万元人民币	手机游戏
2014 年 12 月	魔方网	A 轮	5000 万元人民币（估算）	手机游戏

数据来源：新元文智整理。

表19　2014年深圳市创新投资集团文化产业投资轮次规模构成情况

轮次	事件数量（起）	投资额（亿元）	投资额占比（%）
A轮	14	3.8	93
B轮	1	0.3	7
总　计	15	4.1	100

数据来源：新元文智整理。

表20　2014年深圳市创新投资集团文化产业投资领域金额构成情况

投资领域	投资额（亿元）	事件数量（起）	投资额占比（%）
手机游戏	1.13	4	27
客户端游戏	0.9	3	22
数字内容出版及发行	0.6	2	15
互联网广告营销	0.3	1	7
培训业	0.3	1	7
游戏服务	0.3	1	7
电影制作与发行	0.25	1	6
在线旅游	0.186	1	5
移动互联网广告营销	0.15	1	4
总　计	4.12	15	100

数据来源：新元文智整理。

5. 经纬中国

【网址】http：//www. matrixpartners. com. cn/

【阶段】天使初创期，成长发展期

【领域】互联网，移动互联网，医疗健康，环保能源，消费品，现代服务，传媒新媒体，教育培训，金融，文化创意，电子半导体

【简介】经纬中国 2008 年创立，总部设在北京，在环保技术、

教育、能源、金融服务、健康、互联网和软件行业等不同领域积极寻找投资机会。

【文化产业投资概况】2014 年，经纬中国在文化产业方面的投资事件共 14 起，涉及投资总额为 3.73 亿元。在文化产业领域，经纬中国偏好 SNS 社交网站、在线教育。

经纬中国 2014 年的 14 个投资项目中，有 9 个是与其他投资机构共同投资的，可能原因是：一方面所投项目比较受大家认可，另一方面经纬中国单独投资一个项目的实力或信心不足。

表 21　2014 年经纬中国投资文化产业事件统计

月份	项目	轮次	投资额	细分领域
2014 年 2 月	黑岩网/品读者科技	A 轮	1842.84 万元人民币（兑换后）	版权服务
2014 年 3 月	快乐学	A 轮	1535.7 万元人民币（估算）	在线教育
2014 年 4 月	nice 品牌滤镜	A 轮	1638.08 万元人民币（估算）	SNS 社交网站
2014 年 5 月	AdSame 传漾科技	C 轮	6142.8 万元人民币（估算）	互联网广告营销
2014 年 7 月	nice 品牌滤镜	B 轮	3071.4 万元人民币（估算）	SNS 社交网站
2014 年 7 月	猿题库	C 轮	4607.1 万元人民币（估算）	在线教育
2014 年 8 月	爱拍原创	C 轮	11671.32 万元人民币（估算）	SNS 社交网站
2014 年 8 月	环信即时通讯云	种子天使	300 万元人民币	其他
2014 年 8 月	艺考就过/图森科技	种子天使	300 万元人民币	在线教育

月份	项目	轮次	投资额	细分领域
2014 年 9 月	酷动社区/动享网络	种子天使	250 万元人民币（估算）	SNS 移动社交
2014 年 9 月	游谱旅行网	种子天使	300 万元人民币	在线旅游
2014 年 10 月	橘子娱乐	种子天使	333.33 万元人民币（估算）	SNS 社交网站
2014 年 12 月	会会达人	种子天使	300 万元人民币	SNS 移动社交
2014 年 12 月	魔方网	A 轮	5000 万元人民币（估算）	手机游戏

数据来源：新元文智整理。

从金额上看，经纬中国 60% 的投资资金集中在 C 轮，说明其文化产业投资风格的谨慎。

表 22 2014 年经纬中国投资文化产业所涉轮次金额占比

轮次	事件数量(起)	投资额(亿元)	投资额占比(%)
种子天使	6	0.18	5
A 轮	4	1.00	27
B 轮	1	0.31	8
C 轮	3	2.24	60
总 计	14	3.73	100

数据来源：新元文智整理。

分领域来看，经纬中国的所有文化产业投资项目中，SNS 社交网站的投资项目数和投资金额都位居第一，这表现了其明显的偏好。此外经纬中国在在线教育、互联网广告营销、手机游戏三个时下热门领域也有中等规模的投资，跟风的投资风格明显。

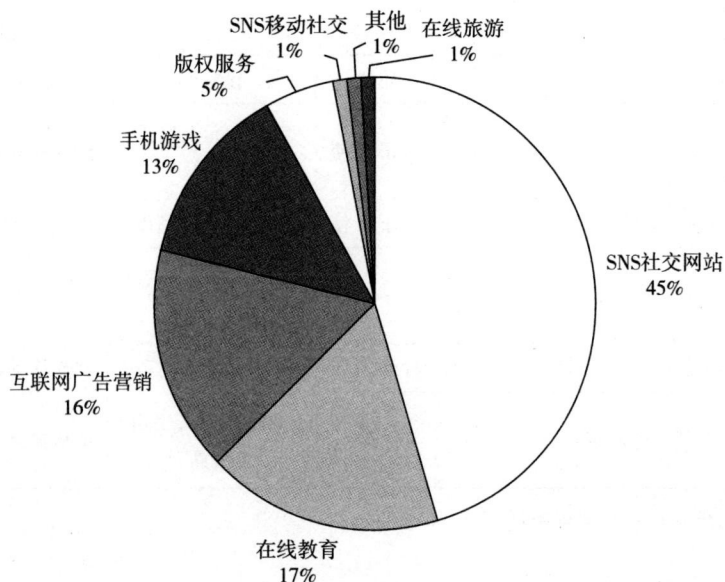

图19　2014 年经纬中国投资文化产业所涉领域金额构成

数据来源：新元文智整理。

6. 上海永宣联创

【网址】http：//www. newmargin. com/

【阶段】成长发展期，成熟期

【领域】互联网，移动互联网，医疗健康，环保能源，制造业，消费品，现代服务，传媒新媒体，硬件

【简介】上海永宣联创前身为上海联创，目前管理的基金规模大约为 30 亿美元。重点投资领域将是那些有着显著增长潜力并能带来高附加值的行业：IT，高成长性技术，生物医药，高附加值的制造业。永宣联创已经投资了 160 家公司，投资额约 17 亿美元。其中，已有 40 家投资组合公司在国内或境外成功上市。

【文化产业投资概况】2014 年上海永宣联创在文化产业投资了 14 个项目，总金额约 3.71 亿元。

表23　2014年上海永宣联创文化产业投资情况

月份	项目	轮次	投资额	细分领域
2014年1月	寓乐湾	种子天使	150万元人民币（估算）	培训业
2014年1月	Pulupulu主题游戏馆	A轮	3000万元人民币	其他娱乐业
2014年1月	北京海游天地网络	种子天使	300万元人民币	手机游戏
2014年1月	星座Q传/上海好游网络	A轮	3000万元人民币	网页游戏
2014年1月	求解答/上海极值信息	A轮	3000万元人民币	在线教育
2014年4月	卡社诺网络	A轮	1000万元人民币	手机游戏
2014年4月	MobiExchanger摩邑诚广告	种子天使	150万元人民币（估算）	移动互联网广告营销
2014年5月	太能沃可Talentwalker	C轮	3000万元人民币	手机游戏
2014年5月	万花筒视频	A轮	3000万元人民币	数字内容出版及发行
2014年6月	酷玩乐网络	A轮	3000万元人民币	手机游戏
2014年6月	苏州派趣科技/补丁娱乐	种子天使	300万元人民币	手机游戏
2014年7月	萌我爱游戏/最强王者	A轮	3000万元人民币	手机游戏
2014年9月	摩摩信息	C轮	9214.2万元人民币（估算）	专业设计
2014年12月	正益无线	B轮	5000万元人民币	其他

数据来源：新元文智整理。

　　无论是从事件数量还是从投资额来看，A轮都是上海永宣联创的一个投资偏好。

表 24　2014 年上海永宣联创文化产业分轮次投资构成

轮次	事件数量（起）	投资金额（亿元）	投资额占比（%）
种子天使	4	0.09	2
A 轮	7	1.90	51
B 轮	1	0.50	13
C 轮	2	1.22	33
总　计	14	3.71	100

数据来源：新元文智整理。

从事件数量上看，投资重点在手机游戏领域；从投资额来看，重点在手机游戏、专业设计。

表 25　2014 年上海永宣联创文化产业所涉领域统计

投资领域	投资金额（亿元）	事件数量（起）	投资额占比（%）
手机游戏	1.06	6	28.6
专业设计	0.92	1	24.8
其他	0.50	1	13.5
其他娱乐业	0.30	1	8.1
数字内容出版及发行	0.30	1	8.1
网页游戏	0.30	1	8.1
在线教育	0.30	1	8.1
培训业	0.015	1	0.4
移动互联网广告营销	0.015	1	0.4
合　计	3.71	14	100.0

数据来源：新元文智整理。

7. 阿里资本

【网址】暂无

【阶段】成长发展期，成熟期，上市公司，收购

【领域】互联网，移动互联网

【简介】阿里资本成立于 2008 年年中，隶属于阿里巴巴集团。其使命是通过投资、并购和业务拓展，创造长远财富价值，成为繁荣电子商务生态圈的一支核心力量。

【文化产业投资概况】2014 年阿里资本投资文化产业 10 个项目，总投资额约 90 亿元。

表 26　2014 年阿里资本投资文化产业事件统计

月份	项目	轮次	投资额	细分领域
2014 年 2 月	TutorGroup 麦奇教育	B 轮	12285.6 万元人民币（估算）	在线教育
2014 年 3 月	佰程旅行网/百程旅行网	B 轮	6200 万元人民币（估算）	在线旅游
2014 年 4 月	优酷土豆/优土集团	IPO 上市及以后	668403.05 万元人民币	电影制作与发行
2014 年 4 月	V 电影微电影/海纳艾美科技	A 轮	3000 万元人民币	网络视频制作
2014 年 8 月	芭乐网	B 轮	3333.33 万元人民币（估算）	电影制作与发行
2014 年 9 月	漫博客 er	A 轮	18428.4 万元人民币（兑换后）	数字内容出版及发行
2014 年 11 月	陌陌	F 轮 - PreIPO	30714.00 万元人民币	SNS 移动社交
2014 年 11 月	华谊兄弟	战略投资	153339.65 万元人民币	电影制作与发行
2014 年 12 月	特逗	种子天使	300 万元人民币	生活信息服务
2014 年 12 月	KTplay 盟游网络科技	A 轮	300 万元人民币	手机游戏

数据来源：新元文智整理。

从投资轮次来看，阿里资本投资项目数量最多的阶段是 A 轮、B 轮，但投资额占据绝对大头的是 IPO 上市及以后，所投为优酷土豆/

优土集团，占比 74.57%。据报道，"双方将共同打造线上线下融合的互联网文化娱乐生态系统"。

表 27　2014 年阿里资本文化产业分轮次投资构成

轮次	事件数量（起）	投资金额（亿元）	投资额占比（%）
A 轮	3	2.17	2.42
B 轮	3	2.18	2.43
F 轮 – PreIPO	1	3.07	3.43
IPO 上市及以后	1	66.84	74.57
战略投资	1	15.33	17.11
种子天使	1	0.03	0.03
总　计	10	89.62	100.00

数据来源：新元文智整理。

从所投项目来看，阿里资本投资的重点是电影制作与发行，占到了文化产业投资总额的 92.06%，说明了其对电影前景强烈看涨，这与中国电影市场近几年不断上涨的票房有关。随着电影消费人群，主要是受过高等教育的人的不断增多，以及国家对电影产业一直呵护的政策，银幕数量大幅增长，不论影片质量好坏，但吸引人们进场观看的功力如有神助，使得票房增速迅猛。据国家新闻出版广电总局通报，2014 年中国电影总票房达 296.39 亿元，同比增长 36.15%。

表 28　2014 年阿里资本文化产业所涉投资领域分布

投资领域	投资额（亿元）	事件数量（起）	投资额占比（%）
电影制作与发行	82.51	3	92.05
SNS 移动社交	3.07	1	3.43
数字内容出版及发行	1.84	1	2.06
在线教育	1.23	1	1.37
在线旅游	0.62	1	0.69

投资领域	投资额（亿元）	事件数量（起）	投资额占比（%）
网络视频制作	0.30	1	0.33
生活信息服务	0.03	1	0.03
手机游戏	0.03	1	0.03
合　计	89.62	10	100.00

数据来源：新元文智整理。

8. 腾讯产业共赢基金

【网址】暂无

【阶段】天使初创期，成长发展期，成熟期，上市公司，收购

【领域】互联网，移动互联网，传媒新媒体

【简介】腾讯产业共赢基金是腾讯公司旗下的企业创业投资平台，主要关注网络游戏、社交网络、无线互联网、电子商务以及新媒体等领域。

【文化产业投资概况】2014 年腾讯产业共赢基金在文化产业领域投资了 10 个项目，投资金额 19.70 亿元。

表 29　2014 年腾讯产业共赢基金文化产业领域投资事件统计

月份	项目	轮次	投资额	投资领域
2014 年 1 月	星创互联	B 轮	3000 万元人民币	手机游戏
2014 年 2 月	WiWide 迈外迪	C 轮	15000 万元人民币（估算）	互联网广告营销
2014 年 2 月	同程网/同程旅游	C 轮	12500 万元人民币（估算）	在线旅游
2014 年 5 月	擎天柱/一起玩游戏网	B 轮	15000 万元人民币	客户端游戏

月份	项目	轮次	投资额	投资领域
2014 年 7 月	优答/微学明日	A 轮	1500 万元人民币（估算）	在线教育
2014 年 8 月	跨考教育	B 轮	3000 万元人民币	培训业
2014 年 9 月	我趣旅行/我趣网	B 轮	6200 万元人民币（估算）	在线旅游
2014 年 10 月	Blink 快看	A 轮	2457.12 万元人民币（估算）	SNS 移动社交
2014 年 11 月	华谊兄弟	战略投资	128000 万元人民币	电影制作与发行
2014 年 12 月	面包旅行	C 轮	10333.33 万元人民币（估算）	在线旅游

数据来源：新元文智整理。

从事件数量上看，并没有特别偏好的轮次；但战略投资在金额上占 65%，属于绝对大头，这起战略投资对象是华谊兄弟。腾讯战略投资华谊的同时，二者也达成了战略合作协议，腾讯优势在游戏，华谊优势在电影，双方将优势互补，做强各自业务。

表 30　2014 年腾讯产业共赢基金投资文化产业所涉轮次统计

轮次	事件数量（起）	投资额（亿元）	投资额占比（%）
A 轮	2	0.4	2
B 轮	4	2.7	14
C 轮	3	3.8	19
战略投资	1	12.8	65
总　计	10	19.7	100

数据来源：新元文智整理。

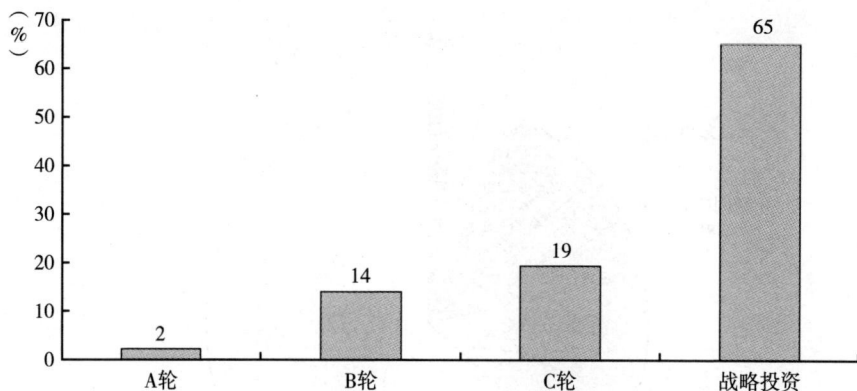

图 20　2014 年腾讯产业共赢基金投资文化产业所涉轮次金额占比

数据来源：新元文智整理。

从事件数量来看，腾讯产业共赢基金偏向在线旅游；从投资额来看，占据绝对第一的是电影制作与发行，为战略投资华谊兄弟，这种对影视投资强烈偏好的风格与阿里资本极为相似。此外，在线旅游投资额占比也较可观。

表 31　2014 年腾讯产业共赢基金投资文化产业所涉领域统计

投资领域	投资额（亿元）	事件数量（起）	投资额占比（%）
电影制作与发行	12.8	1	65
在线旅游	2.9	3	15
互联网广告营销	1.5	1	8
客户端游戏	1.5	1	8
培训业	0.3	1	2
手机游戏	0.3	1	2
SNS 移动社交	0.2	1	1
在线教育	0.2	1	1
合　计	19.7	10	100

数据来源：新元文智整理。

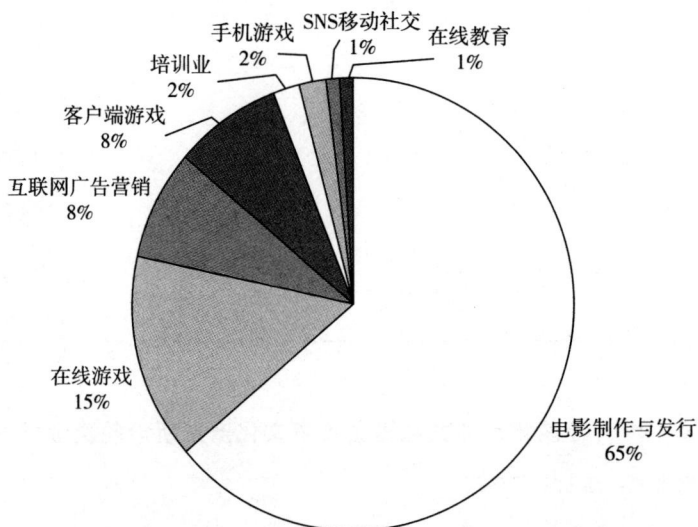

图 21　2014 年腾讯产业共赢基金投资文化产业所涉领域金额占比

数据来源：新元文智整理。

9. 复星昆仲资本

【网址】http：//www.fosun.com/

【阶段】成长发展期，成熟期

【领域】互联网，移动互联网，医疗健康，环保能源，制造业，消费品，现代服务，传媒新媒体，教育培训，金融，文化创意，硬件，农业

【简介】复星昆仲资本成立于 2013 年 4 月，是复星集团旗下的产业创投基金，专注于中早期投资，聚焦于 O2O、互联网金融、旅游/体育、医疗健康、车、教育等领域；美元投资金额在 100 万至 3000 万美元，人民币投资金额在 400 万至 2 亿元。

【文化产业投资概况】2014 年复星昆仲资本在文化产业投资了 10 个项目，其中 1 个项目未披露投资金额，披露总金额约 3.80 亿元。

表 32　2014 年复星昆仲资本投资文化产业事件统计

月份	项目	轮次	投资额	细分领域
2014 年 1 月	上海木游网络	A 轮	未披露	手机游戏
2014 年 1 月	和创科技/红圈营销	B 轮	1500 万元人民币（估算）	移动互联网广告营销
2014 年 1 月	开课吧/开云慧科教育	A 轮	3000 万元人民币	在线教育
2014 年 2 月	孔明社交管理/中天威扬	B 轮	3071.4 万元人民币（估算）	互联网数据服务
2014 年 2 月	慧科教育	A 轮	12285.6 万元人民币（兑换后）	培训业
2014 年 2 月	着迷网/乐享方登网络	B 轮	6500 万元人民币（估算）	游戏服务
2014 年 8 月	来来会/来来网	B 轮	5000 万元人民币（估算）	在线旅游
2014 年 10 月	魔方格/云学时代	A 轮	1842.84 万元人民币（兑换后）	在线教育
2014 年 11 月	蜜娱乐/蜜乐为你科技	种子天使	1842.84 万元人民币（兑换后）	移动互联网广告营销
2014 年 12 月	爱玩主题游	A 轮	3000 万元人民币	在线旅游

数据来源：新元文智整理。

表 33　2014 年复星昆仲资本投资文化产业轮次统计

轮次	事件数量（起）	投资额（亿元）	备注
种子天使	1	0.2	
A 轮	5	2.0	1 笔未披露金额
B 轮	4	1.6	
总　计	10	3.8	

数据来源：新元文智整理。

从事件数量来看，复星昆仲资本在文化产业并无特别偏好的领域；从投资金额来看，培训业是一个大头。

表34　2014年复星昆仲资本投资文化产业所涉领域统计

投资领域	投资额（亿元）	事件数量（起）	备注
手机游戏	—	1	1笔未披露金额
培训业	1.2	1	
在线旅游	0.8	2	
游戏服务	0.7	1	
在线教育	0.5	2	
移动互联网广告营销	0.3	2	
互联网数据服务	0.3	1	
总　计	3.8	10	

数据来源：新元文智整理。

10. 丰厚资本

【网址】http：//www. fhcapital. cn/

【阶段】天使初创期

【领域】互联网，移动互联网，现代服务，传媒新媒体，教育培训，文化创意，硬件

【简介】丰厚资本于2013年由谭群钊（前盛大集团总裁）、杨守彬（知名创业者与投资人）、岳弢（巨人网络联合创始人）、吴智勇（资深投资专家）四人联合创立，在北京和上海两地设立办公室，专注于基于互联网的"大消费、泛娱乐、金融创新"相关领域的早期投资。

【文化产业投资概况】2014年丰厚资本投资的文化产业全部在种子天使阶段，显示了丰厚资本在文化产业领域对种子天使的"专注"。从所涉及的领域来看，丰厚资本并未对某一领域有特别偏好，

唯一算得上突出的手机游戏投资额也不过占比 25%，有 3 个项目。什么都投，什么都不专，如履薄冰，或许这就是种子天使的气质。

表35　2014 年丰厚资本投资文化产业事件统计

月份	项目	轮次	投资额	细分领域
2014 年 1 月	小娱/成都逸动无限网络	种子天使	300 万元人民币	软件业
2014 年 1 月	上海讯灵网络科技	种子天使	300 万元人民币	游戏服务
2014 年 1 月	疯狂老师/享学网络科技	种子天使	300 万元人民币	在线教育
2014 年 3 月	龙鲸科技	种子天使	200 万元人民币	手机游戏
2014 年 4 月	上海炼火网络	种子天使	150 万元人民币（估算）	手机游戏
2014 年 5 月	上海啸游网络	种子天使	300 万元人民币	手机游戏
2014 年 5 月	前桅网络	种子天使	300 万元人民币	网页游戏
2014 年 6 月	Joyplus 秀视智能	种子天使	300 万元人民币	互联网广告营销
2014 年 10 月	西普学苑教育/西普学院	种子天使	150 万元人民币（估算）	在线教育
2014 年 11 月	iGola 骑鹅旅行	种子天使	300 万元人民币	在线旅游

数据来源：新元文智整理。

表36　2014 年丰厚资本文化产业所涉领域统计

投资领域	投资额（亿元）	事件数量（起）	投资额占比（%）
手机游戏	0.07	3	26
在线教育	0.05	2	19
互联网广告营销	0.03	1	11
软件业	0.03	1	11
网页游戏	0.03	1	11
游戏服务	0.03	1	11
在线旅游	0.03	1	11
合　计	0.27	10	100

数据来源：新元文智整理。

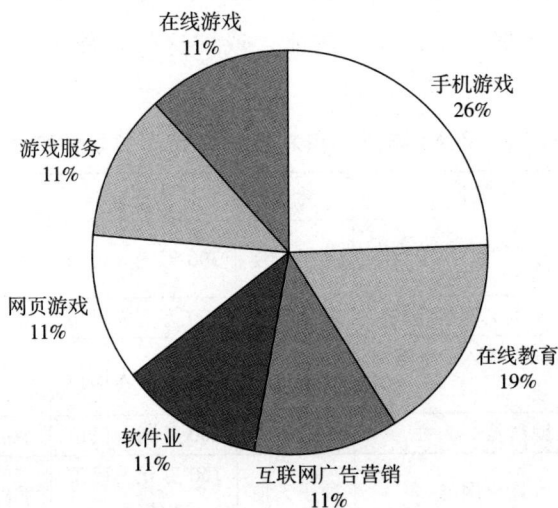

图22 2014年丰厚资本文化产业所涉领域金额占比

数据来源：新元文智整理。

11. PreAngel

【网址】http：//www. pre - angel. com/

【阶段】天使初创期

【领域】互联网，移动互联网，现代服务，传媒新媒体，教育培训，文化创意，硬件

【简介】PreAngel是一个3000万元规模的创投基金，专注于移动互联网初创期项目，每个项目的投资额度从10万到100万元不等。除了投资以外，PreAngel更重要的角色是"联合创始人"，为创业者提供创业指导，帮助梳理商业模式和连接行业资源等。

【文化产业投资概况】2014年PreAngel投资了文化产业的10个项目，披露金额合计0.27亿元，是一个规模较小但较活跃的机构。

表 37　2014 年 PreAngel 投资文化产业事件统计

月份	项目	轮次	投资额	细分领域
2014 年 1 月	约你/领团科技	种子天使	300 万元人民币	SNS 移动社交
2014 年 1 月	星聚网络/VOW 耳机	A 轮	1000 万元人民币	乐器、玩具及视听设备制造
2014 年 1 月	寓乐湾	种子天使	150 万元人民币（估算）	培训业
2014 年 2 月	5TV 我视/秀客娱乐	种子天使	300 万元人民币	互联网电视
2014 年 4 月	MobiExchanger 摩邑诚广告	种子天使	150 万元人民币（估算）	移动互联网广告营销
2014 年 6 月	技能银行	种子天使	未披露	在线教育
2014 年 6 月	英语趣配音/菲助科技	种子天使	300 万元人民币	在线教育
2014 年 6 月	无期途行 APP/西安智游科技	种子天使	未披露	在线旅游
2014 年 9 月	RoboTerra 萝卜太辣科技	种子天使	150 万元人民币（估算）	培训业
2014 年 11 月	闪铃 Shining	种子天使	300 万元人民币	数字音乐制作

数据来源：新元文智整理。

从投资轮次和投资金额来看，PreAngel 均以种子天使为主，名副其实。

表 38　2014 年 PreAngel 投资文化产业轮次统计

轮次	事件数量(起)	投资额(亿元)	备注
种子天使	9	0.17	2 笔未披露金额
A 轮	1	0.10	
总　计	10	0.27	

数据来源：新元文智整理。

从所涉及领域来看，PreAngel 并无侧重。唯一金额较大的乐器、玩具及视听设备制造领域的一个项目因为是制造业，且是 A 轮，所以金额较大。

表 39　2014 年 PreAngel 文化产业所涉领域统计

细分领域	投资额（亿元）	事件数量（起）	备注
SNS 移动社交	0.03	1	
互联网电视	0.03	1	
乐器、玩具及视听设备制造	0.10	1	
培训业	0.03	2	
数字音乐制作	0.03	1	
移动互联网广告营销	0.02	1	
在线教育	0.03	2	1 笔未披露金额
在线旅游	—	1	1 笔未披露金额
总　　计	0.27	10	

数据来源：新元文智整理。

三　2014 年中国细分领域私募股权投融资分析

（一）2014 年在线教育领域投融资事件分析

1. 地区分析

按事件数分析，北京的在线教育投融资事件数占到了总数的 65%。排名第二的上海，事件数仅占 11%，而其他地区加起来才占 24%。剔除未披露金额的事件，投资额占比方面，北京占 57.38%，同样具有压倒性优势，排名第二、第三的是上海的 15.05%、台湾的 15.01%。

从以上分析可以看出，中国在线教育行业具有非常高的地区集中度，主要集中在北京，一个可能的原因是北京教育资源较其他地区丰富。

"事件数"列与"投资额"列（不包括"合计"）（下同）的相

关系数高达 0.96，说明了事件数与投资额相关度高，即几乎没有地方出现事件数少而投资额奇高的现象。表明在在线教育行业投资不活跃的地区，没有出现大额的投资，这也进一步暗示该地区没有出现垄断性的大公司，或虽然规模小但被投资机构格外青睐的公司。

表 40　2014 年在线教育领域投融资事件分地区统计

序号	地区	事件数（起）	投资额（亿元）	事件数占比(%)	投资额占比(%)	未披露金额的事件数
1	北京	71	23.58	65	57.38	4
2	福建	1	0.02	1	0.05	0
3	广东	8	3.25	7	7.90	0
4	湖北	1	0.03	1	0.07	0
5	江苏	5	1.05	5	2.54	1
6	上海	12	6.19	11	15.05	2
7	四川	3	0.63	3	1.53	0
8	台湾	3	6.17	3	15.01	1
9	香港	1	0.02	1	0.04	0
10	浙江	5	0.17	5	0.41	0
	合　计	110	41.11	100	100.0	8
	相关系数	0.96				

数据来源：新元文智整理。

2. 月份分析

从事件数来看，1 月是在线教育投融资非常活跃的时间，有 24 起，是并列排名第二的 6 月和 9 月的两倍；从投资额来看，2 月却以 6.4 亿元排名第一，而 2 月只有 3 起事件，说明 2 月发生了大额交易。

"事件数"列与"投资额"列（不包括"合计"）的相关系数为 0.11，说明二者几乎不相关，表明较多月份都出现了事件数与投资额不成正比的现象，即：事件数多，投资额小；事件数少，投资额大。

从图 25 和图 26 可以看出，在线教育投融资在上半年只在个别月

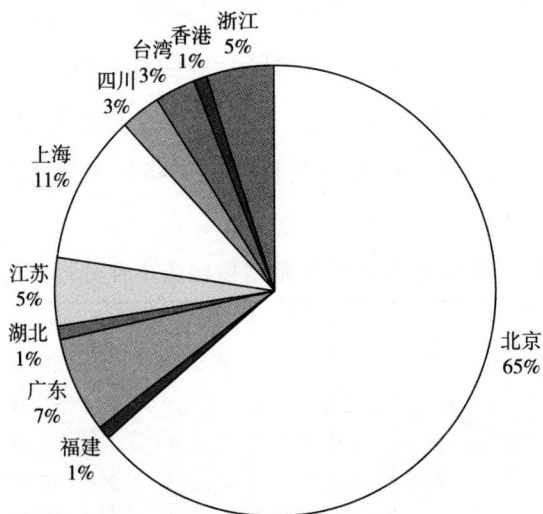

图 23　2014 年在线教育领域投融资事件数占比分地区统计

数据来源：新元文智整理。

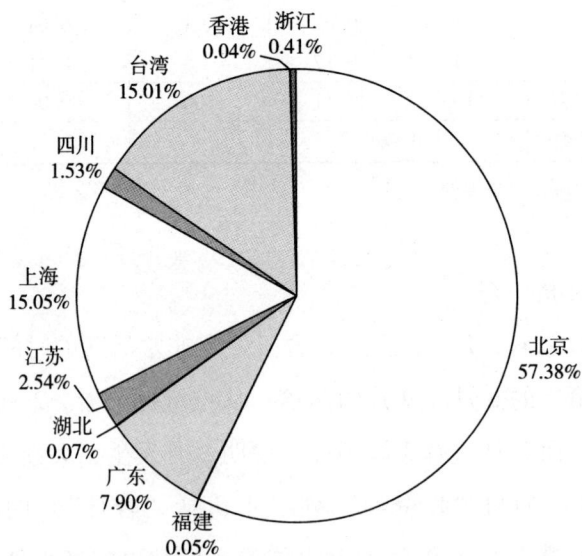

图 24　2014 年在线教育领域投融资金额占比分地区统计

数据来源：新元文智整理。

份交易活跃、成交额多，而在下半年事件数和投资额都比较平均。且从投资额来看，从 6 月到 10 月出现了一个比较明显的上升期。

表 41　2014 年在线教育领域投融资事件及金额分月统计

序号	时间	事件数（起）	投资额（亿元）	事件数占比（%）	投资额占比（%）	未披露金额的事件数
1	1 月	24	4.4	22	10.7	0
2	2 月	3	6.4	3	15.5	0
3	3 月	10	1.1	9	2.6	1
4	4 月	1	4.9	1	12.0	0
5	5 月	2	0.1	2	0.2	1
6	6 月	12	1.7	11	4.0	2
7	7 月	10	3.8	9	9.2	0
8	8 月	10	4.4	9	10.8	0
9	9 月	12	4.6	11	11.1	0
10	10 月	11	5.5	10	13.3	1
11	11 月	7	1.4	6	3.4	2
12	12 月	8	3.0	7	7.2	1
	合　计	110	41.3	100	100.0	8
	相关系数	0.11				

数据来源：新元文智整理。

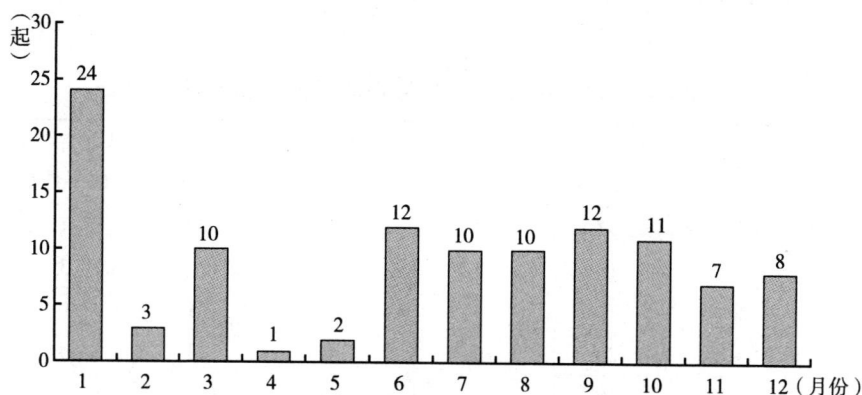

图 25　2014 年在线教育领域投融资事件分月统计

数据来源：新元文智整理。

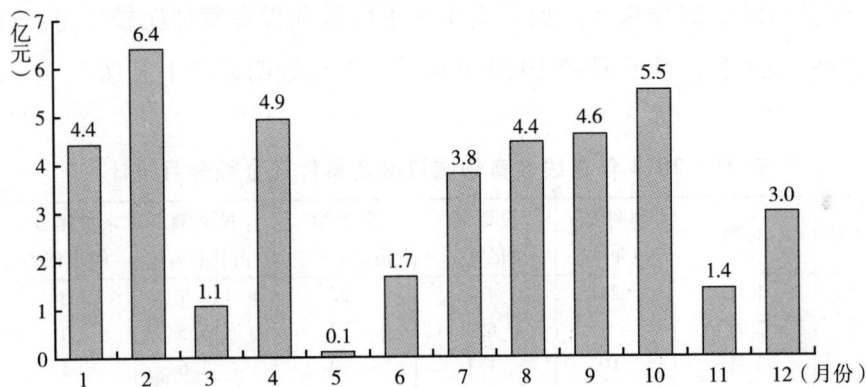

图 26　2014 年在线教育领域投融资金额分月统计

数据来源：新元文智整理。

3. 季度分析

从事件数和投资额来看，一季度都是主要的在线教育投融资发生月。且一至四季度的事件数和投资额的相关系数高达 0.94（也可以从图 27 和图 28 对比看出），这说明了在线教育投融资有明显的季度特征，即从季度来看，事件数与投资额同比例变化，这比月度特征要明显。二季度投资额和事件数都最低。

表 42　2014 年在线教育领域投融资事件及金额分季度统计

序号	时间	事件数（起）	投资额（亿元）	事件数占比(%)	投资额占比(%)	未披露金额的事件数
1	一季度	37	12	34	29	1
2	二季度	15	7	14	16	3
3	三季度	32	13	29	31	0
4	四季度	26	10	24	24	4
	合　计	110	41	100	100	8
	相关系数	0.94				

数据来源：新元文智整理。

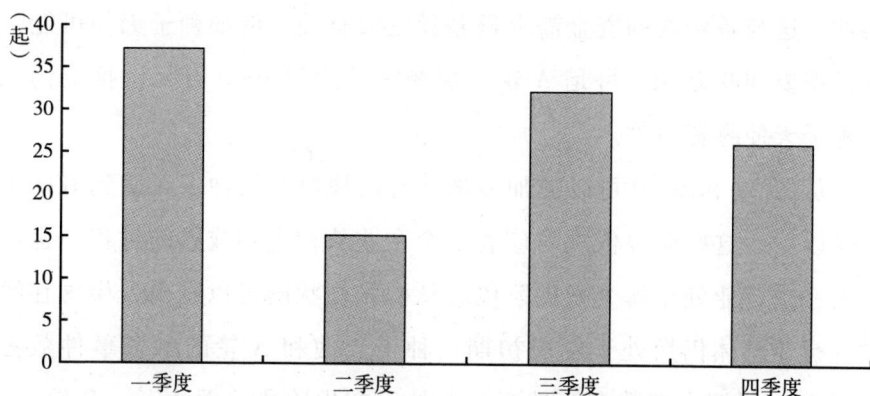

图 27　2014 年在线教育领域投资事件分季度分析（按事件数）

数据来源：新元文智整理。

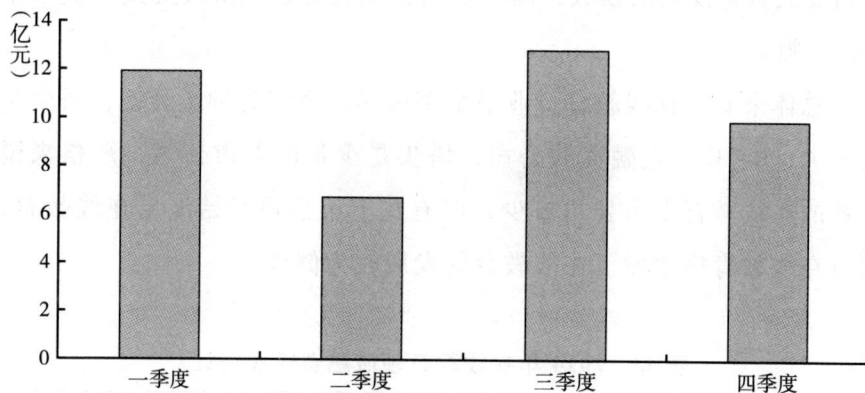

图 28　2014 年在线教育领域投资金额分季度分析（按金额）

数据来源：新元文智整理。

4. 融资轮次分析

从事件数来看，融资轮次主要集中在种子天使和 A 轮；从融资额来看，融资需求集中在 A 轮、B 轮、C 轮，IPO 上市及以后与不明确的事件数和融资额几乎可以忽略。

事件数和融资额的相关系数为 0.11，这种低相关性可能是一个共性，这与各轮次的资金需求量差异巨大有关。例如种子天使可能一次只需要 300 万元，可是 A 轮一次融资可能就 1000 万元，抵上约三个种子天使融资事件。

从图 29 和图 30 可以更加清晰地看出规律，从种子天使到 IPO 上市及以后，这些阶段依次对应着一个企业从初生到成熟的过程，也反映出一个行业处于哪个发展阶段。从两张柱状图可以看出，中国在线教育行业整体仍然处于发展初期，种子天使和 A 轮的融资事件数占比 87%，说明大多数在线教育企业处于初生阶段。而 A 轮、B 轮、C 轮三轮融资金额占比均在 25% 以上，且总和占 92.1%，说明企业在度过种子天使阶段后，需要大量资金来支持发展，也说明在线教育是一个需要大资金投入的领域，同时说明在线教育在该阶段受到了资本市场的力挺。

总体来看，在线教育行业呈金字塔形，塔基为种子天使，塔中是处于 A、B、C 三轮融资的公司，塔尖是少量的上市公司，严格来说纯粹的在线教育上市公司极少，但有些上市公司开始涉足在线教育，跻身在线教育概念股。在线教育的发展较为健康。

表 43　2014 年在线教育领域融资轮次统计

序号	投资轮次	事件数（起）	投资额（亿元）	事件数占比（%）	投资额占比（%）	未披露金额的事件数
1	种子天使	53	2.20	48	5.4	4
2	A 轮	43	13.21	39	32.1	3
3	B 轮	7	12.71	6	30.9	1
4	C 轮	5	11.94	5	29.1	0
5	IPO 上市及以后	1	1.00	1	2.4	0
6	不明确	1	0.03	1	0.1	0
	合　计	110	41.09	100	100.0	8
	相关系数	0.11				

数据来源：新元文智整理。

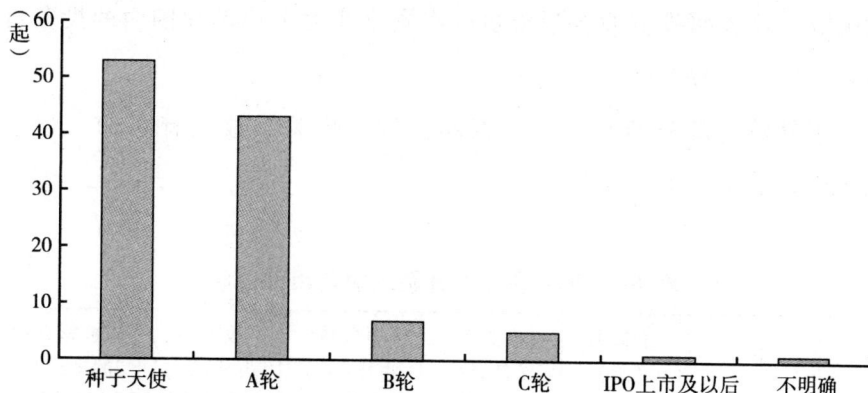

图 29　2014 年在线教育领域融资轮次事件数统计

数据来源：新元文智整理。

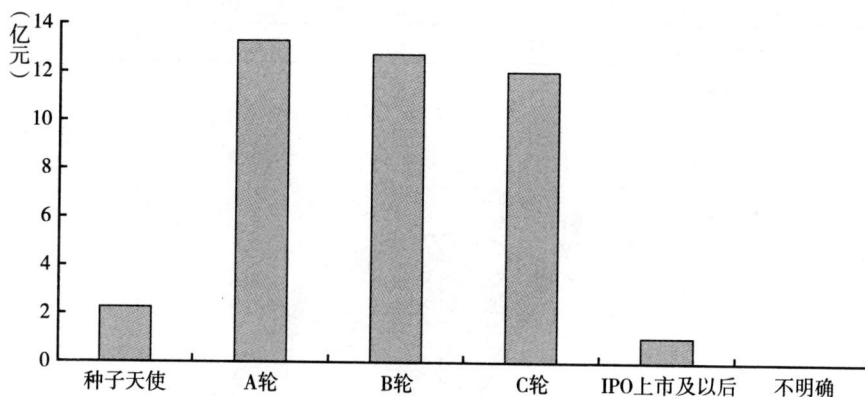

图 30　2014 年在线教育领域融资投资额统计

数据来源：新元文智整理。

5. 币种分析

从融资事件数量来看，大部分融资货币是人民币，占比 61%；但是从融资金额来看，美元占比 75.16%。据了解，提供美元融资的机构大多为外资或具有外资背景的机构，大部分为国外投资机构分支；或名义上是中国人创办的企业，如百度，但是境外注册、境外上市融资。这表明外资股权投资机构在资金实力上仍然比国内的投资机构要强，在线教育投资由其主导。

事件数与投资额并没有大的相关性，相关系数只有 0.31，也说明了中外资金实力的对比。

表44　2014 在线教育领域融资币种分析

序号	币种	事件数（起）	投资额（亿元）	事件数占比（%）	投资额占比（%）	未披露金额的事件数
1	美　元	34	30.90	31	75.16	0
2	人民币	67	10.19	61	24.79	0
3	港　币	1	0.02	1	0.05	0
4	未披露	8	未披露	7	—	8
	合　计	110	41.11	100	100.0	8
	相关系数	0.31				

数据来源：新元文智整理。

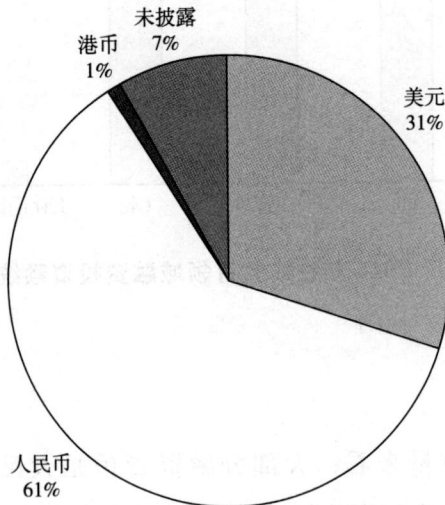

图31　2014 在线教育领域融资币种分析（按事件数）

数据来源：新元文智整理。

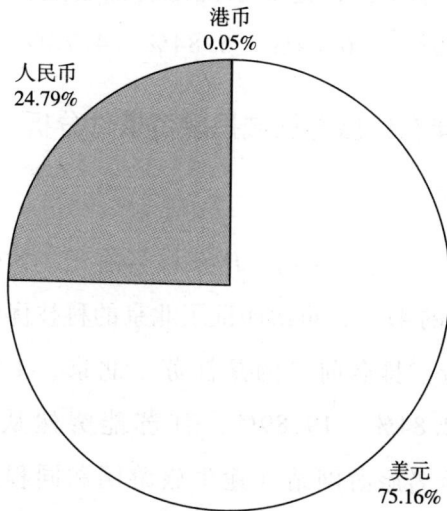

图 32 2014 在线教育领域融资币种分析（按融资金额）

数据来源：新元文智整理。

6. 被投资机构分析

从融资金额来看，TutorGroup 麦奇教育、沪江网、51Talk 无忧英语融资金额占比（不包括未披露金额事件）位列前三，分别占比14.95%、11.96%、8.22%。

被投资的在线教育机构中，有 5 家在 1 年之内分别获得了两轮融资，分别是 TutorGroup 麦奇教育（14.95%）、阿凡题/云江科技（2.93%）、极客学院（3.74%）、句酷批改网/词网科技（0.80%）、学习宝（3.44%）。

7. 投资机构分析

按所投资项目的数量排名，前三位是 IDG 资本（8 个）、真格基金（6 个）、好未来（5 个）。

按所投资金额排名，前五位是百度投资、顺为基金、好未来、蓝驰创投、红杉资本中国，这 5 家机构所投资金占所有机构投资在线教育金额的 19.88%、6.84%、5.84%、4.78%、3.52%。

（二）2014年在线旅游领域投融资事件分析

1. 地区分析

从事件数来看，北京、上海、广东排名前三，其中北京的 40 件更是占到了总事件数的 41%，再次印证了北京的科技优势、人文优势。

从投资额来看，排名前三的是江苏、北京、上海，金额占比分别是 49.42%、22.84%、19.89%。江苏能突然从金额方面胜出，得益于该省两大著名旅游网站（途牛旅游网和同程旅游）的多笔大额融资。

表 45　2014 年在线旅游领域投融资事件分地区统计

序号	地区	事件数（起）	投资额（亿元）	事件数占比（%）	投资额占比（%）	未披露金额的事件数
1	北京	40	13.00	41	22.84	1
2	福建	1	0.03	1	0.05	0
3	广东	12	2.41	12	4.23	0
4	广西	2	0.47	2	0.83	0
5	江苏	5	28.13	5	49.42	0
6	陕西	1	未披露	1	—	1
7	上海	23	11.32	24	19.89	3
8	四川	2	0.02	2	0.03	0
9	天津	1	0.50	1	0.88	0
10	西藏	2	0.32	2	0.56	0
11	香港	1	未披露	1	—	1
12	浙江	6	0.42	6	0.74	1
13	重庆	1	0.30	1	0.53	0
	合　计	97	56.91	100	100.00	7

数据来源：新元文智整理。

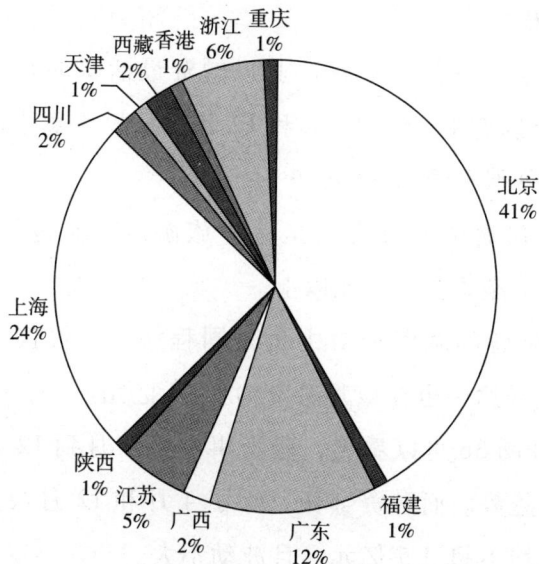

图 33　2014 年在线旅游领域投融资事件数占比分地区统计

数据来源：新元文智整理。

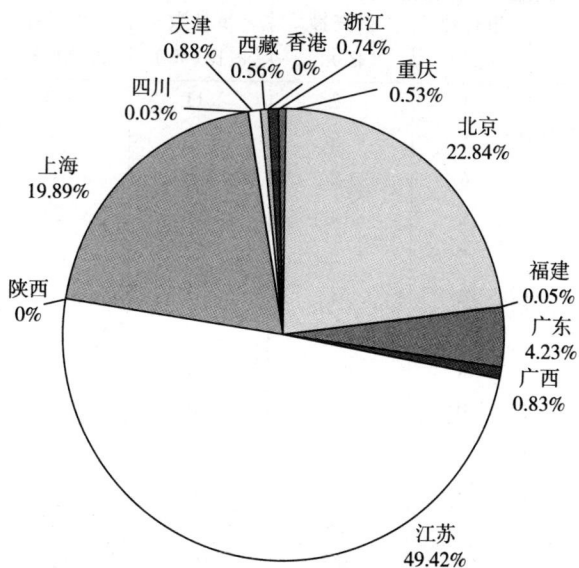

图 34　2014 年在线旅游领域投融资金额占比分地区统计

数据来源：新元文智整理。

2. 月份分析

从事件数来看，在线旅游行业投融资最活跃的月份是1月、11月和12月，分别有11起、11起和12起。从投资额来看，最大的是12月、4月，分别有约18亿元和14亿元。

12月在线旅游的融资主角是途牛旅游网、面包旅行、在路上、旅游圈，融资金额均在1亿元以上。

4月在线旅游的融资绝对主角是同程旅游，仅仅一家就融资约12.4亿元。此外途牛也在该月融资约1.24亿元。

从图35和图36可以看出，融资事件从2月到12月整体上是一个逐渐增多的趋势。而融资金额，除了4月和12月极为突出外，其他月份融资额均不超过5亿元，且波动不大。

表46　2014年在线旅游行业投融资统计（分月）

序号	时间	事件数（起）	投资额（亿元）	事件数占比（%）	投资额占比（%）	未披露金额的事件数
1	1月	11	2	11	3	1
2	2月	5	5	5	9	1
3	3月	6	2	6	3	1
4	4月	6	14	6	24	0
5	5月	5	2	5	4	0
6	6月	8	1	8	2	2
7	7月	6	2	6	4	0
8	8月	8	2	8	3	1
9	9月	10	3	10	5	0
10	10月	9	4	9	8	0
11	11月	11	2	11	4	1
12	12月	12	18	12	31	0
	合　计	97	57	100	100	7
	相关系数	0.20				

数据来源：新元文智整理。

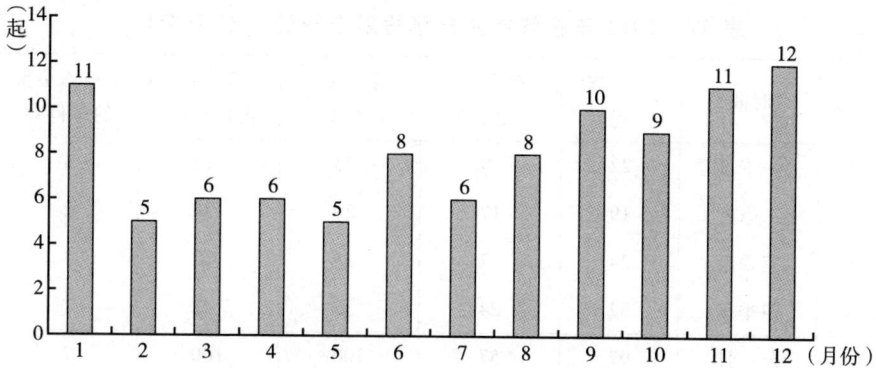

图 35　2014 年在线旅游行业投融资事件数统计（分月）

数据来源：新元文智整理。

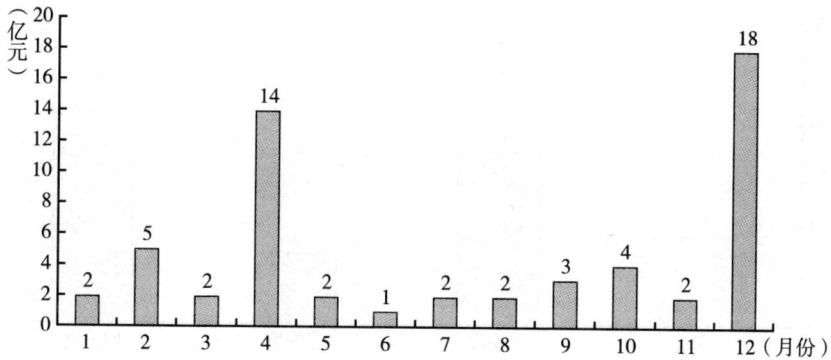

图 36　2014 年在线旅游行业投融资金额统计（分月）

数据来源：新元文智整理。

3. 季度分析

从事件数来看，四季度有 32 起，是在线旅游投融资交易最为活跃的季度。从投资额来看，较为突出的是四季度和二季度，其中四季度最多，约为 24 亿元，二季度 17 亿元。

投资额与事件数的相关系数为－0.46，说明事件数与投资金额略成反比，表明出现了大额交易，显示在线旅游市场有龙头企业主导。

表 47　2014 年在线旅游市场投融资统计（分季度）

序号	时间	事件数（起）	投资额（亿元）	事件数占比（%）	投资额占比（%）	未披露金额的事件数
1	一季度	22	9	23	16	3
2	二季度	19	17	20	30	2
3	三季度	24	7	25	12	1
4	四季度	32	24	33	42	1
合　计		97	57	100	100	7
相关系数		−0.46				

数据来源：新元文智整理。

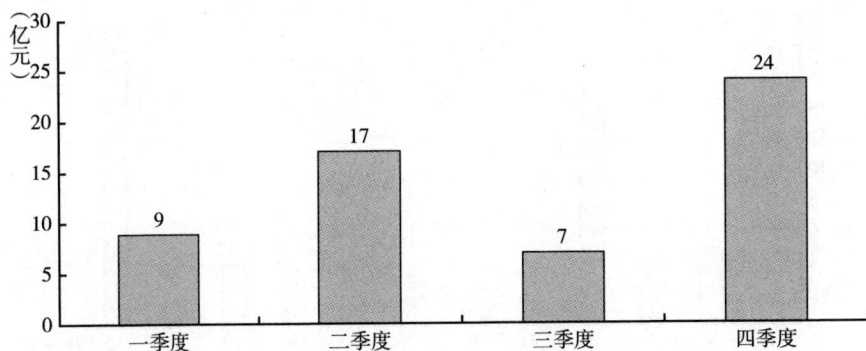

图 37　2014 年在线旅游领域投资金额分季度分析（按金额）

数据来源：新元文智整理。

4. 融资轮次分析

从事件数来看，融资轮次主要集中在种子天使和 A 轮，从融资额来看，从种子天使到 D 轮总体上呈一个上升的趋势，显示了一个良性发展特征，也显示了在线旅游行业资金需求特性。而 IPO 上市及以后的融资规模也较大，融资的公司是途牛旅游网和众信旅游。途牛 2014 年 5 月在美国纳斯达克上市，但在 12 月还要融资约 1.48 亿美元，表明上市未能真正解决其资金饥渴问题，因为在线旅游的激烈竞争促使途牛网必须投入大量营销资金。

从种子天使到 D 轮，事件数逐渐减少，但是融资金额却逐渐增多，说明在线旅游行业在最需要资金的成长阶段得到了资本市场的鼎力支持，且热情一轮高过一轮。IPO 上市及以后的融资额也较大，说明在线旅游公司的上市并不是公司成熟、现金流稳定的标志，只是登上了一个更高的台阶。在线旅游公司要真正站稳仍需要大量资金支持，以获得较为稳定的行业地位和利润。

表 48　2014 年在线旅游领域融资轮次统计

序号	投资轮次	事件数（起）	投资额（亿元）	事件数占比（%）	投资额占比（%）	未披露金额的事件数
1	种子天使	49	2	51	4	6
2	A 轮	30	7	31	12	1
3	B 轮	8	11	8	19	0
4	C 轮	4	10	4	18	0
5	D 轮	2	15	2	27	0
6	F 轮 - PreIPO	1	1	1	2	0
7	IPO 上市及以后	2	10	2	18	0
8	战略投资	1	1	1	2	0
	合　计	97	57	100	100	7
	相关系数	-0.29				

数据来源：新元文智整理。

5. 币种分析

在线旅游领域仍然出现了投资事件数与投资额倒挂的现象，即美元投资事件数少，但是投资额占比多；人民币投资事件数多，但投资额占比少。这说明美元投资的针对性较强，可以选择较少的项目进行大额投资，而人民币资金较为分散，属于广撒网型。

表49　2014年在线旅游领域融资币种分析

序号	币种	事件数(起)	投资额(亿元)	事件数占比(%)	投资额占比(%)
1	美　元	29	39	30	68
2	人民币	61	18	63	32
3	未披露	7	未披露	7	—
	合　计	97	57	100	100

数据来源：新元文智整理。

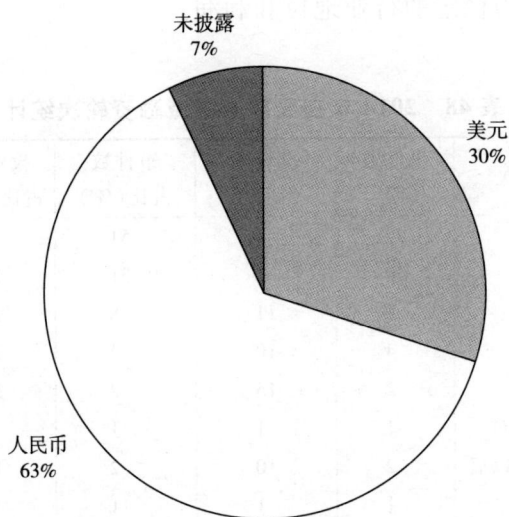

图38　2014年在线旅游领域融资币种占比分析（按事件数）

数据来源：新元文智整理。

6.被投资机构分析

从融资金额来看，同程网、途牛旅游网融资金额占比（不包括未披露金额事件）位列前二，分别占比30.58%、18.30%，大幅度领先其他公司。能够有如此高的融资金额占比，说明了投资者对这两家公司的未来充满确定性。

被投资的在线旅游公司中，有12家在1年之内分别获得了两轮

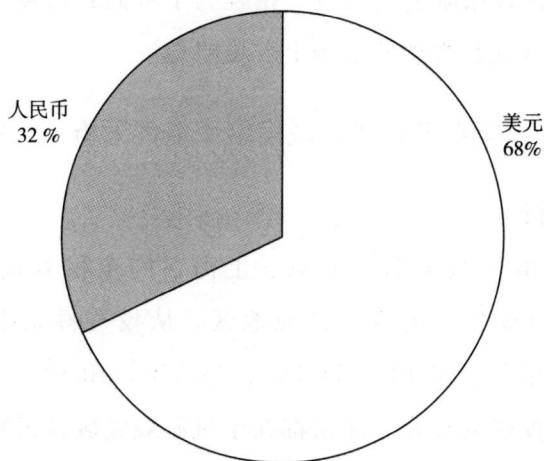

图39　2014年在线旅游领域融资币种占比分析（按融资金额）

数据来源：新元文智整理。

融资，分别是六人游（3.60%）、游心旅行（0.11%）、爱旅行（1.14%）、海玩网（0.38%）、筷子旅行（0.56%）、来来网（2.08%）、旅游圈（2.28%）、妙计旅行（0.38%）、同程网（30.58%）、途牛旅游网（18.30%）、我趣旅行（2.51%）、周末去哪玩（0.58%）。在一年之内获得两轮投资，足见投资者对这些在线旅游公司很看好，也说明在线旅游行业"烧钱"很快。

7. 投资机构分析

按所投资项目的数量排名，前二位是携程（4个）、五岳资本（4个）。

按所投金额排名，前三位是携程、弘毅投资、京东商城，这3家机构所投资金占所有机构投资在线旅游的比例分别是29.63%、6.17%、6.17%。

综上，携程是在线旅游投资市场上最主要的玩家。这也在预料之中，作为四大在线旅游公司之首，携程为了巩固其行业领先地位，不惜砸重金在竞争日益激烈的市场上攻城略地。

（三）2014年手机游戏领域投融资事件分析

1. 地区分析

从投融资事件数来看，北京、上海、广东位列前三，分别占44%、21%、16%，远远高于其他地区。从投资额来看，北京、广东、香港位列前三，分别占55.7%、23.7%、10.9%。无论从投资事件数还是从投资额来看，北京都在手机游戏领域独占鳌头，展示了以中关村为龙头的北京信息科技产业的实力。

事件数与投资额的相关系数达到0.88，即融资额与事件数成正比，表明手机游戏投融资活跃的地区也存在大的手游公司，说明行业高度集中在某些地区。手机游戏投融资不活跃的地区获得的投资额也少，暗示哪里有人气，哪里才有资金。

表 50　2014 年手机游戏领域投融资事件分地区统计

序号	地区	事件数（起）	投资额（亿元）	事件数占比(%)	投资额占比(%)	未披露金额的事件数
1	北京	38	21.99	44	55.7	5
2	福建	1	0.03	1	0.1	0
3	广东	14	9.34	16	23.7	0
4	湖北	2	0.06	2	0.2	0
5	江苏	5	0.62	6	1.6	0
6	辽宁	1	0.30	1	0.8	0
7	上海	18	0.99	21	2.5	4
8	四川	6	1.81	7	4.6	0

序号	地区	事件数（起）	投资额（亿元）	事件数占比(%)	投资额占比(%)	未披露金额的事件数
9	香港	1	4.30	1	10.9	0
10	浙江	1	0.02	1	0.1	0
	合 计	87	39.46	100	100.0	9
	相关系数	0.88				

数据来源：新元文智整理。

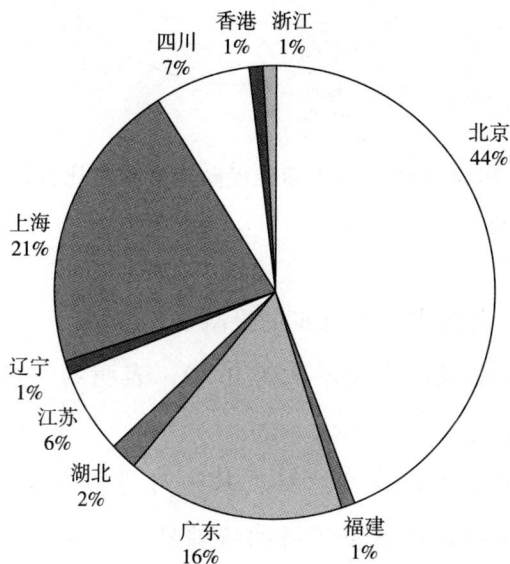

图 40 2014 年手机游戏领域投融资事件数占比分地区统计

数据来源：新元文智整理。

2. 月份分析

从事件数来看，1 月以 24 起的绝对优势排名第一，第二位是 12 月的 10 起，表明岁末年初是手机游戏行业投融资事件的高峰期。从投资额来看，12 月、8 月、1 月、3 月排名前列，进一步表明岁末年

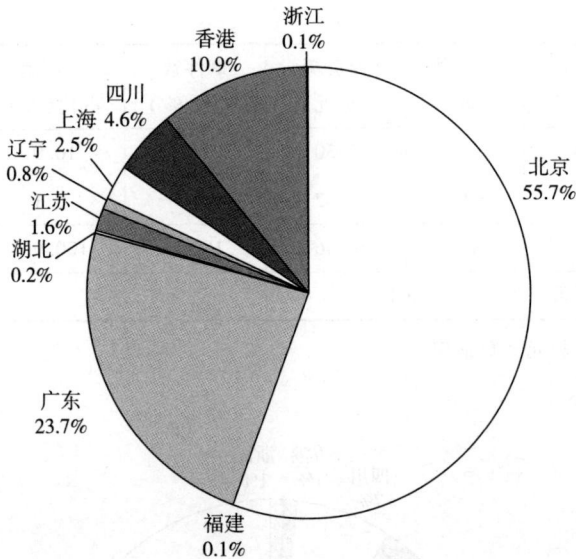

图 41　2014 年手机游戏领域投融资金额占比分地区统计

数据来源：新元文智整理。

初手机游戏行业会迎来一个真正的投融资盛宴。

事件数与投资额的相关系数为 0.50，表明约一半月份的投资额不与事件数成正比。

除了 1 月投资事件奇多之外，其他月份投资事件数量较平稳。表明 1 月在手机游戏投融资领域的特殊地位。从投资金额来看，投资额总体趋势是 1 月、3 月、5 月先下降，8 月、12 月上升。且大额交易月份的间隔越来越长，表明大额交易的酝酿准备主要集中在下半年。

3. 季度分析

从事件数来看，一季度排名第一，有 38 件，其他季度事件较平均。从投资额来看，一季度、四季度金额较大，分别为 12 亿元和 15 亿元。这与月度分析中岁末年初投资高峰吻合。

表 51 2014 年手机游戏行业投融资统计（分月）

序号	时间	事件数（起）	投资额（亿元）	事件数占比（%）	投资额占比（%）	未披露金额的事件数
1	1 月	24	6.9	28	17.5	3
2	2 月	6	0.2	7	0.5	1
3	3 月	8	4.7	9	11.9	0
4	4 月	5	0.4	6	1.0	1
5	5 月	5	2.7	6	6.8	0
6	6 月	3	0.4	3	1.0	0
7	7 月	5	1.0	6	2.5	0
8	8 月	6	8.0	7	20.3	0
9	9 月	6	0.5	7	1.3	0
10	10 月	4	0.6	5	1.5	1
11	11 月	5	0.1	6	0.3	3
12	12 月	10	14.0	11	35.4	0
	合 计	87	39.5	100	100.0	9
	相关系数	0.50				

数据来源：新元文智整理。

事件数与投资额的相关系数是 0.47，无显著分析价值。

无论是事件数还是投资额，均从第二季度开始逐步上升，暗示手机游戏投融资在经历了一季度的高峰期之后在二季度低位重新启动，开始一个新的增长周期。

表 52 2014 年手机游戏市场投融资统计（分季度）

序号	时间	事件数（起）	投资额（亿元）	事件数占比（%）	投资额占比（%）	未披露金额的事件数
1	一季度	38	12	44	30	4
2	二季度	13	4	15	9	1
3	三季度	17	9	20	24	0
4	四季度	19	15	22	37	4
	合 计	87	40	100	100	9
	相关系数	0.47				

数据来源：新元文智整理。

4.融资轮次分析

从事件数来看，种子天使轮和 A 轮排名前两位，且占比很大，总占比为 85%，其中种子天使更是占比 52% 之多，说明手机游戏行业初创企业非常之多。而 A 轮之后的融资事件寥寥，可能的原因有二：一是 A 轮过后，手机游戏自身盈利较多，不需要更多的融资；二是很少有手游公司能撑到 B 轮或在 A 轮之后获得融资。总的来看，第二种原因占比较多。

从投资额占比来看，IPO 上市及以后、A 轮、C 轮占比较高，其中 IPO 上市及以后、A 轮融资占比分别为 47%、26%，显示了手机游戏融资轮次两头大中间小的特点，这是由手机游戏高风险的特点决定的。

表 53 2014 年手机游戏领域融资轮次统计

序号	投资轮次	事件数（起）	投资额（亿元）	事件数占比(%)	投资额占比(%)	未披露金额的事件数
1	种子天使	45	2	52	4	3
2	A 轮	29	10	33	26	5
3	B 轮	3	1	3	3	0
4	C 轮	2	5	2	13	0
5	D 轮	1	1	1	3	0
6	E 轮	1	未披露	1	—	1
7	F 轮 – PreIPO	3	2	3	4	0
8	IPO 上市及以后	3	18	3	47	0
	合　计	87	39	100	100	9

数据来源：新元文智整理。

5.币种分析

手机游戏领域仍然出现了投资事件数与投资额倒挂的现象，即美

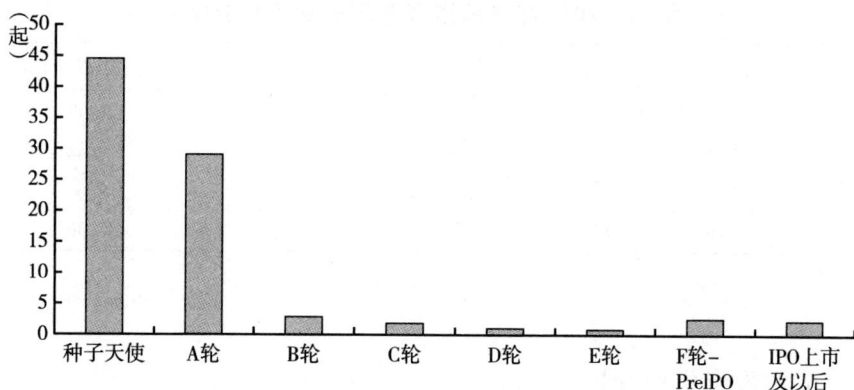

图 42　2014 年手机游戏领域融资轮次统计（按事件数）

数据来源：新元文智整理。

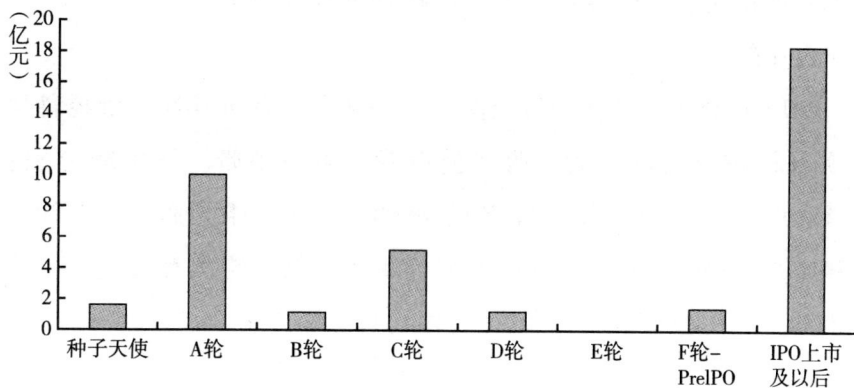

图 43　2014 年手机游戏旅游融资轮次统计（按金额）

数据来源：新元文智整理。

元投资事件少，但是投资额占比多；人民币投资事件数多，但投资额占比少。这说明美元投资的针对性较强，可以选择较少的项目进行大额投资，而人民币投资较为分散，属于广撒网型。

表 54　2014 年手机游戏领域融资币种分析

序号	币种	事件数（起）	投资额（亿元）	事件数占比（%）	投资额占比（%）
1	美　元	23	27	26.44	68
2	人民币	55	12	63.22	32
3	未披露	9	未披露	10.34	—
	合　计	87	39	100	100

数据来源：新元文智整理。

6. 被投资机构分析

从融资金额来看，蓝港在线、乐逗游戏、飞鱼科技、神魔之塔融资金额占比（不包括未披露金额事件）位列前四，较为突出，分别占 33.12%、18.90%、12.58%、10.90%，其他公司占比在个位数。其中蓝港在线、乐逗游戏、飞鱼科技是因为在 2014 年上市，所以融资额占比较大。

2014 年获得了两次及以上融资的公司有：蓝港在线、触控科技、拱顶石科技、乐逗游戏、萌我爱游戏、微游地带。融资额分别占 33.12%、1.56%（1 起未披露）、0.08%（1 起未披露）、18.90%、0.84%、0.84%。其中蓝港在线融资 4 次，融资轮次有 C 轮、D 轮、PreIPO、IPO 上市及以后。其他公司均只融资 2 次。

7. 投资机构分析

按所投资项目的数量排名，前三位是上海永宣联创（6 个）、深圳市创新投资集团（4 个）、平安创新投资基金（4 个）。

按所投资金额排名，较突出的前六位是云游控股、复星昆仲资本、Profitable Century International Limited、百度投资、兰馨亚洲、赛富亚洲基金，这几家机构所投资金占所有机构投资手机游戏资金的 21.82%、6.24%、6.24%、6.24%、6.24%、6.24%。

云游控股 2013 年 10 月已经在香港上市。根据独立调研机构艾瑞调查的数据，按 2012 年净收入计算，该公司在中国网页游戏研发商中排名首位，所占市场份额为 24%。

（四）2014年 SNS 移动社交领域投融资事件分析

1. 地区分析

从投融资事件数来看，北京、上海、广东位列前三，分别占比 56%、24%、12%，远远高于其他地区。从投资额来看，北京一家独大，占比 84.9%。北京在投资事件数上占一半以上，在投资金额上几乎全包的态势表明北京在 SNS 移动社交领域的巨大优势以及行业发展存在巨大的地区垄断。

事件数与投资额的相关系数达到 0.94，即融资额与事件数成正比，表明投资额与投资事件数高度正相关，行业的活跃度与资金的活跃度高度正相关。

表 55　2014 年 SNS 移动社交领域投融资事件分地区统计

序号	地区	事件数（起）	投资额（亿元）	事件数占比(%)	投资额占比(%)	未披露金额的事件数
1	北京	33	24.9	56	84.9	1
2	广东	7	2.6	12	9.0	0
3	湖北	1	0.1	2	0.3	0
4	江苏	2	0.1	3	0.2	0
5	上海	14	1.3	24	4.4	0
6	浙江	1	0.1	2	0.2	0
7	重庆	1	0.3	2	1.0	0
	合　计	59	29.4	100	100.0	1
	相关系数	0.94				

数据来源：新元文智整理。

2. 月份分析

从事件数来看，12 月、9 月、10 月排名前三，分别有 12 起、11

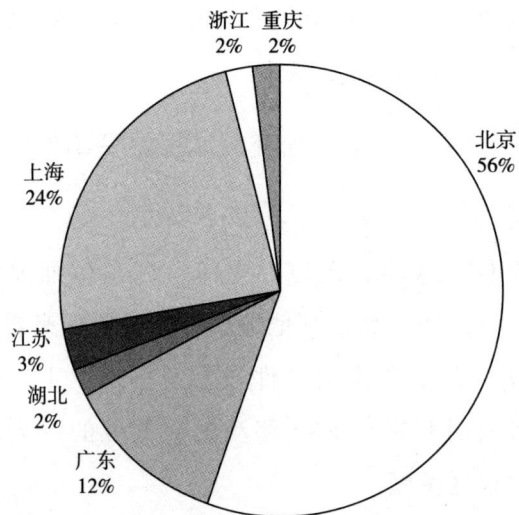

图 44　2014 年 SNS 移动社交领域投融资事件数占比分地区统计

数据来源：新元文智整理。

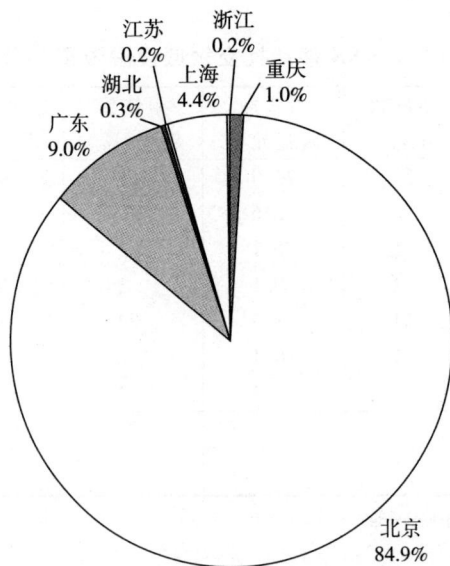

图 45　2014 年 SNS 移动社交领域投融资金额占比分地区统计

数据来源：新元文智整理。

起、9 起。从投资额来看，12 月、11 月、10 月排名前三，分别占总投资额的 58.3%、14.9%、12.7%。

事件数与投资额的相关系数为 0.72，表明投资额与事件数接近同比例变化。结合图 46 和图 47，可以看出，从 1 月到 12 月，SNS 移动社交的投融资活动的总体走势是逐渐上升的。

投资额在 1 月至 7 月十分小，在 8 月才开始放量。而投资事件数在 8 月及之前都比较平稳，从 9 月才开始陡增。

综上所述，SNS 移动社交的投融资从年初到年末呈现明显的上升趋势，前 7 月成交额较小，前 8 月投资事件数平稳，并于 9 月成交额和投资事件都飙升，总体来看，高峰期集中在 9 月至 12 月。

表 56　2014 年 SNS 移动社交领域投融资统计（分月）

序号	时间	事件数（起）	投资额（亿元）	事件数占比（%）	投资额占比（%）	未披露金额的事件数
1	1 月	2	0.1	3	0.2	0
2	2 月	3	0.4	5	1.2	0
3	3 月	3	0.1	5	0.3	0
4	4 月	1	0.2	2	0.6	0
5	5 月	4	0.3	7	1.0	0
6	6 月	2	0.1	3	0.4	0
7	7 月	4	0.3	7	1.0	0
8	8 月	3	1.1	5	3.7	0
9	9 月	11	1.7	19	5.7	0
10	10 月	9	3.7	15	12.7	0
11	11 月	5	4.4	8	14.9	0
12	12 月	12	17.1	20	58.3	1
	合　计	59	29.4	100	100.0	1
	相关系数	0.72				

数据来源：新元文智整理。

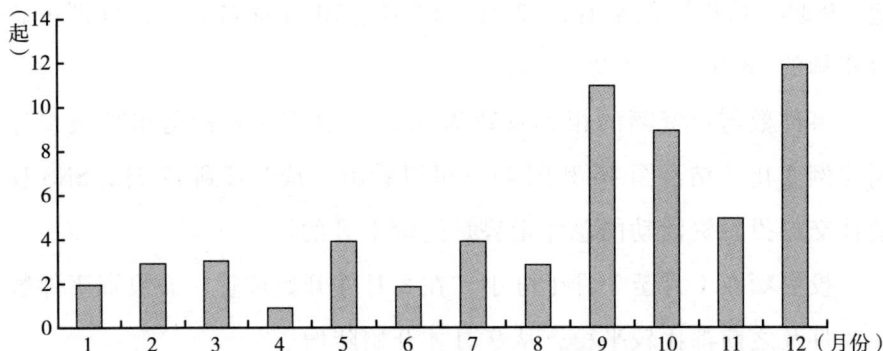

图 46　2014 年 SNS 移动社交领域投融资事件数统计（分月）

数据来源：新元文智整理。

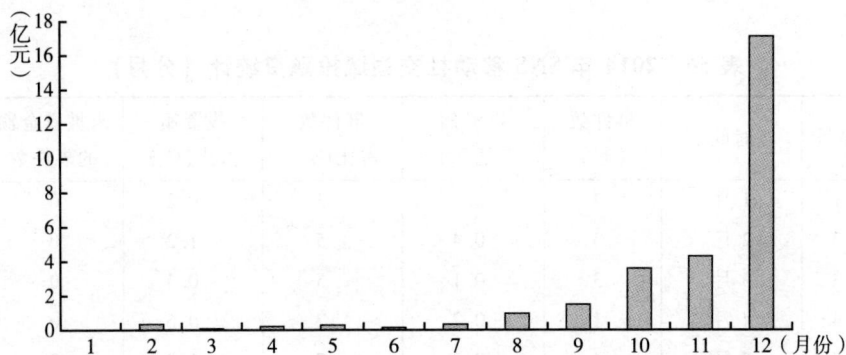

图 47　2014 年 SNS 移动社交领域投融资金额统计（分月）

数据来源：新元文智整理。

3. 季度分析

从事件数来看，四季度、三季度较多，分别有 26 起和 18 起。从投资额来看，四季度占比 86%，远超其他季度。

事件数与投资额的相关系数为 0.88，结合图 48 和图 49，可以看出投资额随着事件数的增加逐渐增加，只不过投资额的增加幅度要更加陡峭，在四季度陡增。这显示真正的 SNS 投融资高峰期在第四季度。

表 57 2014 年 SNS 移动社交市场投融资统计（分季度）

序号	时间	事件数（起）	投资额（亿元）	事件数占比(%)	投资额占比(%)	未披露金额的事件数
1	一季度	8	1	14	2	0
2	二季度	7	1	12	2	0
3	三季度	18	3	31	10	0
4	四季度	26	25	44	86	1
	合 计	59	29	100	100	1
	相关系数	0.88				

数据来源：新元文智整理。

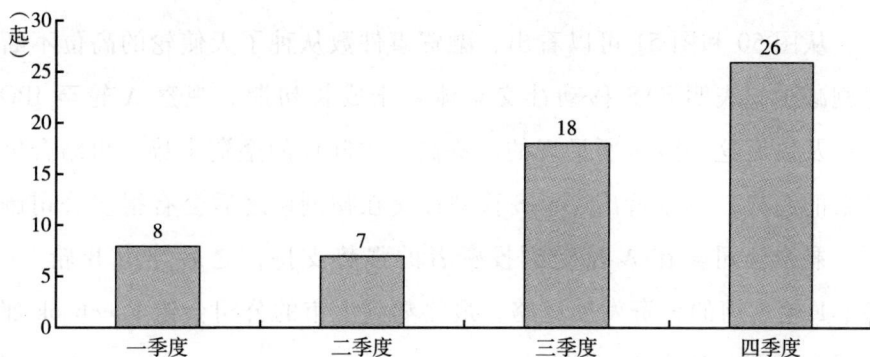

图 48 2014 年 SNS 移动社交领域投资事件分季度分析（按事件数）

数据来源：新元文智整理。

4. 融资轮次分析

从事件数来看，种子天使轮和 A 轮融资最多，分别占比 58%、32%。从投资额来看，IPO 上市及以后、A 轮融资额占比较为突出，分别占比 45%、21%，B 轮、C 轮、F 轮融资额平稳。种子天使轮由于单笔融资额都很小，所以总额只占 3%。

事件数和投资额间的相关系数为 -0.37，表明投资额与事件数成反比，且相关性较低。

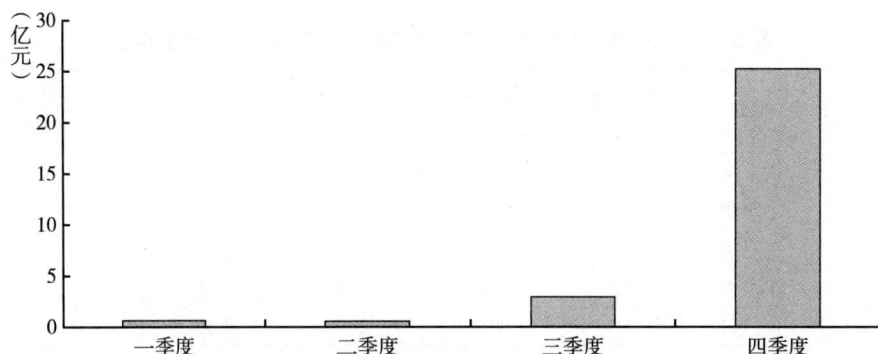

图49 2014 年 SNS 移动社交领域投资金额分季度分析（按金额）

数据来源：新元文智整理。

从图 50 和图 51 可以看出，融资事件数从种子天使轮的高位不断急剧减少，表明 SNS 移动社交总体处于成长初期。观察 A 轮至 IPO 上市及以后这一阶段所呈现的两头高、中间低的融资态势，再结合事件数的趋势，不难看出，SNS 移动社交在初创期之后会有很多公司倒下，剩余公司会在 A 轮受到投资者的强势支持，之后经历 B 轮、C 轮、F 轮坎坷的融资发展道路，最终熬到上市的公司会像 Facebook 那样成为耀眼的资本市场明星。

表58 2014 年 SNS 移动社交领域融资轮次统计

序号	投资轮次	事件数（起）	投资额（亿元）	事件数占比（%）	投资额占比（%）	未披露金额的事件数
1	种子天使	34	1	58	3	1
2	A 轮	19	6	32	21	0
3	B 轮	3	3	5	11	0
4	C 轮	1	2	2	8	0
5	F 轮 – PreIPO	1	4	2	13	0
6	IPO 上市及以后	1	12. 4	2	45	0
	合　计	59	29	100	100	1
	相关系数	− 0. 37				

数据来源：新元文智整理。

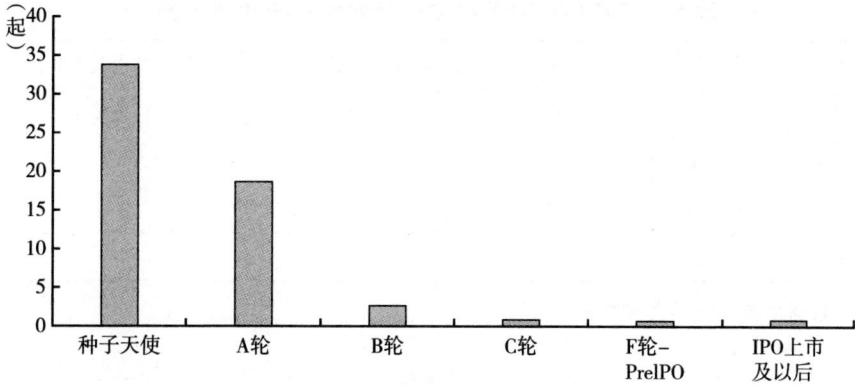

图 50　2014 年 SNS 移动社交领域融资轮次统计（按事件数）

数据来源：新元文智整理。

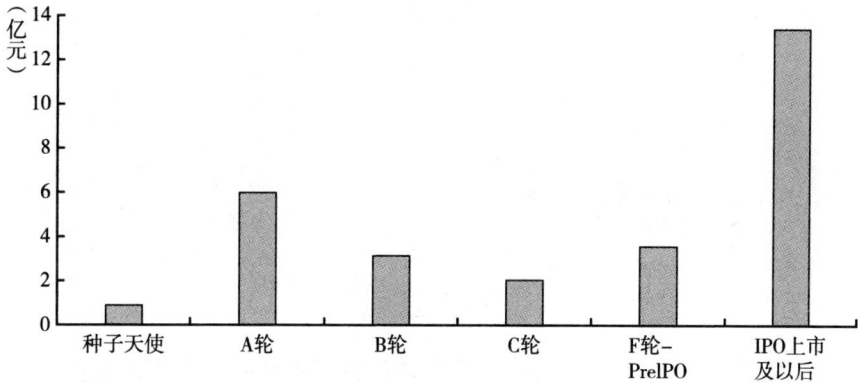

图 51　2014 年 SNS 移动社交领域融资轮次统计（按金额）

数据来源：新元文智整理。

5.币种分析

从事件数来看，绝大多数 SNS 移动社交融资所用货币为人民币。而从融资额来看，美元却占绝大多数。这表明美元资金所投项目更为集中，美元资金实力更胜人民币一筹。

表 59　2014 年 SNS 移动社交领域融资币种分析

序号	币 种	事件数（起）	事件数占比（%）	投资额占比（%）
1	美 元	16	27	91
2	人民币	42	71	9
3	未披露	1	2	—
	合 计	59	100	100

数据来源：新元文智整理。

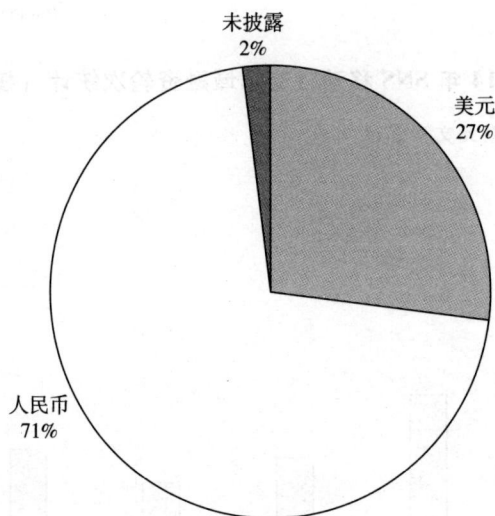

图 52　2014 年 SNS 移动社交领域融资币种分析（按事件数）

数据来源：新元文智整理。

6. 被投资机构分析

从融资金额来看，陌陌、nice 品牌滤镜、Blued 淡蓝网融资金额占比分别为 57.79%、7.54%、6.28%。

2014 年获得了 2 次融资的公司有：Blink 快看、LesPark 拉拉公园、陌陌、约你/领团科技。其融资额分别占 4.29%、0.14%、57.79%、0.73%，其他公司均只获得了 1 次融资。

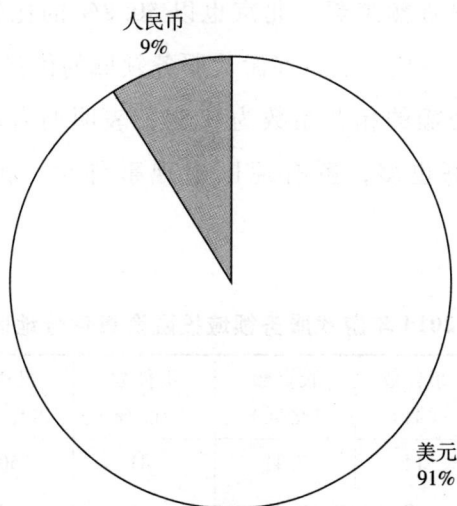

图53　2014年SNS移动社交领域融资币种分析（按融资金额）

数据来源：新元文智整理。

陌陌无论是在融资金额还是在融资次数上，均名列前茅，主要原因是陌陌科技在2014年12月12日登陆纳斯达克。

7. 投资机构分析

从所投资项目数来看，联创策源最突出，投资了3个SNS移动社交项目。

按所投资金额排名，较突出的前五位是阿里资本、DCM中国、联创策源、VY Capital、老虎亚洲基金，这几家机构所投资金分别占所有机构投资SNS移动社交的总金额的21.6%、12.9%、9.3%、7.8%、7.8%。

（五）2014年游戏服务领域投融资事件分析

1. 地区分析

从事件数来看，北京以41%的占比排名第一，广东、上海分居第二、三位。从投资额来看，北京也以50.8%的比例排名第一，江苏、上海列第二、三位。北京在游戏服务领域的优势地位明显。

事件数与投资额的相关系数为0.84，表明两者高度正相关，即事件数多，投资额也多，鲜有地区出现事件少、投资额异常大的情况。

表60　2014年游戏服务领域投融资事件分地区统计

序号	地区	事件数（起）	投资额（亿元）	事件数占比（%）	投资额占比（%）	未披露金额的事件数
1	北京	14	7.41	41	50.8	1
2	福建	2	0.33	6	2.3	0
3	广东	6	0.35	18	2.4	0
4	贵州	1	0.03	3	0.2	0
5	海南	1	0.02	3	0.1	0
6	江苏	2	3.30	6	22.6	0
7	陕西	1	0.92	3	6.3	0
8	上海	5	1.93	15	13.3	1
9	浙江	2	0.28	6	2.0	0
	合　计	34	14.57	100	100.0	2
	相关系数	0.84				

数据来源：新元文智整理。

2. 月份分析

从事件数来看，占比较多的月份是2月、7月、1月、8月。从投资额来看，占比较多的是6月、7月、8月、2月、11月。综合来看，2月、7月、8月是游戏服务行业融资高峰期。5月、12月没有录得融资事件。

事件数与投资额的相关系数为0.65，有较高的正相关。

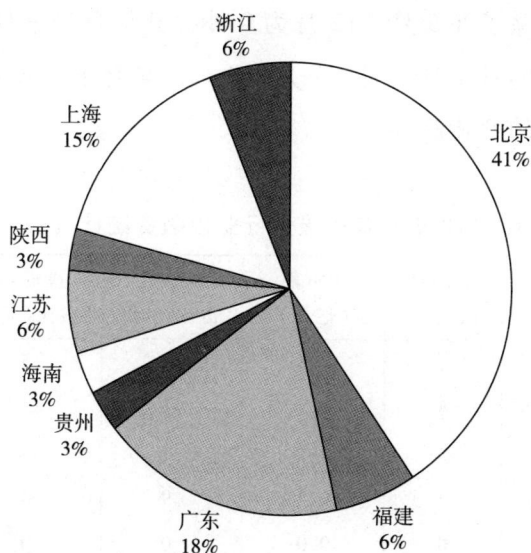

图 54　2014 年游戏服务领域投融资事件数占比分地区统计

数据来源：新元文智整理。

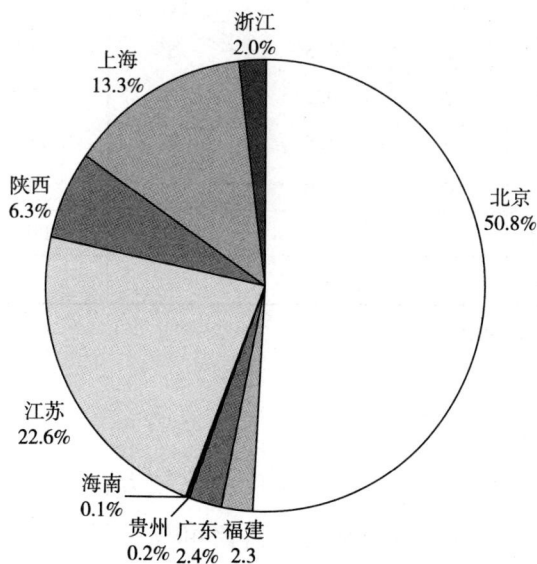

图 55　2014 年游戏服务领域投融资金额占比分地区统计

数据来源：新元文智整理。

融资事件除了在 5 月、12 月为 0 外，其他月份事件数较为平均，而投资额较大的月份是 6 月、7 月、8 月。整体看，游戏服务行业的融资并无明显的变化趋势。

表61　2014 年游戏服务行业投融资统计（分月）

序号	时间	事件数（起）	投资额（亿元）	事件数占比(%)	投资额占比(%)	未披露金额的事件数
1	1 月	4	0.5	12	3	0
2	2 月	5	1.7	15	12	0
3	3 月	3	1.1	9	8	0
4	4 月	3	0.4	9	3	0
5	5 月	0	0.0	0	0	0
6	6 月	3	3.3	9	23	1
7	7 月	5	3.0	15	21	1
8	8 月	4	2.2	12	15	0
9	9 月	2	0.5	6	3	0
10	10 月	2	0.3	6	2	0
11	11 月	3	1.6	9	11	0
12	12 月	0	0.0	0	0	0
	合　计	34	14.6	100	100.0	2
	相关系数	0.65				

数据来源：新元文智整理。

3. 季度分析

从事件数来看，一季度、三季度占比较大，分别是 35%、32%。从投资额来看，三季度最为突出，占比 40%。

事件数与投资额的相关系数为 0.63，正相关性较强。

除了一季度外，其他季度的投资额与事件数的变化趋势是基本一致的，这比月度规律更为明显。

表 62　2014 年游戏服务领域投融资统计（分季度）

序号	时间	事件数（起）	投资额（亿元）	事件数占比(%)	投资额占比(%)	未披露金额的事件数
1	一季度	12	3	35	20	0
2	二季度	6	4	18	27	1
3	三季度	11	6	32	40	1
4	四季度	5	2	15	13	0
	合　计	34	15	100	100	2
	相关系数	0.63				

数据来源：新元文智整理。

4.融资轮次分析

从事件数来看，游戏服务行业的融资主要集中在种子天使和 A 轮，分别占比 47%、41%。这表明游戏服务行业正处于成长初期。从投资额来看，在有 2 笔未披露金额的情况下，A 轮占比就已经高达 65%，且 A 轮融资事件数与种子天使阶段接近，表明游戏服务行业孵化成功率较高，大多数公司能挺过种子天使阶段。

B 轮、C 轮事件数很少，但融资额占比相对较大，表明游戏服务行业在 A 轮过后淘汰率较高，但能够生存下来的公司会受到投资者更多的资金支持。

表 63　2014 年游戏服务领域融资轮次统计

序号	投资轮次	事件数（起）	投资额（亿元）	事件数占比(%)	投资额占比(%)	未披露金额的事件数
1	种子天使	16	0.8	47	5	0
2	A 轮	14	9.5	41	65	2
3	B 轮	2	1.9	6	13	0

续表

序号	投资轮次	事件数（起）	投资额（亿元）	事件数占比（%）	投资额占比（%）	未披露金额的事件数
4	C 轮	1	1.8	3	13	0
5	不明确	1	0.6	3	4	0
	合　计	34	14.6	100	100	2
	相关系数	0.45				

数据来源：新元文智整理。

5. 币种分析

分币种来看游戏服务行业的融资额和事件数的占比出现了罕见的一致的情况，人民币事件数占绝大多数，融资额也占绝大多数。美元资本并未在这一领域形成资金优势可能与其投资策略有关，其他行业不如游戏开发那样具有高风险高收益。

表 64　2014 年游戏服务领域融资币种分析

序号	币种	事件数（起）	投资额（亿元）	事件数占比（%）	投资额占比（%）
1	美　元	8	5	24	33
2	人民币	24	10	71	67
3	未披露	2	未披露	6	—
	合　计	34	15	100	100

数据来源：新元文智整理。

6. 被投资机构分析

从融资金额来看，炫彩互动、天机游戏、先玩后付、着迷网、传美科技、西安点易占 5% 以上，分别为 22.5%、15.0%、13.8%、9.7%、7.5%、6.9%。

2014 年没有公司获得 2 次以上的融资。

7.投资机构分析

从所投资项目数来看，创新工场最突出，投资了 3 个游戏服务项目。

按所投资金额排名，金额占比 5% 以上的有顺网科技、银泰资本、国海坚果资本、华映资本、中国文化产业投资基金、复星昆仲资本、蓝驰创投、顺为基金，这几家机构所投资金分别占所有机构投资游戏服务总额的 19.7%、16.5%、10.0%、9.8%、7.1%、5.8%、5.8%、5.5%。

四 2014年文化产业私募股权投融资特点及未来趋势分析

（一）2014年文化产业股权投融资特点分析

1.投资方特点

第一，互联网现有巨头如 BAT 加速、有重点且大规模按照自己的发展战略布局文化产业，BAT 块头大，所以其每一个投资动作都会引起文化产业的关注，甚至成为今后投资的风向标，如阿里概念股。

第二，文化产业既有的行业领军者大多已经上市，在规模、资金上有优势，为了维持行业领先地位，它们会对竞争对手进行投资，以期联合、了解甚至控股、全盘收购。

第三，传统产业在中国整体经济增速下跌的情况下，产能表现为过剩，为了生存发展，这些公司开始投资增长更快的文化产业，多为 IT、互联网概念的项目，有的公司甚至整体转型为文化产业类公司，上市公司改名、置出传统资产、置入文化产业资产，摇身一变成了高科技公司，如科冕木业变身天神互动。

2. 被投资方特点

第一，在线教育、在线旅游、手机游戏等行业持续受到众多投资者的关注，并在融资金额上名列前茅。

第二，电影制作与发行、电视制作与发行、数字内容出版及发行这些相对传统的行业在投资额上位列前三名，虽然不如新兴行业增速快，但是这些领域的产业链更为成熟，市场前景也很广阔。中国电影票房近年来持续火爆，不断有某某大片刷新票房纪录。电视剧也经常有新的收视纪录、网络点击量纪录出现，而且电视剧比电影的受众更为广泛，分销渠道也更为稳定。数字内容出版及发行在 2014 年所收录的投融资信息中主要是指视频网站，这些网站不仅外购电视剧、电影、综艺等节目，放在网站上供人们点播，而且制作自己的节目。在改变很多人的收视习惯的同时，这些网站也在积极争夺原本属于电视的广告"蛋糕"，其底气就是不断增长的用视频网站看电视、看电影的网民。所以数字内容出版及发行也获得了大量的投资。

第三，文化产业整体上依然处于成长初期，种子天使和 A 轮融资事件数占比近 77%，但是文化产业有着光明的未来，IPO 上市及以后所获融资总额是其他阶段最高融资总额的近两倍，极高的投资回报必然会吸引更多的资本进入这个产业。

（二）2015年文化产业股权投融资发展趋势分析

1. 融资环境分析

2015 年资金环境的紧松直接影响各个产业总融资的大小，根据对 2015 年前几个月的观察，随着美联储近乎明确地表态 2015 年加息，美元资金受此影响将减少，而中国央行为了提振持续低迷的经济，会放松银根，人民币资金会增多，所以融资货币的选择决定了所获资金的难易程度。随着国家对解决过剩产能政策如"一带一路"、亚洲基础设施投资银行的落实，过剩产能行业会迎来转机，而与之竞争的文化产业所获资金必然受到影响，但国家调结构措施也在推进，所以文化产业要抓住国家政策的利好环境、"一带一路"等传统产业带动的文化产业消费，尽力扩大自己的影响，以求搭上顺风车，获得资金。

2. 热门行业走势分析

在线教育：在线教育是一个热门的行业，但中国是一个比较传统的社会，学历学位仍然是衡量人们教育程度的重要标杆，在线教育在可预见的将来不会取代真正面对面的授课。所以在线教育现在应该做强的是传统教育辅助功能，这是一个有市场的行业。一个行业生存的关键是适应市场，所以在线教育要深入调研传统教育行业真正的、主要的、迫切的需求，并用互联网思维、IT科技来满足它。在了解市场的同时，也要积极与大学、中学、小学等教育机构建立良好的互动关系，与教育部等政府主管部门探讨行业的未来，获得政府的支持。中国在线教育的未来是，大学、中学、小学等逐步实现校内、校际、各等级学校的教育资源互联互通，包括教师资源等。甚至在更远的未来将国外的教育资源纳入中国的在线教育体系。

在线旅游：在线旅游把线下的资源进行整合，放到了网上，使得人们可以轻松计划自己的旅游出行，提高了出行效率。随着中国旅游人数的增多、旅游选择的增多，在线旅游市场必将越来越大。但是随之而来的行业竞争也会越来越激烈。要在激烈的竞争环境中生存，最终还是要靠服务，真实贴心的服务才是核心竞争力，即产品真实、服务贴心。在线旅游不能将竞争仅仅停留在价格这些没有技术含量的竞争主题上。在价格战早已将价格打到很低的情况下，低价已经作用不大，旅游者能外出旅游，一般对价格敏感度不高，而对获得舒适的旅游体验要求更高，所以这方面是在线旅游业者要考虑的问题。在提高核心竞争力的同时，行业集中度的提升也是一个必然趋势，携程等大公司正不断投资同业，试图独霸市场，所以获得大量的资本支持也是在线旅游行业的迫切需求。

手机游戏：现代生活节奏越来越快，玩游戏的时间越来越少，但是随着智能手机的普及，手机游戏日益风靡，随之而来的是手机游戏行业爆发式的增长。经常有某某新手游日流水破几千万元的新闻，但真正盈利的没有几个，原因在哪里？说到底，原因如下：第一，手机游戏业风险高，好的游戏开发周期长、成本高，一个成功的游戏所获收入既要跟运营商分成，又要弥补之前的开发成本、之后的失败成本；第二，付费用户少，中国手机游戏用户并未形成付费玩游戏的风气，加之好的游戏很少，抄袭、烂制作的游戏充斥各大手机游戏平台，人们对国产手机游戏的信心日益减少，收入排名前几的游戏很少是中国公司开发的。总之，中国的手游行业未来走的道路应该是高投入、良心制作、卖力宣传，要做到这些就需要：有大的资金支持；各个小的游戏公司抱团形成大型甚至巨型游戏公司，或者被 BAT 等行业龙头收编；或者有一批执着的投资机构不断投资。

文化企业发行债券融资情况分析报告

摘　要：本文主要对 2014 年我国文化产业债券融资案例进行了总结，分析了我国 2014 年文化企业发行债券类型，剖析了 2014 年我国文化企业发行债券计息方式，并对 2014 年我国文化企业发行债券行业分布进行了归纳总结。

关键词：债券融资　债券类型　债券计息　行业分布

一　2014年文化企业发行债券融资概况

据统计，2014 年我国文化企业发行债券融资案例总计 92 起，融资规模 796.2 亿元，发行的债券类型主要涉及中期票据（MTN）、短期融资券（CP）、超短期融资券（SCP）、企业债等四种。与 2013 年相比，我国文化企业发行债券案例尽管数量显著增加，但融资规模总额有所缩减。

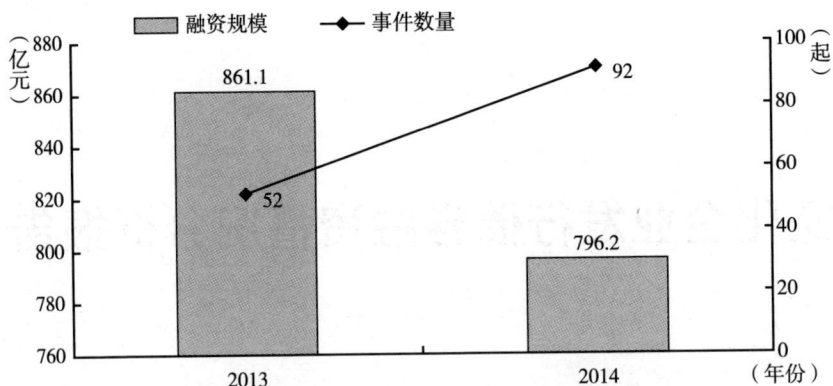

图 1　2013～2014 年企业债券融资情况

数据来源：新元文智整理。

二　2014 年文化企业发行债券类型分析

以债券类型计，短期融资券是 2014 年我国文化企业发行债券的主要选择，共有 47 起案例，占全年发生总数的 51%；其次是中期票据，共有 31 起案例，占全年发生总数的 34%；企业债和超短期融资券的发生案例相对较少，分别有 8 起案例和 6 起案例。

三　2014 年文化企业发行债券计息方式分析

以债券的计息方式计，选择固定利率和零息利率的案例事件相差不多，以固定利率为债券计息方式的发行案例有 48 起，占全年发行

超短期融资券6,
6%

短期融资券47,
51%

中期票据31,
34%

企业债8,
9%

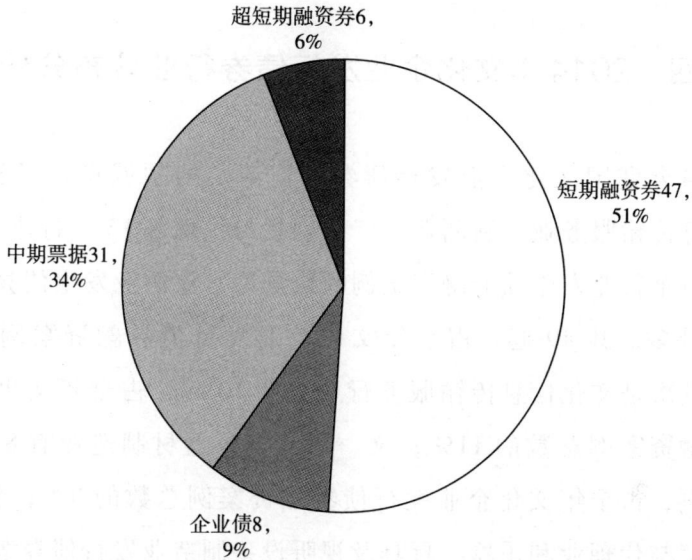

图2　2014年我国文化企业发行债券类型分布占比

数据来源：新元文智整理。

总数的52%；以零息利率为计息方式的发行案例有44起，占全年发行总数的48%。

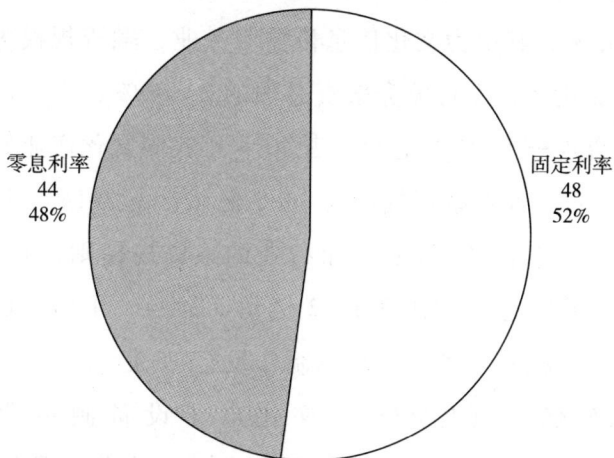

零息利率
44
48%

固定利率
48
52%

图3　2014年我国文化企业发展债券计息方式分布占比

数据来源：新元文智整理。

189

四 2014年文化企业发行债券行业分布分析

2014年我国文化企业发行债券融资涉及的领域囊括了旅游业、文化信息传输服务业、新闻业、广告创意与代理等13个行业。

以每个行业发生债券融资案例的数量论，旅游业发生债券融资案例数量最多，共49起，占全年文化企业发行债券融资案例总数的53%；其次是文化信息传输服务行业，共10起，占全年文化企业发行债券融资案例总数的11%；文、体、娱乐器材制造业有8起债券发行案例，占全年文化企业发行债券融资案例总数的9%；新闻业、广告创意与代理业和乐器、玩具及视听设备制造业发行债券案例的数量则分别是6起、5起、3起；出版与发行、影视制作发行、电影院线、专业设计4个行业均发生了2起债券融资案例；经纪业、工艺美术品制造业、文化电子设备制造业分别发生了1起债券融资案例。

以每个行业发行债券的总融资规模分析，旅游业发行债券的融资总规模最大，为431.7亿元，占2014年我国文化产业发行债券融资总额的54.63%；其次为文化信息传输服务业，融资规模为188.5亿元，占我国文化产业发行债券融资总额的23.86%；文、体、娱乐器材制造业融资规模为37.5亿元，占2014年我国文化产业发行债券融资总额的5%；新闻业融资规模为33.8亿元，占2014年我国文化产业发行债券融资总额的4%；其余行业的融资规模则都在20亿元以下，分别为：广告创意与代理18.2亿元（2%），乐器、玩具及视听设备制造17.5亿元（2%），影视制作发行15亿元（1.9%），出版与发行12.5亿元（1.58%），文化电子设备制造业10亿元（1.27%），专业设计9.1亿元（1.14%），工艺美术品制造7亿元（0.89%），经纪业5亿元（0.63%），电影院线4.5亿元（0.57%）。

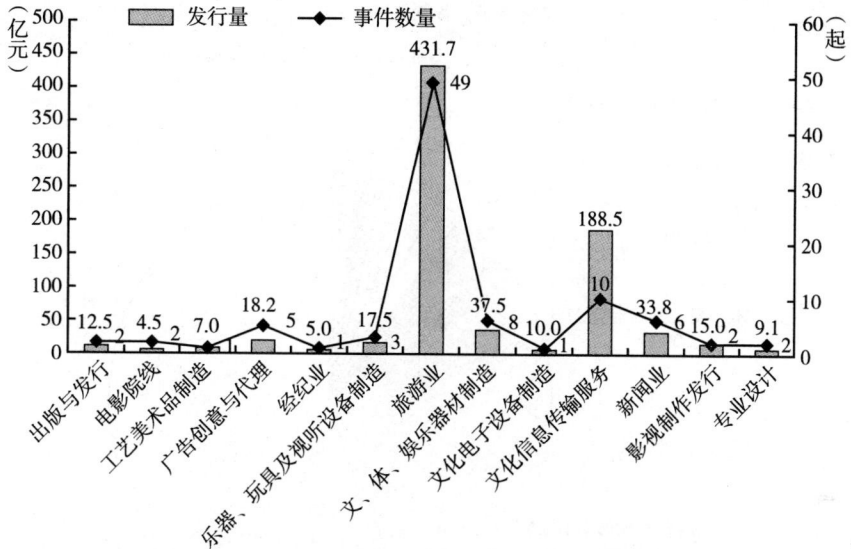

图4 2014年我国文化企业发行债券行业分布情况

数据来源：新元文智整理。

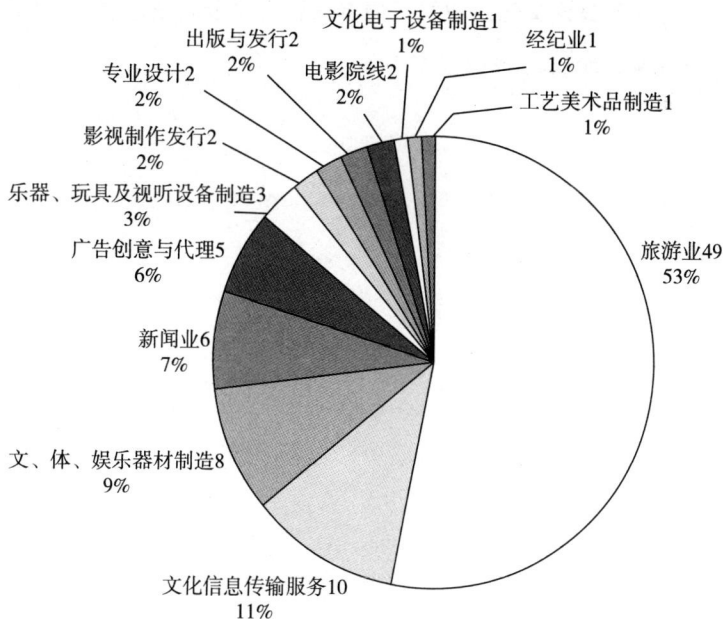

图5 2014年我国文化企业发展债券融资行业数量分布情况

数据来源：新元文智整理。

文化电子设备制造10.0
1.27%
专业设计9.1 工艺美术品制造7.0
1.14%   0.89%
出版与发行12.5
1.58%
经纪业5
0.63% 电影院线4.5
影视制作发行15.0   0.57%
1.90%
乐器、玩具及视听设备制造17.5
2.00%
广告创意与代理18.2
2.00%
旅游业431.7
新闻业33.8   55.00%
4.00%
文、体、娱乐器材制造37.5
5.00%

文化信息传输服务188.5
24.00%

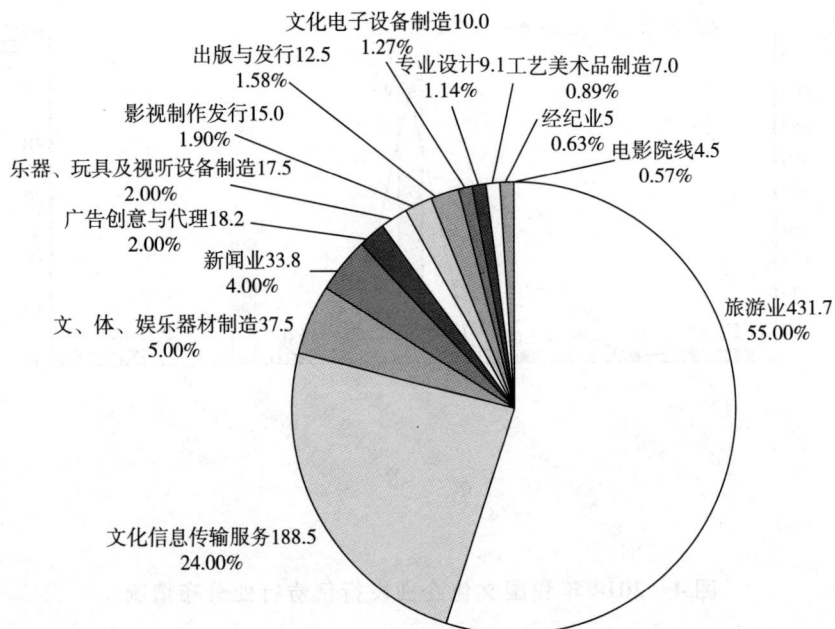

图6　2014年我国文化企业发行债券融资行业金额分布情况（亿元）

数据来源：新元文智整理。

文化信息传输行业投资分析报告

摘 要： 本文主要对国内文化信息传输行业投资做了一个综合研究，对国内的文化信息传输行业投资的政策环境做了细致分析；具体介绍了文化信息传输行业投资状况，对文化投资环境存在的不足和问题提出了相关对策建议。

关键词： 互联网　文化信息传输　技术变革　跨界合作

前　言

文化信息传输业包括互联网信息服务、增值电信服务（文化部分）和广播电视传输服务等三个子行业、五个子领域。在国家"宽带中国"战略及第三代移动通信技术深入建设的支持下，文化信息传输业持续向好发展。

第一，互联网信息服务产业方面。随着互联网覆盖率的提升及信息传输技术的革新升级，网民的数量不断被刷新，国内互联网信息服务产业市场容量逐步扩大。截至 2013 年底，我国网民数量达 6.18 亿人，上网普及率为 45.8%；手机网民数量突破 5 亿人，网民中使用手机上网的占 81%。2013 年，我国互联网信息服务领域完成固定资产投资 133.69 亿元，实现营业收入 2323 亿元。

第二，增值电信服务（文化部分）产业发展方面。在互联网信息服务产业快速发展的进程中，增值电信服务（文化部分）发展速度开始放缓。2013 年，我国增值电信服务（文化部分）产业固定资产投资额 84 亿元，实现营业收入 1090 亿元。

第三，广播电视传输服务业发展方面。广播电视传输服务业继续稳步推进，数字电视覆盖面逐渐扩大。截至 2013 年，全国有线广播电视传输干线网络总长 381.59 万公里，有线广播电视用户数量 2.29 亿，其中，数字电视用户 1.72 亿户，占有线广播电视用户的 75.11%。2013 年，我国广播电视传输服务业完成固定资产投资 228.61 亿元，实现营业收入 754.91 亿元。

一 文化信息传输行业主要投资政策分析

（一）实施"宽带中国"战略，综合利用社会资本投资、财政支持和税收优惠等方式，大力推动行业技术升级

2013 年发布的《"宽带中国"战略及实施方案》制定了至 2020 年网络信息技术发展的目标，从加快宽带网络优化升级、提高宽带网络应用水平、促进宽带网络产业链不断完善、增强宽带网络安全保障

能力等方面提出了区域协调、民生、文化、国防等领域的技术方向；在文化信息传输产业上，要求积极利用各类社会资本，统筹有线、无线技术加快宽带接入网建设；加快下一代广播电视网宽带接入网络的建设，加快无线局域网重要公共区域热点覆盖和推进地面广播电视数字化进程。同时明确提出加大财政资金支持、加强税收优惠扶持、完善投融资政策、积极利用各类社会资本。

（二）增加财政投资和补贴，推进文化信息资源共享，为文化信息共享搭建平台

文化部 2013 年 1 月 30 日发布了《全国文化信息资源共享工程"十二五"规划纲要》，提出在巩固完善资源共享的网络基础上，搭建文化信息平台，主要的投资政策和措施包括：

第一，积极争取中央财政投入，对文化共享工程运行保障、六级网络体系建设、资源建设、技术平台建设等给予经费支持，保障工程各项工作的顺利实施。

第二，通过补贴机制和奖励机制，对开展文化共享工程公益性服务和工作成绩突出的地区和单位予以补贴和奖励，调动各地工作的积极性。

（三）投资政策分析

文化信息传输行业的发展，必须要依赖信息传输技术的投入、发展和革新，同时需要大力推进文化资源的数字化。在 2013 年文化信息传输行业的投资政策中，国家将投资重点放在信息传输技术方面，意在扩大文化信息传输的容量、便利文化资源的交互与交换。由于文化信息传输行业的跨行业配合的特性，需要涉及的相关管理部门在出台投资政策时，既要以技术发展为基础，也要兼顾文化信息传输内容数字化升级和内容的制作，这使得政策的行业适用性进一步提高。

二 文化信息传输行业的投资状况分析

（一）文化信息传输行业总体投资状况

2013 年文化信息传输服务行业投资规模为 462.14 亿元，其中传播渠道固定资产投资 371.36 亿元，文化内容固定资产投资 90.78 亿元；与 2012 年相比，总投资规模出现明显的下滑。

表 1　2009～2013 年文化信息传输服务行业投资状况

单位：亿元，%

年　度	2009	2010	2011	2012	2013
传播渠道固定资产投资	370.17	362.82	367.79	450.05	371.36
文化内容固定资产投资	114.75	112.47	114.01	133.18	90.78
合　计	484.92	475.29	481.80	583.23	462.14
增　幅	17.85	-1.99	1.37	21.05	-20.76

备注：（1）2012 年重新分类后，其他电信服务 * 领域被纳入统计范围，对统计数据有小幅度影响。

（2）2013 年继续沿用 2012 年的统计口径。

数据来源：新元文智整理。

（二）文化信息传输行业重点领域投资状况分析

1. 行业的细分领域总体投资状况

移动互联网技术的深入发展及广泛应用，已经改变了互联网产业的整体格局。截至 2013 年年底，我国网民规模达 6.18 亿人，较 2012 年底提升了 3.7%；整体网民数量增速持续放缓。与此同时，手机网民人数继续保持良好的增长态势，规模达到 5 亿人，年增长率为 19.1%，手机继续保持第一大上网终端的地位（数据来源于中国互联网络信息中心）。

在文化信息传输服务行业投资分布上，也明显反映上述格局的变化。以 PC 终端为主的互联网信息服务业的投资规模由 2012 年的 435.11 亿元下降为 2013 年的 233.52 亿元，下滑超 200 亿元；同时有线广播电视传输服务业的投资也由 2012 年的 104.62 亿元下降至 2013 年的 25.51 亿元，两者下降幅度达 46.33% 和 75.62%。但卫星传输服务领域则出现非常迅猛的增长，由 2012 年的 20.02 亿元增长至 2013 年的 173.49 亿元，增长 7 倍多。

表 2　2009～2013 年文化信息传输服务行业各领域投资规模情况

单位：亿元

领域　　　　年份	2009	2010	2011	2012	2013
互联网信息服务	369.11	333.34	366.52	435.11	233.52
有线广播电视传输服务	94.5	110.04	88.58	104.62	25.51
无线广播电视传输服务	16.14	13.85	21.58	23.49	29.61
卫星传输服务*	5.18	18.05	5.11	20.02	173.49
合　计	484.93	475.28	481.79	583.24	462.13

*：表示该领域属文化产业范畴才纳入统计口径。
数据来源：新元文智整理。

表 3　2009～2013 年文化信息传输服务行业各领域投资规模比重情况

单位：%

领域　　　　年份	2009	2010	2011	2012	2013
互联网信息服务	76.12	70.14	76.07	74.60	50.53
有线广播电视传输服务	19.49	23.15	18.39	17.94	5.52
无线广播电视传输服务	3.33	2.91	4.48	4.03	6.41
卫星传输服务	1.07	3.80	1.06	3.43	37.54
合　计	100.00	100.00	100.00	100.00	100.00

数据来源：新元文智整理。

表4　2009～2013年文化信息传输服务行业各领域投资规模增幅

单位：%

环比增幅	2009年	2010年	2011年	2012年	2013年
互联网信息服务	15.69	-9.69	9.95	18.71	-46.33
有线广播电视传输服务	27.84	16.44	-19.50	18.11	-75.62
无线广播电视传输服务	-4.72	-14.19	55.81	8.85	26.05
卫星传输服务	234.19	248.46	-71.69	291.78	766.58
合　计	17.86	-1.99	1.37	21.06	-20.76

数据来源：新元文智整理。

2.广播电视传输服务领域投资状况分析

广播电视传输（含有线传输、无线传输、卫星传输）服务领域的投资在2013年出现了较大转变，投资重点已经由有线广播电视传输服务转移至卫星传输服务。

表5　2009～2013年广播电视传输服务领域投资规模情况

单位：亿元

领域	2009年	2010年	2011年	2012年	2013年
有线广播电视传输服务	94.5	110.04	88.58	104.62	25.51
无线广播电视传输服务	16.14	13.85	21.58	23.49	29.61
卫星传输服务	5.18	18.05	5.11	20.02	173.49
合　计	115.82	141.94	115.27	148.13	228.61

表6　2009～2013年广播电视传输服务领域投资规模比重情况

单位：%

领域	2009年	2010年	2011年	2012年	2013年
有线广播电视传输服务	81.59	77.53	76.85	70.63	11.16
无线广播电视传输服务	13.94	9.76	18.72	15.86	12.95
卫星传输服务	4.47	12.72	4.43	13.52	75.89

　　随着投资重心的转移，与广播电视传输服务密切相关的广播电视收入也出现明显的变化，因其主要依赖于有线与无线方式传播。虽然行业的收入依然保持增长的势头，但是增长的幅度与此前相比出现明显的回落。广播电视传输服务则未受到明显的影响。

图1　2009~2013年广播电视传输服务收入与广播电视收入对比

备注：广播电视传输服务收入含有线和无线广播电视传输服务、卫星传输服务领域的收入。

数据来源：新元文智整理。

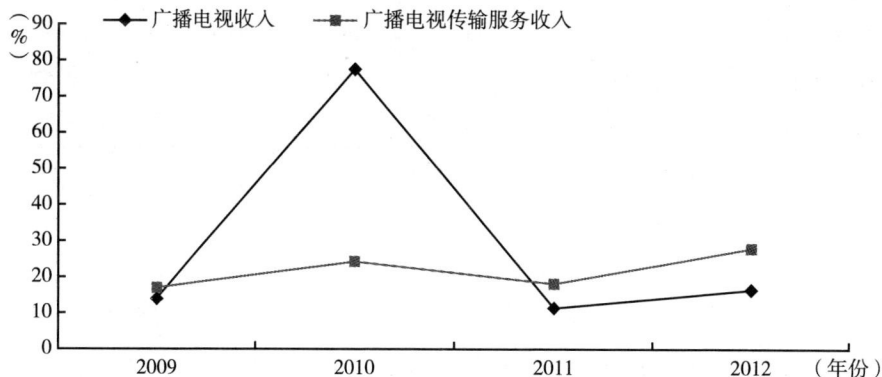

图2　2009~2013年广播电视传输服务与广播电视收入增幅走势

数据来源：新元文智整理。

传统的广电传输方式（有线和无线方式），在信息技术高速发展的今天，已经显示出明显的竞争劣势，体现在传输信息的容量、传输的增值服务、信息传输的互动、接收信息的失真度等方面；而随着互联网信息传输和卫星信息传输的发展，电视节目传播可在网上同步播放。未来，随着三网融合范围的逐步扩大，传统的广电传输方式只有通过加大技术革新的投入、升级原有的服务模式等方式，才能继续保持良好的发展态势。

3. 互联网信息传输领域投资状况分析

2013年，互联网信息传输领域的投资出现较大幅度的缩减，由2012年的435.11亿元降至2013年的233.52亿元；该领域投资规模的比重也由2012年的74.60%降至2013年的50.53%。

表7 2009~2013年互联网信息传输领域收入和投资主要指标

单位：%

项目	2009年	2010年	2011年	2012年	2013年
收入比重	80.01	74.39	75.63	74.57	75.47
收入增幅	42	29	19	10	21
投资规模比重	76.12	70.14	76.07	74.60	50.53
投资增幅	15.69	-9.69	9.95	18.71	-46.33

数据来源：相关年份的《广电行业发展研究报告》、《电信业统计公报》和《增值电信业务发展白皮书》。

手机继续保持第一大上网终端的地位，且手机端的视频、音乐等下载量增长迅速，特别是手机视频已经跃升为移动互联网第五大应用。

互联网信息传输领域的投资减少，卫星传输服务投资大幅上升，手机上网终端的地位继续稳固等，可能预示着新一轮的商业变革。

三　文化信息传输行业投资发展趋势与机会

（一）文化信息传输行业投资趋势

1. 广电技术平台化，广电传输服务互动化

随着信息传输技术的发展和"三网融合"的继续推进，广播电视传输服务面临 PC 终端、手机终端等新型的网络终端的强势竞争，广电系统的技术将不可逆转地从单向地向客户输出信息和服务向为客户搭建平台、提供配套服务的方向转型。

2. 移动互联网文化信息传输成行业投资新焦点

随着高流量手机应用的推出及大流量的移动网络传输技术的建成，手机传统的语音服务在手机应用中的比重逐渐下降，各种非传统业务如网页浏览、各种 OTT 应用等，已使手机用户出现强烈的黏性。互联网文化信息服务领域的发展和竞争焦点逐步向移动互联网领域转移，虽然短期内移动互联网文化信息传输不可能完全取代互联网文化信息传输，但它将会成为行业发展和投资的新焦点。

3. 跨界合作及经营将成行业竞争的重要举措

跨界合作经营包括以下几种类型，一是软硬件的跨界合作，二是软件之间的资源共享合作，三是媒介之间的平台化合作。

软硬件的跨界合作。如手机与应用软件开发商的合作。在硬件层面，手机硬件设计将优先考虑手机用户后续软件的应用；在软件层面，手机应用软件开发商在开发应用软件前，必须要基于一定的手机应用平台。

软件之间的资源共享合作。云技术的诞生，使得软件之间的资源共享成为可能，也将深刻地改变行业内部运作模式。各软件开发商在云端存储自身的数据和资源，不同的软件开发商通过云端的交易，发现、发掘甚至共享相关合作方的资源和项目。

媒介之间的平台化合作。传统媒介、互联网媒介和移动互联网媒介，三者各具优势，在短期的竞争中不管是哪种媒介，将通过建立起自身的平台以整合更多更丰富的资源及实现内容的互动；但是长期而言，传统媒介、互联网媒介和移动互联网媒介，必将走向平台化的合作，以各自的优势进行互补。

（二）文化信息传输行业投资机会

1. 政策带来的投资机会

2013 年，国家多项发展战略和行业规划纲要，包括《"宽带中国"战略及实施方案》《全国文化信息资源共享工程"十二五"规划纲要》《国务院关于促进信息消费扩大内需的若干意见》等，从基础技术建设、信息产品的提供、信息渠道搭建和信息产品的消费等领域，做出了较为全面的规划，同时以财政投资做引导、财政补贴为扶持、税收优惠为支撑，向社会敞开投资之门。

2. 行业变革带来的投资机会

新型技术的诞生、人们生活消费习惯的转变渐渐孕育着行业的变革。在技术上——软硬件技术的融合及资源共享、传统平台和新型技术的融合、传输技术的升级等，在人们的生活消费习惯上——社会网络化、信息阅读和传递的社交化，对信息即时性的要求和信息量的要求等，技术和生活消费习惯推动的行业变更将为投资者带来更多的投资机会。

四　文化信息传输行业发展建议

（一）继续推进行业技术的革新，搭建信息传输平台，提高文化信息传输的效率

信息传输技术是文化信息传输行业赖以存在的环境。传统的有线和无线传输技术在满足人们文化信息需求上显得力不从心；信息传输行业进一步发展，需要配套完善、技术领先、开放性的信息传输网络平台。

第一，要大力升级互联网信息传输技术及普及应用。加大网络基础设施投入的力度，拓宽网络信号覆盖范围。甚至在一定的条件下，为公众提供部分免费文化信息资源的传输。

第二，要加强互联网新技术、新业务的开发和推广，加快突破新一代通信技术，提高信息传输的速度，扩充信息传输的容量，消除信息孤岛，为文化信息传输及数据共享大平台建设夯实基础。

第三，要加快互联网技术和业务向文化产业各领域的渗透、扩散，通过网络技术培育行业新模式、新业态，推动运用信息技术改造提升传统文化产业。

（二）加强政策的协调性，充分发挥线上线下资源融合的优势

文化信息传输行业是一个跨产业、跨领域、跨管理部门的行业，因而行业发展或投资的政策不可能孤立地由单个行业的技术管理部门或文化产业部门单独研究和制定；不同部门制定的政策也必须考虑政

策的协调性和适用性。

另外，文化信息传输行业的进一步发展，将无法离开线上与线下资源的融合，政策制定部门除了要考虑行业、领域因素外，也应将线上线下资源的融合纳入政策的考虑范围。

（三）制定行业相关的标准，加大文化信息传输中权益保护的力度

网络信息传输环境必然要求对传输信息内容进行数字化加工。但是在数字化内容资源的制作过程中，统一性的行业技术标准和规范目前依然匮乏，在竞争白热化的态势下，系统兼容性、互联互通性不够的问题，增加了信息资源共享的难度。因此在行业管理层面必须建立相应的标准，减少由于竞争而产生的各种技术阻隔，增加行业运营的成本。

与此同时，文化信息传输的保障体系存在较大程度的缺位。一是在技术上，信息安全保障体系不够健全，信息传输入侵手段与信息技术同步发展甚至更超前发展，在开放性的文化资源共享平台中，信息技术安全保障的不足将为行业发展埋下种种隐患。二是在传输内容的保护上。数字版权侵权与一般侵权相比更加容易，而其保护却大多比一般的知识产权保护难度更大，数字版权保护滞后制约了我国数字内容产业的壮大。在我国，数字版权侵权盗版问题严重，而维权困难、保护措施缺乏，难以对数字化作品各项权利实现有效控制。

附录一 2013年文化信息传输行业投资政策汇总

表8 2013年文化信息传输行业投资政策汇总

序号	颁发部门	政策名称	主要投资促进举措
1	国务院	《"宽带中国"战略及实施方案》	利用各类社会资本,加大财政资金支持力度、加强税收优惠扶持、完善投融资政策,积极统筹有线、无线技术加快宽带接入网建设;加快下一代广播电视网宽带接入网络的建设
2	文化部	《全国文化信息资源共享工程"十二五"规划纲要》	加大财政投入,保障文化共享工程运行和建设并给予相应经费支持。通过补贴机制和奖励机制,对开展文化共享工程公益性服务和工作突出的地区和单位予以补贴和奖励
3	工信部、发改委等八部门	《关于实施宽带中国2013专项行动的意见》	要求有效落实已有支持宽带发展的财税金融政策,减免光缆敷设赔补费用、加快对基站的环评审批进度及简化审批手续等
4	国务院	《国务院关于促进信息消费扩大内需的若干意见》	加快建立信息型的文化传播体系,加强数字文化内容产品和服务开发。通过加大财税政策支持力度,切实改善企业融资环境,完善信息服务业创业投资扶持政策,支持经济社会信息化建设

附录二 相关数据说明

国内权威统计部门暂未公布对文化信息传输领域文化内容资产固

定投资的统计，因而选取一定数量的上市样本企业，以样本企业各年度固定资产投资和文化内容固定资产投资的比重作为计算的依据。选取的样本企业包括歌华有线、上海钢联、生意宝、三六五网、宜通世纪、华数传媒。其中文化内容固定资产投资数据为上市企业年报或招股说明书中无形资产和研发费用之总和。

新闻出版发行行业投资分析报告

摘　　要：本文主要对新闻出版发行行业的投资政策、投资状况进行详细分析；同时对新闻出版发行行业的重点领域投资状况进行分析；随后介绍了新闻出版发行行业的投资趋势以及投资机会，进而给出新闻出版发行行业的投资政策建议。

关键词：新闻出版　体制改革　商业模式　资源整合

前　言

深化改革、放权简政是新闻出版发行行业管理部门 2013 年的主要管理理念，多项有利政策陆续出台，包括取消和简化行政审批、降低行业进入门槛、扩大文字作品的保护范畴、大力引进社会资本构建行业资本格局等。虽然有利的政策持续出台，但是受到新型信息传输方式兴起和人们阅读习惯改变的影响，行业新增投资出现轻微的下滑。另外，行业的总体收入和利润虽然保持良好的增长势头，但是增长的额度和幅度均有所下降。

2013 年我国新闻出版发行行业新增投资 1263.74 亿元，较 2012 年减少 2 亿元，下降 0.16%；其中新增固定资产投资 145.31 亿元，较 2012 年增加 43 亿元，增幅为 42.03%；无形资产投资 1118.43 亿元，较 2012 年减少 45 亿元，下降 3.87%。行业实现营业收入 18246.4 亿元，较 2012 年增加 1611.1 亿元，增长 9.7%；利润总额 1440.2 亿元，较 2012 年增加 122.8 亿元，增长 9.3%。各个主要行业的发展情况如下。

第一，报纸出版发行方面。2013 年，全国共出版发行报纸 1915 种，总印数 482.41 亿份，总印张 2097.84 亿印张；实现营业收入 776.7 亿元，利润总额 87.7 亿元，环比分别下降 8.9% 和 11.7%。

第二，图书出版方面。2013 年，全国共出版图书 44.4 万种，其中新版图书 25.6 万种，重版、重印图书 18.8 万种，总印数 83.1 亿册（张）。图书出版实现营业收入 770.8 亿元，利润总额 118.6 亿元，环比分别增长 6.5% 和 2.9%。

第三，期刊出版方面。2013 年，全国共出版期刊 9877 种，总印数 32.7 亿册；期刊出版实现营业收入 222 亿元，环比增长 0.5%。

第四，音像制品和电子出版物方面。2013 年，全国共出版录音制品 9576 种，出版数量 2.39 亿盒（张）；出版录像制品 7396 种，出版数量 1.67 亿盒（张）；电子出版物 11708 种；音像制品和电子出版物共实现营业收入 34.9 亿元，环比下降 6.93%；利润总额 6.2 亿元，环比增长 10.57%。

第五，出版物发行方面。2013 年，出版物发行实现营业收入 2710.7 亿元，利润总额 221.1 亿元，环比分别增长 12.1% 和 12.8%。

第六，印刷复制方面。2013 年，全国图书、报纸、其他出版物黑白印刷产量 3.3 亿令，彩色印刷产量 25.6 亿对开色令，装订产量 3.6 亿令。印刷复制（包括出版物印刷、包装装潢印刷、其他印刷品印刷、专项印刷、打字复印、复制和印刷物资供销）实现营业收入 11094.92 亿元，利润总额 775.78 亿元，环比分别增长 7.09% 和 7.48%。

第七，数字出版方面。2013 年，数字出版实现营业收入 2540.4 亿元，较 2012 年增长 31.3%；利润总额 199.42 亿元，增长 23.8%。

一 新闻出版发行投资政策分析

（一）继续深化改革、简政放权，逐步降低行业的准入门槛

2013 年，国家继续以深化改革、简政放权为年度施政的核心，分别发布了《国务院关于取消和下放一批行政审批项目等事项的决定》（国发〔2013〕19 号）和《国务院关于取消和下放 50 项行政审批项目等事项的决定》（国发〔2013〕27 号文），其中新闻出版发行行业 4 项行政审批项目被取消，4 项行政审批项目由国家新闻出版广电总局下放至省级新闻出版广电行政部门审批。

表 1　国务院关于新闻出版发行行业取消和下放审批项目

序号	取消行政审批的项目	下放行政审批层级的项目（下放至省级部门）
1	从事出版物全国连锁经营业务的单位变更《出版物经营许可证》登记事项，或者兼并、合并、分立审批	音像复制单位设立审批
2	著作权集体管理组织章程修改审批	电子出版物复制单位设立审批
3	期刊变更登记地审批	音像复制单位变更业务范围或兼并、合并、分立审批
4	出版物总发行单位设立从事发行业务的分支机构审批	电子出版物复制单位变更业务范围或兼并、合并、分立审批

资料来源：新元文智整理。

　　而在 2013 年 7 月 11 日国务院办公厅发布的《国家新闻出版广电总局主要职责内设机构和人员编制规定》（国办发〔2013〕76 号）中，共取消了新闻出版发行行业 13 项行政审批，将 5 项仍需审批的项目下放至省一级的新闻出版广电行政管理部门，该举措也再次体现了简政放权管理理念，为行业发展和投资松绑减负。

表 2　国家新闻出版广电总局取消和下放职责

序号	取消的职责	下放的职责
1	取消举办全国性出版物订货、展销活动审批	将音像复制单位、电子出版物复制单位设立审批职责下放至省级新闻出版广电行政部门
2	取消在境外展示、展销国内出版物审批	将音像复制单位、电子出版物复制单位变更业务范围或兼并、合并、分立审批职责下放至省级新闻出版广电行政部门
3	取消设立出版物全国连锁经营单位审批	将地市级、县级广播电台、电视台变更台标审批职责下放至省级新闻出版广电行政部门
4	取消从事出版物全国连锁经营业务的单位变更《出版物经营许可证》登记事项，或者兼并、合并、分离审批	将设置卫星广播电视广播地面接收设施审批职责下放至省级新闻出版广电行政部门
5	取消只读类光盘生产设备引进、增加与更新审批	将只读类光盘设备投产验收工作职责下放至省级新闻出版广电行政部门
6	取消著作权集体管理组织章程修改审批	
7	取消出版物总发行单位设立从事发行业务的分支机构审批	
8	取消期刊变更登记地审批	
9	取消出版物发行员职业技能鉴定职责，工作由相关协会、学会承担	
10	取消图书出版单位登记评估职责，工作由中国出版协会承担	

续表

序号	取消的职责	下放的职责
11	取消报纸、期刊综合质量评估职责，工作分别由中国报业协会和中国期刊协会承担	
12	取消涉外著作权登记服务职责，工作由中国版权保护中心承担	
13	取消调控书号总量的职责。创新书号管理方式，规范书号使用，遏制违规行为	

资料来源：新元文智整理。

（二）以体制改革、健全新闻出版发行行业的市场机制为主要切入点，积极打造良好的投资环境

2013 年年初，新闻出版广电总局公布了《2013 年新闻出版行业改革发展工作要点》，与原新闻出版总署公布的《2012 年行业改革发展工作要点》相比，虽然工作内容同样主要分为体制改革、市场机制建设和投资环境建设三大类，但前者侧重于打造良好的投资环境，强调新闻出版发行行业资本市场的建设。

表3　新闻出版行业改革工作要点对比

类型	2012 年	2013 年
体制改革	继续积极稳步推进非时政类报刊出版单位转企改制 积极稳妥推进党报党刊发行体制改革 进一步深化出版单位体制改革 推进新闻出版事业单位改革	深化非时政类报刊出版单位转企改制，实施报刊编辑部体制改革工作 推进新闻出版事业单位改革，深化党报发行体制改革 强化行政管理体制改革，切实转变政府职能

续表

类型	2012 年	2013 年
市场机制建设	积极培育和扩大新闻出版消费市场 加快推动产业基地产业园区和产业带建设，培育新闻出版产业新的增长点 大力实施新闻出版走出去战略 加快构建现代出版物市场体系 加快推进科技创新与技术融合	巩固出版发行单位改革成果，推动出版企业建立现代企业制度 健全现代出版物市场体系，建设统一开放竞争有序的出版物大市场 加快实施新闻出版项目，有序推进产业基地（园区）建设 加强新闻出版国际传播力建设，推动新闻出版走出去 加快出版与科技的深度融合，推动新闻出版产业转型升级
投资环境建设	推动出版传媒企业集团化建设和上市融资 引导和规范非公有制资本有序参与出版活动	实施出版传媒企业集团化发展战略，打造骨干企业和战略投资者 拓宽出版传媒企业融资渠道，支持有条件的出版传媒企业上市融资 引导民间资本有序参与出版经营活动，努力形成多种所有制共同发展的格局

资料来源：新元文智整理。

（三）逐步提高无形资产的地位，并进一步通过保护知识产权的形式保障无形资产投资

1. 首次确立教科书使用作品的报酬标准

2013 年 10 月 22 日，国家版权局和国家发展和改革委员会联合颁布了《教科书法定许可使用作品支付报酬办法》，首次确立了教科书使用作品的报酬标准和支付方式；通过对《著作权法》的细化规定，逐步健全知识产权保障体系，以保护无形资产的投资。

2. 拟修订《使用文字作品支付报酬办法》，提高文字作品的地位，促进高质量的无形资产投资

随着经济和社会的发展，1999 年制定的《出版文字作品报酬规

定》中规定的稿酬标准明显偏低。以《新京报》为例，新闻作品稿费标准基本达到 500 多元/千字，向作者约稿的能够达到 800 元/千字，甚至 1000 元/千字；原有的稿酬标准逐渐形同虚设。因此国家版权局于 2013 年 10 月 24 日在京召开《使用文字作品支付报酬办法》征求意见座谈会，拟对《出版文字作品报酬规定》进行修订，计划对教材、图书、期刊、报纸和网络等不同载体的文字作品划分不同的标准；同时针对实际情况对不同出版物的稿酬标准进行适当的调整，以提高文字作品的质量。

（四）取消书号总量控制，创新书号管理方式，为出版领域的发展松绑

2013 年 7 月 11 日国务院办公厅发布的《国家新闻出版广电总局主要职责内设机构和人员编制规定》（国办发〔2013〕76 号）明确取消新闻出版广电总局调控书号总量的职责。通过创新书号管理方式、规范书号使用，遏制违规行为。

取消对书号总量的控制，是在书号实名制管理后图书出版行业最有利的政策之一，国家在规范行业管理的基础上，放开对出版业的束缚，使得更多内容创作作品通过纸质发行等方式进入市场和大众视野，增强行业发展的活力。

（五）政策分析小结

2013 年，新闻出版发行行业投资政策反映着如下的政策导向。

第一，继续修炼好内功，对原有的体制有序地进行市场化改革和调整，以符合市场化运作和资本输入的要求。

第二，逐步着眼于民营资本和社会资本的引入，从股权重组角度开始构建新闻出版发行行业的大资本市场。

第三，强调内容取胜、内容创新，以文字作品为表现形式的无形资产的地位得到提高；并且行业的投资政策将更倾向于内容的保护，通过调整文字报酬标准的方式扩大无形资产的投资，以换取高质量的作品。

第四，注重科技投资和投入，通过科技和产业的融合，进行商业模式的更新，对产业进行升级。

二 新闻出版发行行业总体投资状况

（一）行业资产规模稳步扩大，但投资结构陡生变异

近几年来，新闻出版发行行业的资产总规模和净资产规模虽然出现稳步扩大的良好势头，各年度两者的增幅均维持在10%左右，但是投资结构出现了此起彼伏的变化。

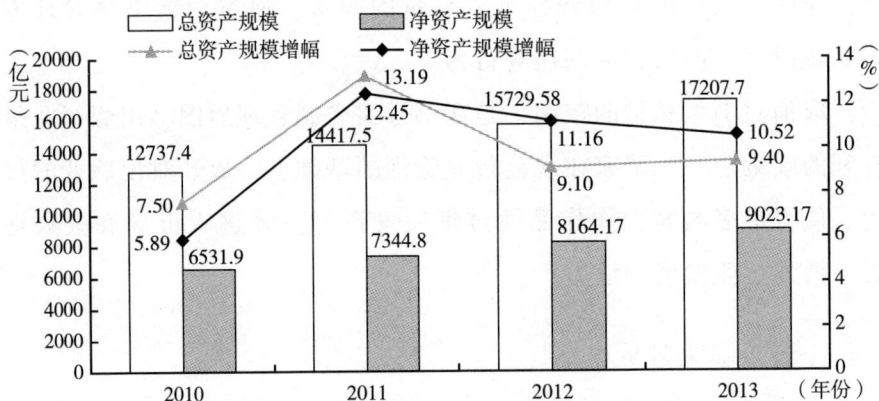

图1　2010～2013年新闻出版发行行业资产规模

备注：数据不含数字出版领域的数据。
数据来源：国家新闻出版广电总局。

1. 各年度的固定资产投资和无形资产投资变化

2009～2013年，新闻出版发行行业的总投资（即固定资产投资与无形资产投资总和）走势呈倒"V"形，至2011年达到最高值后逐步回落。

表4 2009～2013年新闻出版发行行业投资情况

单位：亿元，%

年　度	2009 年	2010 年	2011 年	2012 年	2013 年
固定资产投资	79.56	80.58	102.66	102.3	145.31
无形资产投资	1120.04	1191.11	1221.49	1163.49	1118.43
总投资	1199.60	1271.69	1324.15	1265.79	1263.74
固定投资增幅	－13.45	1.28	27.40	－0.35	42.04
无形资产投资增幅	3.02	6.35	2.55	－4.75	－3.87
总投资增幅	1.74	6.01	4.13	－4.41	－0.16

备注：此处无形资产投资主要指文字作品报酬。

数据来源：新元文智整理。

虽然2013年新闻出版发行行业固定资产投资同比出现较大幅度的增长，但是受到无形资产投资收缩的影响，新闻出版发行行业2013年总投资与2012年基本持平。

2. 各年度单个经营者接受投资强度的变化

自2010年起，新闻出版发行行业的行业经营者规模连续四年出现收缩；但是单个投资者接受无形投资的强度呈现倒"V"形的走势，至2011年达到最高点后出现持续的回落。

表5 2008～2013年新闻出版发行行业单个经营者接受投资强度

单位：万元

年　度	2008 年	2009 年	2010 年	2011 年	2012 年	2013 年
经营者规模（万家）	35.70	35.70	35.30	35.00	34.70	34.60
固定资产投资	2.57	2.23	2.28	2.93	2.95	4.20
无形资产投资	30.45	31.37	33.74	34.90	33.53	32.32
总投资	33.02	33.60	36.02	37.83	36.48	36.52

备注：行业经营者规模数据来源国家统计局。

数据来源：新元文智整理。

（二）阅读习惯和消费模式的变迁催生投资重点和方向转移

网络以其信息传输的即时性和内容的形象性深刻地改变了人们的阅读习惯和消费模式；特别是在新闻信息传递上，网络传输方式与纸质发行方式相比，优势立显；新闻出版发行行业传统的商业模式在被冲击和收缩的过程中寻求逐步转型。而在冲击、收缩和寻求逐步转型的过程中，投资的重点和方向也出现转移。

1. 传统的商业模式在冲击中收缩

全国新华书店系统、出版社自办发行单位的销售和库存数据反映，以传统的纸质媒介为载体的商业模式，在网络阅读和电商的入侵中逐渐萎缩。

第一，出版物历年的滞销库存量只增不减，库存比例总体而言在上升。

**表6 2009～2013年全国新华书店系统、出版社自办
发行单位的销售和库存数据**

单位：亿册，%

年　　度	2009 年	2010 年	2011 年	2012 年	2013 年
库存册数	50.62	53	55.86	56	65.19
销售册数	159.41	169.7	178.17	190.08	199.33
出版发行册数	210.03	222.7	234.03	246.08	264.52
库存比例	24.10	23.80	23.87	22.76	24.64

数据来源：国家新闻出版广电总局。

第二，大众消费型出版物的零售规模逐步下降。

剔除教育教材类出版物，全国新华书店系统、出版社自办发行单位大众消费型出版物零售的总规模也在逐步下降，其中音像制品和电子出版物尤为明显。

表 7　2010～2013 年大众消费型出版物的零售情况

单位：亿册（张、份、盒）

年　度	2010 年	2011 年	2012 年	2013 年
哲学、社会科学类图书	2.47	2.18	2.59	2.62
文学、艺术类图书	2.01	2.01	2.57	2.76
自然科学、技术类图书	2.5	1.5	1.85	1.71
少年儿童读物图书	1.73	1.51	1.89	1.95
期刊	0.19	0.17	0.2	0.19
报纸	0.14	0.08	0.18	0.13
音像制品	0.89	0.69	0.65	0.44
电子出版物	0.36	0.33	0.19	0.11
合　计	10.29	8.47	10.12	9.91

数据来源：国家新闻出版广电总局。

2. 投资的转移情况

从新闻出版发行行业的各个细分领域 2008～2013 年投资情况看，投资的重点逐步转移。报纸领域的投资比重逐渐在下降，而印刷复制领域的投资比重则在逐步上升，并在 2012 年超越报纸领域居行业投资的首位；而在 2013 年，该领域的投资占据了行业总投资的一半以上。

表 8　2008～2013 年新闻出版发行行业细分领域投资比重情况

单位：%

年　度	2008 年	2009 年	2010 年	2011 年	2012 年	2013 年
报纸	63.03	59.47	56.45	55.32	44.96	40.06
图书	4.67	4.28	4.30	4.67	4.69	5.03
期刊	2.33	2.33	2.17	2.17	1.82	1.74
音像电子出版	0.17	0.04	0.10	0.10	0.28	0.24
出版物发行	1.54	1.27	1.33	1.36	1.41	1.66
印刷复制	28.27	32.61	35.65	36.37	46.83	51.28

备注：数字出版未纳入上述统计口径。

数据来源：新元文智整理。

三 新闻出版发行行业重点领域投资状况

（一）行业投资的细分领域分布状况

1. 2013年新闻出版发行行业主要细分领域投资产出情况

从2013年新闻出版发行行业的投资产出情况来看，新闻及出版服务和发行服务的投资比例为1：1.125，其中印刷复制投资规模最大，占本行业投资规模的51.28%；从收入和利润角度而言，发行服务的收入占88.45%，利润占80.52%。

表9 2013年新闻出版发行行业主要细分领域投资产出情况

单位：亿元，%

子行业	新闻及出版服务				发行服务	
领域	新闻及报纸出版	图书出版	期刊出版	音像电子出版	出版物发行	印刷复制
投资	1002.36	125.76	43.61	5.99	41.55	1283.17
领域收入	776.70	770.80	222.00	34.90	2710.70	11094.92
利润	87.70	118.60	28.60	6.20	221.10	775.78
投资比重	40.06	5.03	1.74	0.24	1.66	51.28
收入比重	4.98	4.94	1.42	0.22	17.37	71.08
利润比重	7.08	9.58	2.31	0.50	17.86	62.66
行业平均利润率	11.29	15.39	12.88	17.77	8.16	6.99

备注：（1）国家统计局分类口径中，印刷复制属于文化产品生产的辅助生产行业，为统一国家统计局和新闻出版总署的统计口径，此处将印刷复制列入新闻出版发行服务行业统计范围。

（2）数字出版暂未列入统计口径。

数据来源：国家统计局统计年鉴、国家新闻出版广电总局。

2. 2009～2013年新闻出版发行行业的累计投资产出情况

从2009～2013年新闻出版发行行业的累计投资产出情况来看，新闻及出版服务和发行服务的投资比例为1.33∶1，其中新闻及报纸出版领域的累计投资规模最大，占本行业投资规模的50.29%；但是从收入和利润角度而言，发行服务的收入和利润则占79%以上。

表10 2009～2013年新闻出版发行行业主要细分领域累计投资产出情况

单位：亿元，%

子行业	新闻及出版服务				发行服务	
领域	新闻及报纸出版	图书出版	期刊出版	音像电子出版	出版物发行	印刷复制
累计投资	5297.02	487.18	212.52	17.26	149.90	4368.23
领域累计收入	3804.90	3159.40	902.06	158	10949.30	45136.82
累计利润	456.7	480	107.68	22.21	1010.3	3154.58
累计投资比重	50.29	4.63	2.02	0.16	1.42	41.48
累计收入比重	5.93	4.93	1.41	0.25	17.08	70.40
累计利润比重	8.73	9.18	2.06	0.42	19.31	60.30
行业平均利润率	12.00	15.19	11.94	14.06	9.23	6.99

备注：（1）表格中数值为2009～2013年期间累计值。

（2）国家统计局分类口径中，印刷复制属于文化产品生产的辅助生产行业，为统一国家统计局和新闻出版总署的统计口径，此处将印刷复制列入新闻出版发行服务行业统计范围。

（3）数字出版暂未列入统计口径。

数据来源：国家统计局统计年鉴、新闻出版总署。

（二）新闻及出版服务子行业投资状况分析

1. 新闻及报纸出版领域投资状况分析

新闻及报纸出版领域固定资产投资经历了2009～2012年间小步

慢走式的缓慢增长后，在 2013 年出现了较大的增幅；但与此形成对比的是，无形资产投资从 2012 年起，连续两年下滑；进而导致总投资也出现下调的迹象。

表 11　2009～2013 年新闻及报纸出版领域投资状况

单位：亿元，%

年　度	2009 年	2010 年	2011 年	2012 年	2013 年
固定资产投资	19.97	19.67	20.85	22	29.69
无形资产投资	1014.69	1075.94	1094.56	1026.98	972.67
总投资	1034.66	1095.61	1115.41	1048.98	1002.36
固定资产投资增幅	—	-1.50	6.00	5.52	34.95
无形资产投资增幅	—	6.04	1.73	-6.17	-5.29
总投资增幅	—	5.89	1.81	-5.96	-4.44

备注：（1）固定资产投资来源于国家统计局的数据。

（2）无形资产投资是指文字或图片作品的稿酬。

新闻及报纸出版领域投资的波动，显示了该领域发展的瓶颈，具体表现如下。

第一，报纸出版的种类缩减，直接减少了无形资产的投资。报纸的种类呈现逐年下滑的迹象。其中，全国性和省级报纸以及专业性报纸共撤销 11 种，总印张减少 85.17 亿印张。这种缩减能直接引起无形资产投资的波动。

表 12　2008～2013 年新闻及报纸出版领域产品生产状况

项目	2008 年	2009 年	2010 年	2011 年	2012 年	2013 年
出版报纸种类（种）	1943	1937	1939	1928	1918	1915
增幅（%）	0.26	-0.31	0.10	-0.57	-0.52	-0.16
平均期印数（万册）	21155	20837	21438	21517	22762	23695
增幅（%）	2.97	-1.50	2.88	0.37	5.79	4.10

项　目	2008 年	2009 年	2010 年	2011 年	2012 年	2013 年
总印数（亿册）	443	439	452	467	482	482.41
增幅（％）	1.13	-0.86	2.97	3.38	3.18	0.02
总印张（亿印张）	1931	1969	2148	2272	2211	2097.84
增幅（％）	13.51	2.01	9.07	5.77	-2.68	-5.12

数据来源：国家统计局统计年鉴、国家新闻出版广电总局。

第二，阅读和消费习惯的转变，使得该领域投资方式和投资的重点发生变化。随着我国网民数量逐年创出新高，人们获取新闻信息的渠道和习惯均发生变化；与此同时，大众零售渠道的报纸销量出现明显的回落。鉴于此，报业经营者不得不根据外部客观情况调整投资的策略和方式。

表 13　2009~2013 年新华书店系统、出版社自办发行单位的报纸销售情况

单位：亿份，亿元

年　　度	2009 年	2010 年	2011 年	2012 年	2013 年
销售份数	1.24	0.14	0.08	0.18	0.13
销售规模	2.82	1.09	0.57	1.88	1.49

数据来源：国家新闻出版广电总局。

表 14　2010~2013 年我国网民数量统计

单位：亿人

年　　度	2010 年	2011 年	2012 年	2013 年
PC 网民数量	4.57	5.13	5.64	6.18
手机网民数量	3.02	3.55	4.20	5.00

备注：数据为通过公开出版资料收集所得。

第三，传统的商业模式增长乏力，影响资金和资源的分配。传统的新闻报纸出版发行模式为，通过采编部门搜集新闻及对内容进行加工制作，再由印务中心进行纸质印刷，最后通过汽车运输配送至各个销售网点。它的特点如下。

其一，传统的报纸出版发行模式结构脆弱，容易受到纸张、油墨、石油价格、劳动力成本等多重因素影响，降低了其本身的利润。

其二，纸质出版发行方式的信息传输速度远远慢于网络传输。

其三，随着网民的增长，更多的广告客户倾向于通过新媒体的方式投放广告，这导致报纸媒体广告遭遇增长的瓶颈。

而中国广告协会报刊分会、央视市场研究（CTR）媒介智讯联合发布的《中国报纸广告市场分析报告》的数据显示，2013年上半年，报纸广告按刊例价格统计同比降幅急剧扩大到16.4%，环比也下降了2.9%。

表15 2009~2013年新闻及报纸领域的收入和利润状况

单位：亿元

年　度	2009 年	2010 年	2011 年	2012 年	2013 年
收入	627.60	729.40	818.90	852.30	776.70
利润	70.40	100.80	98.60	99.20	87.70

数据来源：新元文智整理。

为应对行业所处的大环境、阅读习惯和销售模式的更替，新闻及报纸出版与其上下游领域投资发生变化，具体表现如下。

变化一：为应对互联网和新媒体的冲击，实力雄厚的报业龙头启动全媒体策略，通过传统的内容采编形成资源数据库，投资打造依附于原有采编部门的线上（即新媒体）线下媒体（传统纸质媒体）。

变化二：小型或区域性质的报业将合并为龙头报业集团或由龙头报业集团进行托管，小型或区域性质的报业与龙头报业集团实现资源共享。

变化三：随着报纸种类的收缩、报业单位之间合并和托管，报纸领域的无形资产（即文字作品报酬）将可能形成新的格局，影响到对采编人员的素质要求、文字作品的质量和数量、采编作品的报酬等。

2. 图书出版领域投资状况分析

图书出版领域投资呈现稳步增长的良好势头。2013 年总投资为 125.76 亿元，增长 14.91%，其中固定资产投资增长 53.15%，无形资产投资增长 8.95%。新增 2 家出版社，全国出版社数量增长至 582 家。2013 年，出版图书品种为 444427 种，增长 7.35%，其中初版 255981 种，增长 5.78%，重版、重印 188446 种，增长 9.55%。

表 16　2009～2013 年图书出版领域投资状况

单位：亿元，%

年　度	2009 年	2010 年	2011 年	2012 年	2013 年
固定资产投资	6.57	8.57	9.08	14.77	22.62
无形资产投资	67.84	74.88	85.04	94.67	103.14
总投资	74.41	83.45	94.12	109.44	125.76
固定资产投资增幅	—	30.44	5.95	62.67	53.15
无形资产投资增幅	—	10.38	13.57	11.32	8.95
总投资增幅	—	12.15	12.79	16.28	14.91

备注：（1）固定资产投资数据来源于国家统计局。

（2）无形资产投资是指文字或图片作品的稿酬。

表 17　2009～2013 年图书出版领域产品生产状况

项目	2009 年	2010 年	2011 年	2012 年	2013 年
图书出版社数量(家)	580	581	580	580	582
增长率(%)	0.17	0.17	-0.17	0.00	0.34
出版图书种类(种)	301719	328387	369523	414005	444427
增长率(%)	9.45	8.84	12.53	12.04	7.35
总印数(亿册)	70	72	77	79	83.1
增长率(%)	1.46	1.90	7.45	2.86	4.86
总印张(亿印张)	566	606	635	667	712.58
增长率(%)	0.85	7.22	4.65	5.12	6.84

数据来源：国家统计局统计年鉴、国家新闻出版广电总局。

3. 期刊出版领域投资状况分析

期刊出版领域投资经历了 2012 年的回落后，在 2013 年出现小幅度的回升。期刊出版领域 2013 年总投资为 43.61 亿元，增长 2.54%，其中固定资产投资增长 43.48%，无形资产投资增长 1.86%。期刊种类增加了 10 种，总量达 9877 种。虽然期刊的总印张和印制的册数有所下降，但是受益于种类的增加和无形资产投资的增加，期刊出版领域的收入和利润也有小幅度的增长。

表 18　2009～2013 年期刊出版领域投资状况

单位：亿元，%

年　　度	2009 年	2010 年	2011 年	2012 年	2013 年
固定资产投资	2.97	1.8	2.97	0.69	0.99
无形资产投资	37.51	40.29	41.89	41.84	42.62
总投资	40.48	42.09	44.86	42.53	43.61
固定资产投资增幅	28.57	−39.39	65.00	−76.77	43.48
无形资产投资增幅	8.07	7.41	3.97	−0.12	1.86
总投资增幅	9.35	3.98	6.58	−5.19	2.54

备注：（1）固定资产投资数据来源于国家统计局。

（2）无形资产投资是指文字或图片作品的稿酬。

表 19　2009～2013 年期刊出版领域产品生产状况

项目	2009 年	2010 年	2011 年	2012 年	2013 年
出版期刊种类（种）	9851	9884	9849	9867	9877
增长率（%）	4.14	0.33	−0.35	0.18	0.10
平均期印数（万册）	16457	16349	16880	16767	16453
增长率（%）	−1.85	−0.66	3.25	−0.67	−1.87
总印数（亿册）	31.53	32.15	32.85	33.5	32.72
增长率（%）	1.55	1.97	2.18	1.98	−2.33
总印张（亿印张）	166	181	193	196	194.7
增长率（%）	5.23	8.91	6.45	1.70	−0.66

数据来源：国家统计局统计年鉴、国家新闻出版广电总局。

表20 2009~2013年期刊出版领域单种期刊收益情况分析

单位：万元

项目	2009年	2010年	2011年	2012年	2013年
期刊种类	9851	9884	9849	9867	9877
领域收入	146.00	150.60	162.60	220.86	222.00
领域利润	40.48	42.09	44.86	42.53	43.61
单种期刊平均投资	41.09	42.58	45.55	43.10	44.15
单种期刊平均收入	148.21	152.37	165.09	223.84	224.76
单种期刊平均利润	41.09	42.58	45.55	43.10	44.15

备注：利润和收入数据来源于国家统计局统计年鉴、国家新闻出版广电总局。

4. 音像制品与电子出版物领域投资状况分析

2011年音像制品与电子出版物领域投资有较大幅度增长，该年度共新增17家电子出版物出版单位，改变了音像制品与电子出版物经营单位的比重；虽然在2012~2013年，该领域的投资与2011年相比出现回落，但是得益于经营单位的比重的调整，该领域的利润率得到明显提高。

表21 2009~2013年音像制品与电子出版物领域投资收益情况

单位：亿元，%

项目	2009年	2010年	2011年	2012年	2013年
固定资产投资	0.77	1.93	9.34	6.52	5.99
投资增幅	−71.38	150.65	383.94	−30.19	−8.16
领域收入	25.7	27.6	32.3	37.5	34.9
收入增幅	6.63	7.39	17.03	16.10	−6.93
利润	2.9	3.4	4.1	5.7	6.2
利润增幅	7.62	17.24	20.59	36.77	10.57
领域利润率	11.28	12.32	12.69	15.20	17.77

数据来源：国家统计局统计年鉴、国家新闻出版广电总局。

表 22　2009～2013 年音像出版单位与电子出版单位数量情况

单位：家

项目	2009 年	2010 年	2011 年	2012 年	2013 年
音像出版单位数量	380	374	369	369	370
电子出版单位数量	250	251	268	268	273
领域出版单位总数	630	625	637	637	643

数据来源：国家统计局统计年鉴、国家新闻出版广电总局。

（三）发行服务子行业投资状况分析

1. 出版物发行领域投资状况分析

近年来，出版物发行领域总投资规模和单个网点的平均投资规模稳步上升，不过发行网点并未增加反而减少。在投资的推动下，总体收入和利润以及单个网点的平均收入和利润均出现了明显的增长，但是行业的利润率并未有较为明显的提高。

表 23　2009～2013 年出版物发行领域投资情况

项目	2009 年	2010 年	2011 年	2012 年	2013 年
固定资产投资（亿元）	22.04	25.90	27.46	32.95	41.56
投资增幅（%）	-10.04	17.51	6.02	19.99	26.13
发行网点数量（个）	160407	167882	168586	172633	172447
单个网点投资规模（万元）	1.37	1.54	1.63	1.91	2.41

数据来源：国家统计局统计年鉴、国家新闻出版广电总局。

表 24　2009～2013 年出版物发行领域单个网点收入及利润情况分析

项目	2009 年	2010 年	2011 年	2012 年	2013 年
收入（亿元）	1759	1899	2163	2419	2711
利润（亿元）	201	207	185	196	221
单个网点平均收入（万元）	109.63	113.09	128.30	140.11	157.19
单个网点平均利润（万元）	12.55	12.32	10.98	11.35	12.82

数据来源：国家统计局统计年鉴、国家新闻出版广电总局。

2. 印刷复制领域投资状况分析

印刷复制领域继续保持投资、收入及利润稳步增长的势头。2013年印刷复制领域固定资产投资 1283.17 亿元，增长 17.44%；收入11094.92 亿元，增长 7.09%；利润 775.78 亿元，增长 7.48%。

表 25　2009～2013 年印刷复制领域投资收益情况

单位：亿元，%

项目	2009 年	2010 年	2011 年	2012 年	2013 年
固定资产投资	567.37	691.8	733.31	1092.58	1283.17
投资增幅	26.12	21.93	6.00	48.99	17.44
领域收入	6457.90	7918.10	9305.40	10360.50	11094.92
收入增幅	5.00	22.61	17.52	11.34	7.09
领域利润	464.00	578.40	614.60	721.80	775.78
利润增幅	5.00	24.66	6.26	17.44	7.48
领域利润率	7.18	7.30	6.60	6.97	6.99

数据来源：国家统计局统计年鉴、国家新闻出版广电总局。

（四）数字出版领域投资状况分析

数字出版领域收入和利润继续攀升，新型数字化内容服务收入增长迅猛，2013 年数字出版实现营业收入 2540.4 亿元，增长 31.25%，占全行业营业收入的 14%；行业利润为 199.42 亿元，增幅为31.24%。电子书、互联网期刊与数字报纸营业收入增速为 7%；而在线营业与网络动漫营业收入则增长 1.5 倍，表现出迅猛的发展趋势。

数字出版产业基地（园区）快速发展，18 家报送数据的国家新闻出版产业基地共实现营业收入 1026.4 亿元，利润 142.2 亿元。

表 26 2009～2012 年数字出版领域收益情况

单位：亿元，%

项目	2009 年	2010 年	2011 年	2012 年	2013 年
领域收入	799.40	1051.80	1377.90	1935.50	2540.4
收入增幅	50.65	31.57	31.00	40.47	31.25
行业利润	63.91	89.10	106.70	151.95	199.42
利润增幅	60.58	39.41	19.75	42.41	31.24
领域利润率	7.99	8.47	7.74	7.85	7.85

数据来源：国家统计局统计年鉴、国家新闻出版广电总局。

四 新闻出版发行行业投资趋势和机会

（一）新闻出版发行行业投资趋势

1. 创作将可能成为新的投资对象，无形资产投资将出现快速增长

随着书号总量控制被取消，回收创作作品投资的限制得到进一步的消除，作品创作人和发行人创作和发行作品的动力将得到释放；随着书号限制的松绑，国家提高文字作品的报酬，并进一步完善创作作品的保护机制，作品创造也将成为投资者投资的对象。不远的将来，新闻出版发行行业无形资产投资将会出现快速的增长。

2. 科技将成为新闻出版行业的投资和行业商业模式变革的重大影响因素

随着网络（包括移动互联网）技术发展的深入、人们的阅读习惯和消费模式的变化，新闻出版发行行业传统出版的发行模式也将悄然转变；建立在网络技术平台上的数字化信息传输模式，将在行业中逐渐扮演重要的角色。具有前瞻性的资本及抗风险能力较强的资本将竞逐新的商业模式，推动行业的变革和升级。

3. 现有的新闻出版资源将通过相关重组的手段进行整合

随着原新闻出版总署与原广电总局的合并，在行政管理和行业监督上，原来该两个部门管辖的业务将得到统筹规划，细分行业之间的壁垒将会得到突破。原有的资源也将随着部门的合并，通过技术、组织结构、资本的加入和调整，而进行局部的重组，形成行业新的发展格局。而资本不限于股权投资或以借贷的方式加入重组中来，它将会以更丰富的金融产品形式切入到行业中来，并且将起着更重要的主导或者糅合的作用。

（二）新闻出版发行行业投资机会

1. 进入门槛降低及行业松绑带来的投资机会

在国家深化改革、简政放权的管理理念指导下，行业的众多行政审批事项被取消或简化相关的手续；同时作为图书出版管理的总阀——书号总量控制被取消，行业资金进入的门槛得到较大程度的降低，将为投资者带来投资机会。

2. 产业资源整合带来的投资机会

政府管理部门的合并，为新闻出版发行行业和广播影视行业的融合发展拉开序幕。报纸、期刊、图书、音像制品、电子出版物、数字出版业务和印刷复制、发行等资源，将可能通过云技术及数字化手段实现资源共享、产业互补、行业边界扩展，并进行全产业链发展，将为投资者带来广阔的投资空间。

3. 产业升级,商业模式革新带来的投资机会

科技已成为产业升级、商业模式革新的关键因素。在科技的推动下，新闻信息资源共享的大数据平台、高速的无线资讯传输、社交化阅读和信息交流传播等新型的行业运转模式和商业模式，将吸引资本的涌入。

五　新闻出版发行行业投资政策建议

（一）进一步破除基于原有管理体制的壁垒和障碍，加快行业市场化的步伐，创造具有行业投资吸引力的经营环境

划分好新闻出版事业与产业之间的范畴，打破原有的不符合行业市场化发展的管理体制，加快推动新闻出版产业的市场化运作，继续扩大简政放权的范围，增强行业发展的活力，创造具有行业投资吸引力的经营环境。

（二）加大公共资源和配套服务投入，为资本的引导、放大效应创造条件

加大行业的公共资源和基础配套服务投入，特别是对产业升级转型所需的基础技术配置和资本进入产业后需要的各种配套服务而言；同时在税收、行政审批环节给予新型或新兴的业态优惠、鼓励及支持，发挥投资资本的引导和放大效应。

（三）加强对文字及内容创作作品的保护，促进以文字及内容创作作品为载体的无形资产投资

文字及内容创作作品是新闻出版发行行业的核心和灵魂，2013年出台的《教科书法定许可使用作品支付报酬办法》确立了教科书使用作品的报酬标准和支付方式，开始逐步扩大文字作品保护的范

围。下一步，除了继续扩大文字作品保护范围外，国家应着手制定文字及内容创作作品保护的监督措施，设立知识产权侵权投诉和保护机制和部门，促进以文字及内容创作作品为载体的无形资产投资。

附录一　2013年新闻出版发行行业投资政策汇总

表 27　2013 年新闻出版发行行业投资政策汇总

序号	颁发部门	政策名称	主要投资促进举措
1	国务院	《国务院关于取消和下放一批行政审批项目等事项的决定》	3 项行政审批项目被取消,5 项行政审批项目由国家新闻出版广电总局审批下放至省级新闻出版广电行政部门,降低行业准入门槛,简化行政审批手续
2	国务院	《国务院关于取消和下放 50 项行政审批项目等事项的决定》	
3	国务院	《国家新闻出版广电总局主要职责内设机构和人员编制规定》	多项审批被取消或下放至省一级的新闻出版广电行政管理部门,同时取消书号的总量控制职能
4	新闻出版广电总局	《2013 年新闻出版行业改革发展工作要点》	着眼体制改革,孕育良好的行业投资环境,强调建设新闻出版发行行业资本市场格局
5	国家版权局、国家发改委	《教科书法定许可使用作品支付报酬办法》	首次确立了教科书使用作品的报酬标准和支付方式

附录二　相关数据推算依据

根据《出版文字作品报酬规定》，文字作品报酬的规定如下：

原创作品：每千字 30 ~ 100 元；演绎作品：改编每千字 10 ~ 50 元，汇编每千字 3 ~ 10 元，翻译每千字 20 ~ 80 元。

支付报酬的字数按实有正文计算，即以排印的版面每行字数乘以全部实有的行数计算，末尾排不足一行或占行题目的，按一行计算。

诗词每 10 行作一千字计算。每一作品不足 10 行的按 10 行计算。

版税按照出版者以图书定价 × 发行数 × 版税率的方式向作者付酬。

版税率：原创作品 3% ~ 10%，演绎作品 1% ~ 7%。

同时结合各年度出版物印制的册数和纸张数进行推算。

报纸的文字稿酬按 2000 元/版面计算。

图书版税按照 8% 计算。

期刊出版按照每版面 3000 字，65 元/千字计算。

广播电影电视行业投资分析报告

摘　要： 我国广播电影电视行业可划分为广播电视服务和电影、影视录音服务两大领域。从总投资角度看，广播电视服务和电影、影视录音服务两大领域的投资均在持续增长。广播电影电视行业投资分析报告主要对广播电影电视行业的投资政策、投资状况、重点投资领域、投资趋势、投资机会进行分析，最后给出广播电影电视行业的投资建议。

关键词： 广播影视　渠道建设　产业融合　体制改革

前　言

2013 年，广播电影电视行业改革正式步入深水区，多项具有重大影响的改革措施出台，包括原广电总局与新闻出版总署合并，取消广播电视传输网络公司股权性融资审批，取消一般题材影片的剧本审查等；多重利好政策大力支持和推动行业投资的攀升；虽然 2013 年国家在电视剧、电影制作环节实行以产量换质量、换效益的方针政策，

233

电视剧和电影的产量出现回落，但收入继续保持快速增长的良好势头。

第一，广播影视公共服务建设方面。广播影视公共服务覆盖面继续扩大。截至2013年，全国广播节目及电视节目综合人口覆盖率分别为97.79%和98.42%，同比增加0.28个和0.22个百分点。全国共设立广播电视播出机构2568个，其中广播电台153个，电视台166个，教育电视台42个，广播电视台2207个（含县级广播电视台1996座）。全国付费频道频率共135个，其中电视频道127个、广播频率8个。

第二，广播电视产业发展方面。2013年，全国广播影视总收入（含财政补助收入）3952.57亿元，同比增长14.92%。广播电视总收入（含财政补助收入）达3734.88亿元，同比增幅达14.26%。广播电视广告全年实现收入1387.01亿元，同比增长9.19%。有线网络产业收入745.91亿元，同比增长14.21%。2013年，全国共生产制作广播节目739.12万小时，电视节目339.78万小时，同比涨幅分别为2.82%和－1.12%。生产制作完成并获得发行许可证的电视剧总计441部15770集，同比分别下滑12.85%和10.92%。制作完成国产电视动画358部共20.47万分钟。

第三，电影产业发展方面。2013年全国电影总票房达217.69亿元，同比增长27.51%，全年新增电影院331家，总数达3831家；新增银幕5077块，总数达18195块。电影总产量达824部（其中故事片产量638部），其中院线上映国产电影增加至326部，故事片上映率首次突破50%。

第四，广播影视数字化和现代传播体系建设方面。2013年全国广播电视向数字化、网络化、融合化加速发展，形成国内国外相结合、无线有线互联网多种手段并用、监管等日益完善的传输覆盖体系。2013年底，广播影视数字化水平明显提升，有线广播电视用户

2.29 亿户，入户率达到 54.14%，数字电视用户 1.72 亿户，占有线广播电视用户的 75.11%。

第五，行业投资方面。2013 年广播电影电视行业总投资为 3951.97 亿元，创本行业投资的最高水平，投资总额同比增幅为 10.93%；其中固定资产投资 311.09 亿元，同比增幅为 28.12%；内容制作方面投资 3640.86 亿元，同比增幅为 9.68%。

一 广播电影电视行业投资政策分析

（一）取消多项资金类的行政审批，促进资金进入产业

2013 年，国家在促进资金进入广播电影电视产业方面做出了有利的政策调整，取消多项资金类的行政审批，包括取消影视互济专项资金使用审批、取消军队协助拍摄电影片军事预算审批、取消广播电视传输网络公司股权性融资审批，疏导资金进入产业的渠道。

（二）逐步为外资及国外人员参与国内影片制作松绑

2013 年，国家出台相关的通知［包括《国家新闻出版广电总局主要职责内设机构和人员编制规定》（国办发〔2013〕76 号）和《国务院关于取消和下放一批行政审批项目等事项的决定》（国发〔2013〕19 号）］，取消及下放境内外合作制作电影部分相关环节的行政审批，为外资及国外人员参与国内影片制作松绑，详细内容如下。

第一，取消电影洗印单位接受委托洗印加工境外电影底片、样片和电影片拷贝审批。

第二，取消中外合作摄制电影片所需进口设备、器材、胶片、道

具审批。

第三，将国外人员参与制作的国产电视剧审查职责下放到省级新闻出版广电行政部门。

（三）电影审查的尺度逐步放宽，为电影投资的"宽进"创造条件

《国家新闻出版广电总局主要职责内设机构和人员编制规定》（简称《三定规定》）明文取消一般题材电影剧本审查，实行梗概公示制度。虽然《三定规定》并未详细明确何为一般题材，但是该规定体现出国家在逐步对电影行业的行政限制松绑，为电影投资的"宽进"创造条件。

（四）政策分析小结

2013年广播影视行业的投资政策侧重点非常明确，从体制管理、资金和预算管理、融资管理、行业运作管理等多方面着手松绑，迈开了行业体制实质性改革的步伐；虽然部分改革政策的落地仍需要进一步细化指引和出台相关的操作细则，但随着国家开始以开放务实的态度看待产业发展，投资政策也将会在循序渐进中为投资者创造良好的环境。

二 广播电影电视行业投资状况分析

（一）政策松绑对投资促进作用明显，行业投资保持良好的增长势头

2013年投资政策的松绑，对行业的投资促进作用明显，特别是

取消广播电视传输网络公司股权性融资审批，取消中外合作摄制电影片所需进口设备、器材、胶片、道具审批等举措，有力地推动了行业固定资产投资的增长。2013 年广播电影电视行业固定资产投资311.09 亿元，增长幅度达 28.12%。

国家在 2012 年下半年已经着手控制电视剧的产量［原广电总局电视剧管理司副司长王卫平在 2012 年秋季（第十一届）首都电视节目推介会上表示，电视剧产量过剩让人担忧，广电总局将在下月提出减少产量、推出精品的发展要求］，实施以产量换质量的政策。虽然在以产量换质量的政策方针指导下，2013 年电视剧和电影的产量双双出现下降，但是内容制作的投资额度持续攀升；2013 年广播电影电视行业内容制作投资 3640.87 亿元，增长幅度达 9.68%。

具体投资数据如表 1 所示。

表 1　2009～2013 年广播电影电视行业投资概况

单位：亿元，%

年　度	2009 年	2010 年	2011 年	2012 年	2013 年
固定资产投资总额	166.3	205.64	178.28	242.82	311.09
内容制作投资总额	2250.77	2484.10	2541.58	3319.62	3640.87
投资总额	2417.07	2689.74	2719.86	3562.44	3951.96
固定资产投资增幅	9.57	23.66	-13.30	36.20	28.12
内容制作投资增幅	3.92	10.37	2.31	30.61	9.68
总投资增幅	4.29	11.28	1.12	30.98	10.93

备注：（1）统计范围为广播、电视、电影的制作发行和放映。

（2）固定资产投资数据来源于国家统计局统计年鉴、国家固定资产投资统计年鉴。

（3）内容制作投资数据根据国家统计局统计年鉴、广电总局研究中心的数据进行推算。

在以产量换质量、产量换效益的政策方针影响下，广播电影电视行业内的投资类型结构出现了小幅度的变化，内容制作投资和固定资产投资比例跌破 12∶1 的水平。

表 2　内容制作投资与固定资产投资比重

单位：%

年　度	2009 年	2010 年	2011 年	2012 年	2013 年
内容制作投资比重	93.12	92.35	93.45	93.18	92.13
固定资产投资比重	6.88	7.65	6.55	6.82	7.87
内容制作和固定资产投资比例	13.53	12.08	14.26	13.67	11.70
固定资产投资增幅	9.57	23.66	− 13.30	36.20	28.12
内容制作投资增幅	3.92	10.37	2.31	30.61	9.68

数据来源：新元文智整理。

（二）近三年行业收入首次低于行业投资，投资资金效益体现得不明显

2013 年广播电影电视行业收入 3734.88 亿元，增幅为 7.42%，为近 5 年来最低的增幅；同行业投资 3951.97 亿元相比，出现了行业收入低于行业投资的情况，意味着行业投资的资金相当一部分未能通过运营转化为收入，投资资金在当前的效益体现得不明显。

表 3　2009～2013 年广播电影电视行业收入概况

单位：亿元，%

年　度	2009 年	2010 年	2011 年	2012 年	2013 年
行业总投资	2417.07	2689.74	2719.86	3562.44	3951.97
行业收入（含财政收入）	1959.50	2459.08	2894.79	3699.93	3734.88
收入增幅（含财政收入）	17.46	25.50	17.72	27.81	7.42
投资收益比（含财政收入）	0.81	0.91	1.06	1.04	0.95

备注：（1）统计范围为广播、电视、电影的制作发行和放映。

（2）数据来源于国家统计局统计年鉴、国家固定资产投资统计年鉴、广电总局研究中心。

（3）投资收益比 = 行业投资/行业收入。

三　广播电影电视行业重点领域投资分析

（一）行业投资的细分领域分布概况

我国广播电影电视行业可划分为广播电视服务和电影、影视录音服务两大领域。

从总投资角度看，广播电视服务和电影、影视录音服务两大领域的投资均在持续增长，但是各领域硬软件的投资状况出现此起彼伏的趋势。

1.固定资产投资概况

我国广播节目及电视节目综合人口覆盖率分别达到97.79%和98.42%，传统的有线广播电视网络渠道已经实现基本覆盖；随着广播电视向数字化、网络化、融合化加速发展，广播电视信号传输方式将得到升级，原有的传统固定资产及设施将面临投资收缩甚至淘汰的局面。广播电视的固定投资额度的增长并不明显。

电影、影视录音服务领域，受到国内电影市场消费力释放的影响，院线和电影院快速扩张，2013年，国内新增院线2条，新增电影院331家，新增银幕数量5077块，投资额度快速创新高，并远远超越广播电视领域的固定资产投资额。

2.内容制作方面投资

广播电影电视行业内容制作方面的投资经历了2012年的井喷后，增速明显放缓。一方面，在国家以产量换质量、效益的方针下，电视剧和电影的产量双双回落；另一方面，经历了近几年大手笔、大制作的投入后，影视制作人和投资人逐步回归理性。

**图1　2009～2013年我国广播电影电视行业细分领域
固定资产投资分布情况**

数据来源：国家固定资产投资统计年鉴。

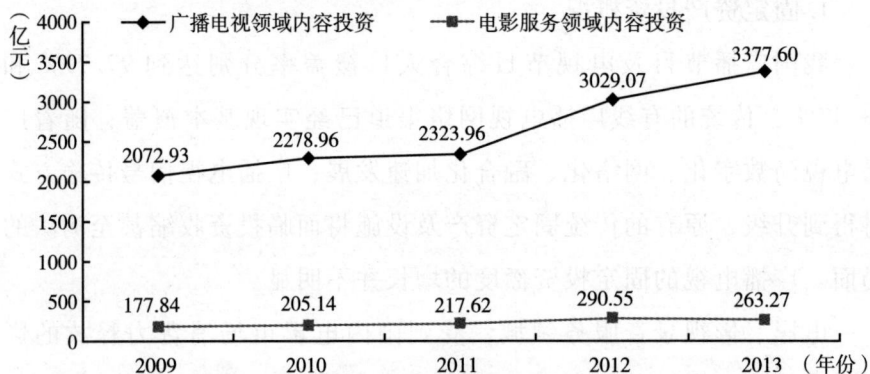

**图2　2009～2013年我国广播电影电视行业细分领域
内容制作投资分布情况**

数据来源：国家统计局统计年鉴、广电总局及相关推算。

（二）广播电视领域投资状况分析

广播电视领域投资分为渠道建设和内容生产两方面，渠道建设主要包括广播电视干线、制播转播设备的投资建设；内容生产是指广播电视传播的节目内容的生产制作。

随着广播电视向数字化、网络化、融合化加速发展，广播电视信号传输方式将得到升级，原有的传统固定资产及设施将面临投资收缩甚至淘汰的局面。虽然有线传输干线仍保持稳定的增长，但是中短波转播发射台增幅收窄，同时调频转播发射台、电视转播发射台和微波实有站在进一步减少。

表4 2009~2013年广播电视渠道建设投资情况

项目	2009年	2010年	2011年	2012年	2013年
新增固定资产投资(亿元)	131.78	154.35	116.43	113.68	116.02
有线传输干线(万公里)	333.36	356.34	369.73	376.12	381.59
中短波转播发射台(座)	809	822	827	849	850
调频转播发射台(座)	12100	11604	11403	11396	10334
电视转播发射台(座)	17700	15965	15397	14843	13365
微波实有站(座)	2591	2376	2497	2421	2207

数据来源：国家固定资产投资统计年鉴、国家统计局统计年鉴、广电总局。

电视节目制作和投资出现普遍的回落，新闻资讯、专题服务、综艺益智甚至是广告类电视节目制作时间出现负增长；虽然广播（影视）类节目的制作和投资仍保持较明显的增长，但是电视节目制作的时间同比仍下滑。

表5 2009~2013年电视节目制作情况

单位：小时

项目	2009年	2010年	2011年	2012年	2013年
新闻资讯	675885	719680	802377	886905	866756
专题服务	611352	640857	775565	892521	854124
综艺益智	402677	407849	416289	483174	464977
广播（影视）	66899	93536	75452	163348	201117

续表

项目	2009 年	2010 年	2011 年	2012 年	2013 年
广告类	544038	526839	508294	555192	542823
其他类	352701	354188	372515	455161	468035
小　计	2653552	2742949	2950492	3436301	3397832

数据来源：国家固定资产投资统计年鉴、国家统计局统计年鉴、广电总局。

表6　2009～2013年电视节目投资情况

单位：亿元

项目	2009 年	2010 年	2011 年	2012 年	2013 年
新闻资讯	238.59	254.05	283.24	313.18	305.97
专题服务	465.85	488.33	590.98	680.43	650.84
综艺益智	306.84	310.78	317.21	368.36	354.31
广播（影视）	387.41	541.67	436.94	945.95	1322.55
小　计	1398.69	1594.83	1628.37	2307.92	2633.67

备注：（1）根据相关电视台经营数据推算，新闻资讯类节目制作平均投入为3.53万元/小时，专题服务和综艺益智类节目制作平均投入为7.62万元/小时。

（2）结合华策影视、华谊兄弟、新文化等多家上市影视企业年报数据统计推算，及国家新闻出版广电总局发展研究中心《中国广播电影电视发展报告（2014）》关于电视剧总投资数据，推算广播（影视）节目制作平均投入为65.76万元/小时。

（3）广告类及其他的投资不纳入统计范围。

随着新兴的以互联网为载体、视听制作为手段的传播方式的渗透，虽然广播节目制作和投资仍保持一定的增长，但是广告的制作出现了首次的缩减。

表7　2009～2013年广播节目制作情况

单位：小时

项目	2009 年	2010 年	2011 年	2012 年	2013 年
新闻资讯	1166848	1216632	1295019	1333084.08	1397353
专题服务	1900995	1955180	2016386	2044072.83	2091787
综艺益智	1957358	1942828	1905916	1973796.07	1976162

项目	2009 年	2010 年	2011 年	2012 年	2013 年
广播(影视)	90735	80181	119476.8	140492.85	178163
广告类	782757	775931	766462.8	796009.45	785278
其他类	817807	843474	833698.7	900789.783	962502
小　计	6716500	6814226	6936960	7188245.07	7391245

数据来源：国家固定资产投资统计年鉴、国家统计局统计年鉴、国家新闻出版广电总局。

表 8　2009~2013 年广播节目投资情况

单位：亿元

项目	2009 年	2010 年	2011 年	2012 年	2013 年
新闻资讯	68.84	71.78	76.41	78.65	82.44
专题服务	241.43	248.31	256.08	259.60	265.66
综艺益智	248.58	246.74	242.05	250.67	250.97
广播(影视)	11.52	10.18	15.17	17.84	22.63
其他类	103.86	107.12	105.88	114.40	122.24
小　计	674.23	684.13	695.59	721.16	743.94

备注：（1）以相关广播节目投资成本为电视节目投资成本的 1/6 为计算基础。
（2）广告类投资不纳入统计范围。

（三）电影和影视录音服务领域投资状况分析

1. 渠道建设方面投资分析

电影和影视录音服务领域的渠道建设投资随着国内电影市场消费力进一步释放而增长迅速，2013 年电影院和电影银幕固定资产投资 195.08 亿元，与 2012 年相比增幅为 54.04%。在投资的推动下，国内新增电影院 331 家，新增银幕数量 5077 块，其中电影银幕近四年来每年增幅均在 30% 以上。

表9 2009～2013年电影院、银幕投资和行业收入情况

项目	2009年	2010年	2011年	2012年	2013年
固定资产投资（亿元）	34.52	51.29	61.85	126.64	195.08
票房收入（亿元）	62.06	101.72	131.15	170.73	217.69
影院数量（家）	1687	1820	2803	3500	3831
银幕数量（块）	4723	6256	9286	13118	18195
固定资产投资增幅（%）	26.54	48.58	20.59	104.75	54.04
票房收入增幅（%）	42.96	63.91	28.93	30.18	27.51
影院数量增幅（%）	9.19	7.88	54.01	24.87	9.46
银幕数量增幅（%）	15.28	32.46	48.43	41.27	38.70

数据来源：国家统计局统计年鉴、国家新闻出版广电总局。

受益于电影院和银幕数量的扩张，电影票房收入再创新高；同时多影厅影院的增多，使得单个电影院的平均票房收入也创出新高。但是与此同时，单个银幕的平均票房收入则继续下滑。详见表10。

表10 2009～2013年电影院固定资产投资和平均收入情况

项目	2009年	2010年	2011年	2012年	2013年
单个影院平均银幕（块）	2.80	3.44	3.31	3.75	4.75
单个影院平均票房（亿元）	0.0368	0.0559	0.0468	0.0488	0.0568
单个影院平均票房增幅（%）	30.93	51.93	-16.28	4.25	16.49
单个银幕平均票房	0.0131	0.0163	0.0141	0.0130	0.0120
单个银幕平均票房增幅（%）	24.01	23.74	-13.14	-7.85	-8.07

数据来源：国家统计局统计年鉴、国家新闻出版广电总局。

2. 电影制作方面投资分析

2013 年，国产电影（指故事片，未作说明的均指故事片）制作出现了首次回落，但是国产电影放映的数量出现了小幅度的增长；同时，在电影院线、电影院及银幕继续扩张的支持下，国产电影上映率首次超过 50% 。虽然仍有近 50% 的电影未能进入国内电影院放映，但是上映的 326 部电影却贡献了 127.67 亿元的票房收入；国产电影票房收入增幅为 53.82% ，远远超过电影放映数量的增幅。其中单部国产电影平均票房收入为 0.39 亿元，与 2012 年的 0.26 亿元相比出现明显的增长。

表 11　2009～2013 年国内电影收入状况

项目	2009 年	2010 年	2011 年	2012 年	2013 年
国产电影制作数（部）	456	526	558	745	638
国产电影放映数（部）	140	260	247	315	326
国产电影上映率（%）	30.70	49.43	44.27	42.28	51.10
综合收入（亿元）	106.65	157.21	177.47	223.00	—
票房收入（亿元）	62.06	101.72	131.15	170.73	217.69
国产电影票房（亿元）	35	58	70	83	127.67
进口电影票房（亿元）	29	44	61	87	90.02
国产电影票房比重（%）	56.40	57.02	53.37	48.61	58.65
单部国产电影平均票房收入（亿元）	0.25	0.22	0.28	0.26	0.39
单部国产电影平均票房增幅（%）	19.23	-10.77	27.04	-7.02	48.63

备注：（1）国产电影上映率 = 国产电影放映数/国产电影制作数。

（2）国产电影票房比重 = 国产电影票房/票房收入。

（3）单部国产电影平均票房收入 = 国产电影票房/国产电影放映数。

（4）电影制作数是指故事片的制作数量。

（5）其他数据来源于国家统计局、广电总局。

2013 年，虽然国产电影制作的数量出现回落，但这是"量降质升"的一个良好结果；而且电影制作投资也趋于理性。

受 2012 年多部电影小投入高回报的影响，2013 年电影投资制作不再盲目追求以大投入、大手笔、大制作换取票房；从受众的心理诉求出发，以中小成本投入制作，也能取得良好的票房与口碑。2013 年超过 2 亿元票房的 16 部电影当中，7 部的投资不超过 6000 万元（《致青春》《合伙人》《无人区》《北京遇上西雅图》《小时代 1》《小时代 2》《厨子戏子痞子》），以单部 3850 万元的平均制作成本取得了平均 4.4 亿元/部的票房。

表 12　2009～2013 年国内电影投资制作状况

项目	2009 年	2010 年	2011 年	2012 年	2013 年
国产电影制作数(部)	456	526	558	745	638
国产电影制作投资（亿元）	177.84	205.14	217.62	290.55	263.27
投资增幅(%)	12.32	15.35	6.08	33.51	-9.39

数据来源：新元文智整理。

四　广播电影电视行业投资趋势和机会

（一）广播影视行业投资趋势

1. 电影院及银幕数量将持续扩张，逐步提高国产电影的上映率

虽然中国电影家协会第九次全国代表大会上讨论的数据显示，2013 年全国电影院平均上座率仅为 15%；但是我国电影票房近十年

有年均30%的增长率，且人们平均每年电影观影次数仅为0.4次，国内电影市场仍有强劲的发展潜力和广阔的增长空间，这将促进电影院和银幕数量的持续扩张。同时，随着更多精品电影的出现，市场对于电影院渠道发行的诉求也日益增加；电影院线将通过合理排映，逐步提高国产电影的上映率。

2. 在以产量换质量、效益的管理模式下，影视作品的产量增速放缓，但是投资者将更注重作品的质量和市场效益

2013年国内影视作品出现"以产量换质量"的成功换挡势头，影视作品的产品虽然增速放缓，但是产业的收益稳步上升。另外，影视作品（特别是电影作品）投资出现回归理性的趋势，不再盲目追求大制作。在票房收入前十的电影当中仅仅4部电影的投资超过1亿元；同时有4部电影的投资低于5000万元；而《小时代1》更以2000万元的投资赢得了4.83亿元的票房。未来，影视作品创作将会更注重作品的质量，通过的作品高质量赢得市场效益。

3. 产业融合投资加速，视听新媒体格局即将形成

产业融合投资将改变行业的格局和商业模式，促进产业升级。2013年，华策影视通过收购上海克顿文化传媒和入股上海最世文化，大跨步实施其"文化＋影视"平台的战略；奥飞动漫通过收购资讯港、广东原创动力以及手机游戏公司——方寸科技和爱乐游，从原来的玩具公司发展壮大成为拥有制作能力、播出渠道、玩具生产和游戏开发线等的全产业链运营动画公司。通过产业链的融合，相关的内容资源得以共享，实现了资源优势互补利用，能充分发挥不同产业的特点和优势；同时传统的广电媒体也加快新媒体发展的步伐，将成为全媒体机构，播出机构实现网络化、平台化、社交化运营；通过融合发展推动产业升级。未来，产业链融合和传统媒体与新媒体融合将成为投资界的重要趋势。

（二）广播影视行业投资机会

1. 产业融合及产业升级带来的投资机会

产业融合包括纵向融合和横向融合。纵向融合是指产业上下游的融合，如电影制作与发行、放映环节的融合；横向融合是产业之间的融合，如影视产业与玩具、游戏等产业的融合。随着原新闻出版总署与广电总局的合并，两大传统媒体产业之间的管理隔阂已经开始消除，政策的出台将更有利于相关产业的融合；同时通过产业融合带动传统产业的升级。

2. 电影市场火热带来的周边产业投资机会

未来，电影市场将延续火热的发展趋势，电影制作、发行、放映等环节的配套设施和服务将受惠于此。例如，随着网络技术的发展、电子支付的广泛应用，电子票务、网上选座等将受到追捧；随着新型社交媒体的诞生，电影将通过微信、微博等方式进行宣传。

3. 政策松绑带来的投资机会

取消审批、审查，加大电影制作、放映环节的外资参与比例。2013年国家在广播影视行业上取消了多重限制，特别是在资金进入或投资进入方面给予了较大程度的松绑。投资资金将乘着政策松绑的东风，加快进入产业的脚步。

五　广播电影电视行业投资建议

（一）继续深化行业体制改革，破除行业市场化发展的障碍

目前，我国的广播电影电视产业的实质性改革已经拉开帷幕，但

是原有的管理体制和运作机制仍是资金进入及资金在行业中运作和发挥作用的阻力。投资领域的深化改革不仅要在吸引资金方面下功夫，而且要在行业或产业运营上使资金有用武之地，同时也要结合资金的本质特性，允许其有自身或市场化的退出渠道和投资回收方式。

（二）以作品的质量为核心，提高资本的利用率

2013 年，国家在影视作品制作环节上做出了正确的引导——以产量换质量、换效益。质量是影视作品的核心和灵魂。国家在投资政策引导和行业管理上，应继续坚持以作品的质量控制为核心，引导行业资金的利用效率的提高。

附录一　2013年广播电影电视行业主要投资政策汇总

表 13　2013 年广播电影电视行业主要投资政策汇总

序号	发布部门	政策名称	主要投资促进举措
1	国务院	《国务院办公厅关于印发国家新闻出版广电总局主要职责内设机构和人员编制规定的通知》	取消一般题材电影的剧本审查取消行业投资相关的行政审批
2	国务院	《国务院关于取消和下放一批行政审批项目等事项的决定》	取消行业投资相关的行政审批
3	财政部新闻出版广电总局	《财政部、新闻出版广电总局关于县城数字影院建设补贴资金申报和管理工作的通知》	利用电影事业发展专项资金对县级城市影院进行资金补贴奖励，激发起各类投资主体投资兴建、改扩建县级数字影院的热潮

附录二　相关数据推算

1. 电影文化内容固定资产投资的推算

根据已上市的影视制作企业 2013 年公开的数据（选取的样本为华谊兄弟、华策影视、新文化、博纳影业、光线传媒）统计，国产单部电影的平均投资约为 3200 万元。

2. 电视剧文化内容固定资产投资的推算

根据《中国广播电影电视发展报告（2014）》发布的数据，全年生产完成并获得《国产电视剧发行许可证》的剧目共计 441 部 15770 集，电视剧总投资为 103.7 亿元；同时结合已上市的影视制作企业 2013 年公开的数据（选取的样本为华谊兄弟、华策影视、新文化、博纳影业、光线传媒）统计，广播（影视）作品制作费约为 65.76 万元/小时。

3. 电视节目文化内容固定资产投资的推算

中国传媒大学传媒经济研究所所长、网络经济研究所所长周鸿铎的《电视节目成本管理创新模式——关于重庆电视台的研究报告》指出：2000 年新闻类节目制作费为 398.73 元/分钟，专题类节目制作费为 859.98 元/分钟。综合考虑通胀、技术革新等因素，新闻类节目制作费为 3.53 万元/小时，专题类节目制作费为 7.62 万元/小时。

4. 广播节目文化内容固定资产投资的推算

依行业的一般惯例，广播节目的制作成本大概为电视节目制作成本的 1/6，因此推算得新闻类节目制作费为 0.59 万元/小时，专题类节目制作为 1.27 万元/小时。

5. 鉴于《中国文化投资报告（2014）》发布时缺乏相关数据，2012 年广播影视行业的文化内容固定资产投资数据通过二次移动平均数推算而来。本报告根据 2012 年相关行业数据，对文化内容固定资产投资数据进行相应的调整。

文化创意和设计服务
行业投资分析报告

摘　要： 文化创意和设计服务行业投资报告主要对文化创意和设计服务行业的投资状况、投资领域存在的问题、投资趋势与投资机会进行分析。2013 年文化创意和设计服务行业投资规模为 1224 亿元，其中生产性文化服务领域固定资产投资 142.63 亿元，产品生产性固定资产投资 695.72 亿元，文化内容固定资产投资 385.65 亿元。

关键词： 创意设计　无形资产　融合　互联网

前　言

文化创意和设计服务行业可划分为广告设计服务、软件服务、建筑设计服务和专业化设计服务业四个子行业。四个子行业 2013 年的发展概况如下。

第一，广告设计服务业方面。广告设计服务业继续保持增长的势头，但是增长速度出现回落。截至 2013 年底，我国广告经营企业达 44.5 万户，广告从业人员 262.2 万人，广告经营额 5019 亿元；与上年同期相比分别增长 17.9%、20.4% 和 6.8%。但增幅与 2012 年相比有所降低，广告经营企业、从业人员和广告经营额增速分别下降 9.5、10.1 和 43.5 个百分点。2013 年，我国广告服务业服务领域的固定资产投资增长迅猛，由 2012 年的 57 亿元增至 505 亿元，增长近九倍。

第二，软件服务业发展方面。2013 年软件服务业的固定资产投资出现快速下滑，但是行业依然保持良好且较快发展势头，企业数量继续稳步增长，产业规模持续扩大。截至 2013 年底，全国共有软件服务企业 30488 户，同比增长 7.63%。2013 年，我国软件服务业完成固定资产投资额 23 亿元，同比下降 94.7%；实现营业收入 30600 亿元，同比增长 22%。

第三，建筑设计服务业发展方面。建筑设计服务业位于工程建设业务链条的起始阶段，是固定资产投资转化为现实生产力的先导环节。目前，我国几乎所有的建筑工程项目均需由建筑设计企业提供包括可行性研究、工程勘察设计、城市规划、建筑设计、景观设计以及装饰设计等在内的技术咨询服务。截至 2013 年底，全国共有建筑设计服务企业 25666 家。2013 年，我国建筑设计服务业完成固定资产投资额 89 亿元，同比增长 20%；实现营业收入 12077 亿元。

第四，专业化设计服务业发展方面。截至 2013 年底，全国共有专业化设计服务企业超过 23000 家。2013 年，我国专业化设计服务业完成固定资产投资额 102 亿元，实现营业收入 7936 亿元。

一 文化创意和设计服务行业的投资状况分析

（一）行业总体投资状况分析

2013 年文化创意和设计服务行业投资规模为 1224 亿元，其中生产性文化服务领域固定资产投资 695.72 亿元，产品生产性固定资产投资 142.63 亿元，文化内容固定资产投资 385.65 亿元。

2013 年，文化创意和设计服务行业投资类型结构出现较大的调整，生产性文化服务领域固定资产投资继续保持高速增长的趋势，产品生产性固定资产投资和文化内容固定资产投资则出现近五年来的首次负增长。

表 1　2009～2013 年文化创意和设计服务行业投资状况

单位：亿元

年　度	2009 年	2010 年	2011 年	2012 年	2013 年
生产性文化服务领域固定资产投资	35.11	34.81	60.03	195.25	695.72
产品生产性固定资产投资	79.28	121.49	135.51	461.76	142.63
文化内容固定资产投资	52.62	71.90	89.95	571.62	385.65
合　计	167.01	228.20	285.49	1228.63	1224.00

备注：2012 年、2013 年数据未剔除重新分类后的影响。

数据来源：国家统计局固定资产统计年鉴。

表 2　2009～2013 年文化创意和设计服务行业投资增长状况

单位：%

年　度	2009 年	2010 年	2011 年	2012 年	2013 年
生产性文化服务领域固定资产投资	34.21	-0.85	72.45	225.25	256.32
产品生产性固定资产投资	76.81	53.24	11.54	240.76	-69.11

年　度	2009 年	2010 年	2011 年	2012 年	2013 年
文化内容固定资产投资	61.11	36.64	25.10	535.49	−32.53
合　计	61.11	36.64	25.11	330.36	−0.38

备注：2012 年数据未剔除重新分类后的影响。

数据来源：国家统计局固定资产统计年鉴。

（二）广告业投资状况分析

2013 年广告业投资规模为 737.58 亿元，其中生产性文化服务领域固定资产投资 505.19 亿元，文化内容固定资产投资 232.39 亿元；与 2012 年相比，分别增长 790.80%、790.83% 和 790.72%。

表 3　2009～2013 年广告业投资状况

单位：亿元

年　度	2009 年	2010 年	2011 年	2012 年	2013 年
生产性文化服务领域固定资产投资	35.11	34.81	60.03	56.71	505.19
文化内容固定资产投资	12.64	12.18	18.01	26.09	232.39
合　计	47.75	46.99	78.04	82.80	737.58
增幅(%)	53.39	−1.58	66.06	6.10	790.80

备注：2012 年数据已剔除重新分类后的影响。

数据来源：国家统计局固定资产统计年鉴。

伴随着以网络和移动网络为技术特征的新媒体的广泛应用，广告行业的发展格局正快速地改变，新媒体逐渐成为广告投放的主要渠道之一；与之相反的是，以报纸、电视、广播为代表的传统媒体的广告投放规模增幅放缓甚至出现下滑迹象。

为适应新的竞争环境，一方面，新媒体广告领域通过加大投入进行快速渗透以抢占市场；另一方面，传统媒体广告也加大投入的力度进行产业的升级，如建立以纸媒为数据资源基础的网上媒体，挖掘更精准的广告推广渠道等。

表4　2009～2013年广告业营业收入状况

年　度	2009 年	2010 年	2011 年	2012 年	2013 年
营业收入（亿元）	2041	2341	3125	4698	5019
增长率（%）	7	15	33	50	7
广告经营单位（万户）	20.5	24.3	29	37.8	44.5
增长率（%）	10	19	19	30	18
单个经营单位平均收入（万元）	99.56	96.34	107.76	124.29	112.79
单个经营单位平均投资（万元）	2.33	1.93	2.69	2.19	16.57

备注：营业收入和经营单位数据来源于中国广告服务领域统计数据报告。

未来，在新的竞争格局中，广告业的经营单位数量及投资规模将继续保持增长，同时广告业的竞争也将逐步白热化。

二　文化创意和设计服务业投资存在的问题分析

（一）行业进入门槛低，经营主体仍以小和散为主，单个主体吸引投资能力不强

文化创意和设计服务业进入门槛较低，行业经营者数量持续保持较为高速的增长。

但是，虽然行业经营者数量在持续增长，但是经营主体规模小和散特征仍突出。以广告业为代表，自2006年以来，广告业单个经营主体的年均营业收入一直在100万元的水平徘徊，虽然在个别年度增长或下滑幅度比较明显，但是变化的额度并不大。

表 5　2009 ~ 2013 年文化创意和设计服务业经营者数量增长情况

单位：家，%

年　度	2009 年	2010 年	2011 年	2012 年	2013 年
建筑设计服务单位	7117	15377	19508	23611	25666
软件企业	18010	20719	22788	28327	30488
广告经营单位	205000	243000	290000	378000	445000
建筑设计服务单位增幅	130. 32	116. 06	26. 86	21. 03	8. 70
软件企业增幅	11. 21	15. 04	9. 99	24. 31	7. 63
广告经营单位增幅	10. 33	18. 54	19. 34	30. 34	17. 72

数据来源：新元文智整理。

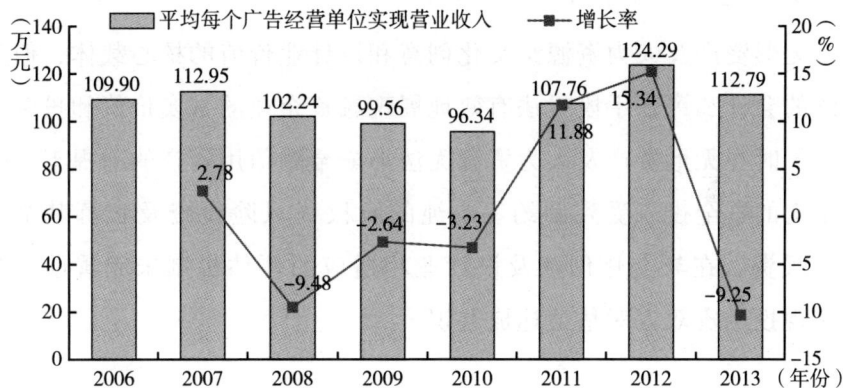

图 1　2006 ~ 2013 年我国单个广告经营单位年均营业收入

备注：营业收入和经营单位数据来源于中国广告服务领域统计数据报告。

在吸引固定资产投资方面，单个经营者的固定资产投资规模虽然在 2013 年出现了迅速的增长，但是 2009 ~ 2012 年，单个经营者的固定资产投资额度均在 3 万元以下。

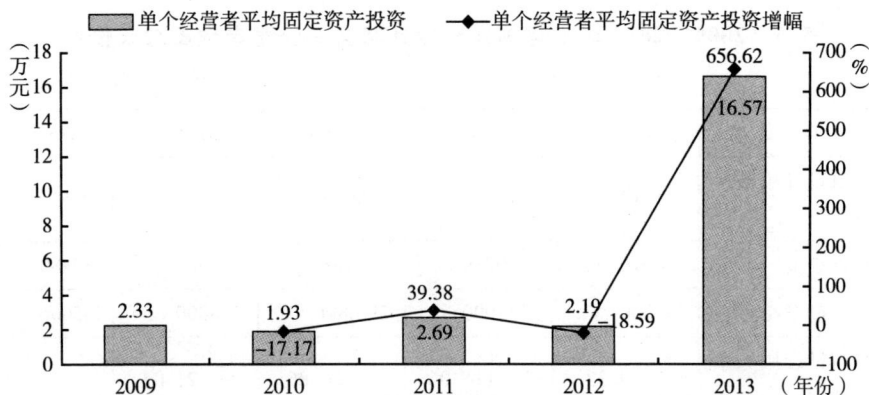

图2　2009～2013年广告业单个经营者平均固定资产投资情况

数据来源：中国广告服务领域统计数据及国家统计局的数据。

（二）以无形资产及人力资源为价值的核心载体，相应的金融配套未完善，资金投入存在阻力

无形资产及人力资源是文化创意和设计业价值的核心载体，但是传统的会计和评估手段无法有效地展现融资企业的真实价值和投资前景。同时在无形资产及人力资源无法形成金融信用资产的前提下，信贷渠道的资金投入受到制约。单纯的股权（风险投资及私募基金投资）投资，在与文化创意及设计业相适应的评估机制未完善前，难以实现投融资双方对估值达成共识。

三　文化创意和设计服务业投资趋势和机会

（一）文化创意和设计服务业发展趋势

1. 广告设计服务业发展趋势

第一，以自媒体、网络媒体及移动媒体为主体的广告媒介迅速发

展，广告媒介的竞争格局将继续改变。以报刊、电视广播为渠道的传统媒介，广告投放的数量继续下滑，中国广告协会网站转载的《2013 中国报刊广告投放报告》显示，中国报刊广告市场在 2013 年继续下滑，全年广告投放数量下降 5.5%；其中，报纸媒体广告投放数量下降 4.5%，而杂志媒体广告投放数量下降 12.7%。国家新闻出版广电总局发展研究中心最新发布的《中国视听新媒体发展报告 (2013)》，量化了新媒体对传统广电的冲击：调查显示，受个人电脑、平板电脑、智能手机的冲击，北京地区电视机开机率从三年前的 70% 下降至 30%。

与此同时，央视市场研究股份有限公司公布的数据显示，平面媒体的广告投入全面缩减，报纸和杂志同比降幅分别达 8% 和 6.6%。而电台媒体的广告投入增速较 2012 年的 8.9% 降至 2013 年的 3.7%。传统户外广告（不含地铁）同比增幅也降至 1.3%。相反，在新媒体方面，互联网广告平稳增长，同比增幅为 27.6%；公交移动电视广告出现同比达 15.0% 的下滑；商务楼宇视频广告增幅稳中有升，增幅为 27.0%。

未来，广告媒介的竞争格局将继续改变，传统媒体在固守原有阵地的基础上，将继续通过升级转型等方式扩展线上或移动广告空间；而自媒体、网络媒体及移动媒体则一方面通过资本方式撬动更多线上或移动流量，另一方面则通过加大内容制作的投入，往内容为王的传统竞争法则靠拢。

第二，广告宣传与产品营销传播一体化将更深入。商业广告宣传的最终目的是推动产品的营销。广告设计服务业将由此展开以营销为核心的产业升级，并与产品的营销传播进行深入的一体化。包括在广告内容设计环节，融入产品营销的手段；在广告渠道的选择上，将整合公关、购销互动等元素；在产业链上，广告服务将与产品的促销、直销相结合。

2. 软件服务业发展趋势

第一，软硬件融合发展趋势。软件在现代信息技术创新中的核心和灵魂地位更加突出，软硬件关系正在发生深刻变化。软件在设计时已经考虑到其所适用的硬件环境情况；而硬件在制造环节也会考虑到相应的应用软件的兼容性。而在未来，软件和硬件的互动选择将同时改变软件服务业及硬件制造业的产业格局。

第二，产业垂直整合继续深化。软件企业即将面临业务转型，软件产业已从传统的单一产品竞争发展到基于体系架构的产业链竞争，以软件为核心，终端、服务和内容的垂直整合不断深化。

第三，信息消费需求将成为软件服务产业新的增长点。随着互联网带宽的日益扩展、智能终端的快速普及，通信、网络等方面的消费需求大幅增长，推动移动支付、位置服务等个人信息消费市场高速增长。

3. 建筑设计服务业发展趋势

绿色环保将成为建筑设计的首要理念。"绿色环保设计"着眼于人与自然的生态平衡关系，在设计过程的每一个决策中都充分考虑到环境效益，尽量减少对环境的破坏、对资源的消耗。

据统计，我国建筑能耗量约占全国总用能量的 1/4，居耗能首位。因此，绿色环保已经成为促进建筑产业转变发展方式的核心、实现节能减排约束性目标的重要途径之一。截至 2013 年底，我国共有 518 个项目获得绿色建筑评价标识。为进一步深入推进绿色建筑发展，财政部、住房和城乡建设部发布的《关于加快推动我国绿色建筑发展的实施意见》明确指出，至 2014 年政府投资的公益性建筑和直辖市、计划单列市及省会城市的保障性住房全面执行绿色建筑标准，至 2015 年全国新增绿色建筑面积 10 亿平方米以上，至 2020 年，绿色建筑占新建建筑的比重超过 30%。

（二）文化创意和设计服务业投资机会

1.广告设计服务业投资机会

第一，广电媒体加快新媒体布局带来的投资机会。随着互联网的快速发展，传统广告开始向新媒体大迁移。《中国视听新媒体发展报告（2013）》显示，2007～2012年，中国网络视频广告市场规模增幅有3年超过了120%，大大超过同期电视广告收入的增长幅度，视听新媒体分得的市场"蛋糕"越来越大。而在传统的广电媒体领域，电视广告不断向央视、部分省级卫视集中，以广告为主要收入来源的千余家城市和县级电视台的经营将越来越难。

面对新媒体带来的冲击和网络视频行业酝酿的巨大商机，传统广电机构纷纷借助其强大的资源优势进军互联网视听服务领域，这将为广告行业带来新一轮的投资机会。

第二，新技术的发展带来的投资机会。新技术的应用在广告传播中的作用越来越重要，是广告媒体升级的途径和手段，是巩固现有资源并获取新的媒体资源的保障，也是维护老客户、开拓新客户的利器。未来广告行业新技术包括裸眼3D与新型投影成像技术、互动感应与移动互联技术、高科技贴膜技术、智能多媒体终端技术、传统大牌灯箱及LED革新技术等方面，这一系列技术的推广和应用，将革新广告行业的商业模式和企业运营模式，将掀起广告行业的投资热潮。

2.软件服务业投资机会

随着互联网的广泛普及和智能手机、平板电脑等智能终端的快速发展，移动支付、移动电子商务、位置服务等信息消费市场需求逐步扩大，通信、网络等方面的消费需求也在释放其市场潜力。此外，《关于促进信息消费扩大内需的若干意见》（国发〔2013〕32号）将扩大信息消费提升为国家战略，信息消费将成为产业新的增长点。未来，信息消费需求的升温，将引导软件服务业投资的新动向。

3. 建筑设计服务业投资机会

第一，城镇化进程加快给建筑设计服务带来的投资机会。城镇化是一个系统工程，城镇化离不开城市总体规划和基础设施、住宅建筑、工业建筑以及商用建筑的建设。近年来，我国城市化正处于高速推进过程中，城镇化率由 2002 年的 39.10% 提升至 2013 年的 53.73%，十余年间平均每年上升约 1.33 个百分点。而《2008 年中国城市竞争力报告》指出，至 2030 年，我国城镇化率将达到 65%。"十二五"期间年均城市化率每年上升 1~2 个百分点，年均新增城市人口将超过 1000 万人。随着我国城市化进程的不断推进，城市人口的增加将为我国带来各种房屋需求近 3 亿平方米。

第二，公共建筑及基础设施建设带来建筑设计的投资机会。近年来，随着我国经济和社会的快速发展，城镇化进程不断加快，居民对以医疗、教育、体育文化设施、政府公共机构、公共园林景观、展览中心、车站大楼等为代表的城市基础设施和公共服务设施的需求日益增多。这一领域的固定资产投资必将直接拉动医疗建筑、教育建筑、文化建筑、体育建筑、酒店建筑等涉及公共事业的相关建筑工程设计业务的快速增长。

四　文化创意和设计服务业投资政策建议

（一）加快文化创意和设计服务行业的配套设施建设，促进文化创意和设计服务业的投融资发展

在文化创意和设计服务行业投融资中，投融资配套设施不足成为最明显的障碍，严重制约文化创意和设计服务企业的投融资，包括缺

乏相应的无形资产评估体系、无形资产的产权保护措施、行业夹层资本机构、无形资产信用化等。国家应加快相应的配套设施建设，积极引导资金有效流入文化创意和设计服务行业。

（二）广告服务业发展政策建议

第一，引导和鼓励传统广告媒介领域通过技术升级、商业模式革新等方式延伸产业链，整合传统的广告媒介的优势资源，打通线上线下的广告渠道。

第二，发挥互联网广告、移动互联网广告的流量优势和不受空间地域限制的优势，引导互联网、移动互联网及户外广告等新型媒介的合理回归，既要追求流量和扩大受众面，也要注重广告的效用和质量，避免无效的广告。

第三，加快推进广告宣传和营销的互动组合，将广告由单向发布向综合型的信息宣传、市场策划研究和营销互动发展。

（三）软件服务业发展政策建议

第一，积极推进行业技术的升级革新，以技术进步带动行业发展，从而吸引资金投入。

第二，继续鼓励和支持国家和省级软件服务业相关基地建设，鼓励有条件的企业创建软件产业园，特别要在税收、行政审批等环节上给予相应的支持。

第三，继续鼓励企业积极参与工业化和信息化融合，推动工业行业信息化的发展。

（四）建筑设计服务业发展政策建议

第一，坚持绿色环保的行业设计服务理念，充分发挥建筑设计行业在低碳、节能工程建设中的先导和灵魂作用，实现行业可持续发展。

第二，淡化对企业设计资质的审核，注重建筑设计本身的可靠、美观、环保及实用性。

第三，鼓励有条件的事业性质的设计服务单位进行市场化改制或股份制改革，破除原有行政管理性质对经营单位的限制。

文化休闲娱乐服务行业投资分析报告

摘　要：近年文化休闲娱乐将呈现旅游、休闲娱乐业态集聚和融合的投资发展趋势。集观光、休闲、度假、购物、娱乐、体验等功能于一体的旅游综合体将越来越多，以满足多层次、多样化旅游需求。文化休闲娱乐服务行业投资分析报告主要对文化休闲娱乐服务行业的政策环境、投资情况进行分析；通过研究文化休闲娱乐服务行业的投资趋势与投资机会，给出文化休闲娱乐服务行业的投资建议。

关键词：休闲娱乐　智慧旅游　精品化　协调发展

一　文化休闲娱乐服务行业投资政策分析

（一）以质量建设为切入点，引导对旅游精品的投资

2013 年，国家高度重视旅游质量问题，一连出台多项政策加强旅游质量建设和监督，其中包括《旅游质量发展纲要（2013－2020

年）》《贯彻实施旅游质量发展纲要 2013－2014 年行动计划》 等政策文件，健全质量评价考核，强化质量准入退出机制，促进旅游发展方式转变，提高旅游质量，打造一批具有国际竞争力的优质旅游目的地、精品旅游线路和精品旅游景区，把旅游业培育成国民经济的战略性支柱产业。

与此同时，国家旅游局《2013 年旅游监管工作要点》 也明确表示以颁布实施《旅游法》 为契机，继续规范旅游市场秩序、提升旅游服务质量，内容包括：

第一，持续推进"游客满意度调查"，推动旅游质量绩效考核。

第二，发布并试行《出境旅游优质服务供应商认定与测评标准》，引导企业提升出境旅游服务质量。

第三，推广旅行社、旅游景区服务质量赔偿标准。

第四，完善旅游投诉系统，形成提升旅游服务质量的倒逼机制。

第五，制定实施旅游质监执法机构考核评价办法。

第六，组织全国旅游服务质量标杆单位交流活动。

（二）加大财政支持力度并鼓励社会力量投资休闲娱乐服务

第一，加大对旅游质量提升、旅游公共服务、旅游品牌建设、旅游科技应用等方面的政策和财政支持力度。推动建立各级政府质量奖励制度，对旅游服务质量创优、旅游技术标准创新、旅游品牌创建、旅游诚信建设等方面取得突出成绩的单位和个人给予奖励。

第二，逐步增加对旅游休闲公共服务设施建设的资金投入。

第三，鼓励社会力量投资建设旅游休闲设施，开发特色旅游休闲线路和优质旅游休闲产品。

第四，鼓励和支持私人博物馆、书画院、展览馆、体育健身场所、音乐室、手工技艺等民间休闲设施和业态发展。

（三）规范娱乐场所的管理，并明确放开对外资的限制

文化部在 2013 年 3 月 11 日出台了《娱乐场所管理办法》，一方面从设立和运营的层面规范娱乐场所的运作；另一方面，再次明确放开对外资在娱乐场所设立和运营方面的限制：

第一，中外合资、中外合作经营娱乐场所的，除了与内资申请者相等的条件要求外，仅需提交商务主管部门的批准文件即可。

第二，娱乐场所在符合《营业性演出管理条例》及《营业性演出管理条例实施细则》的规定的情况下，可招用外国人从事演出活动。

二 文化休闲娱乐服务行业的投资状况分析

（一）文化休闲娱乐服务行业投资状况

2013 年文化休闲娱乐服务行业投资规模为 7740.43 亿元，其中传播渠道固定资产投资 6326.25 亿元，产品生产性固定资产投资 17.88 亿元，文化内容固定资产投资 1396.30 亿元；与 2012 年相比，分别增长 27.95%、30.43%、142.61% 和 17.15%。

表 1 2009~2013 年文化休闲娱乐服务行业投资状况

单位：亿元，%

年　度	2009	2010	2011	2012	2013
传播渠道固定资产投资	2907.24	3646.61	4192.31	4850.33	6326.25
产品生产性固定资产投资	10.02	9.08	15.20	7.37	17.88
文化内容固定资产投资	592.80	761.40	881.11	1191.91	1396.30
合　计	3510.06	4417.09	5088.62	6049.61	7740.43
投资增幅	49.59	25.84	15.20	18.89	27.95

备注：上述数据剔除 2012 年重新分类的影响，重新分类后剔除旅行社项的统计。

数据来源：新元文智整理。

2009～2013 年，文化休闲娱乐服务行业总投资增幅有一定的波动，但是继续保持着稳定增长的势头。以摄影扩印服务为主体的产品生产性固定资产投资虽然出现较大的波动，但该领域的投资规模较小，对整体的投资几乎不存在影响。具体可见表 2。

表 2　2009～2013 年文化休闲娱乐服务行业各类型投资增幅状况

单位：%

年　度	2009	2010	2011	2012	2013
传播渠道固定资产投资增幅	49.28	25.43	14.96	15.70	30.43
产品生产性固定资产投资增幅	5.14	− 9.38	67.40	− 51.51	142.61
文化内容固定资产投资增幅	47.18	28.44	15.72	35.27	17.15

备注：剔除 2012 年重新分类的影响。

数据来源：新元文智整理。

（二）文化休闲娱乐服务行业主要领域投资状况分析

1. 文化休闲娱乐服务行业主要领域投资概况

2009～2013 年，文化休闲娱乐服务行业各领域的投资均保持良好的增长态势；2013 年景区游览服务的投资尤为突出，与 2012 年相比，增长 1426.24 亿元，增幅达 29%，直接拉动了文化休闲娱乐服务行业的投资增长。

表 3　2009～2013 年文化休闲娱乐服务行业主要领域投资状况

单位：亿元

年　度	2009	2010	2011	2012	2013
景区游览服务	2587.60	3314.50	3834.92	4916.63	6342.87
休闲娱乐业	912.44	1093.51	1238.50	1125.61	1379.68
摄影扩印服务	10.02	9.08	15.20	7.37	17.88
合　计	3510.06	4417.09	5088.62	6049.61	7740.43

备注：剔除 2012 年重新分类的影响。

数据来源：新元文智整理。

其中，景区游览服务领域占文化休闲娱乐服务行业的比重最大，并出现逐年上升的趋势。具体如表4所示。

表4 2009～2013年文化休闲娱乐服务行业主要领域投资比重情况

单位：%

年　度	2009	2010	2011	2012	2013
景区游览服务	73.72	75.04	75.36	81.27	81.94
休闲娱乐业	25.99	24.76	24.34	18.61	17.82
摄影扩印服务	0.29	0.21	0.30	0.12	0.23
合　计	100.00	100.00	100.00	100.00	100.00

备注：剔除2012年重新分类的影响。

数据来源：新元文智整理。

2. 景区游览服务领域投资状况分析

在重旅游质量、打造旅游精品的政策引导下，2013年景区游览服务领域内的投资类型结构发生了明显变化，2012年以前，固定资产投资集中在公园及景区管理领域，几乎占据了全部的固定资产投资额。而在2013年却出现了逆转的情况，野生动植物保护领域的固定资产投资反而超过固定资产投资总额的99%。

表5 2009～2013年景区游览服务领域的固定资产投资情况

单位：亿元

年　度	2009	2010	2011	2012	2013
公园管理	506.75	680.33	331.98	1163.98	18.92
景区管理	1469.25	1857.68	713.49	2541.94	13.54
野生动植物保护	18.80	15.09	15.20	18.80	4914.11
合　计	1994.80	2553.10	1060.67	3724.72	4946.57

备注：剔除2012年重新分类的影响。

数据来源：国家统计局。

表6   2009～2013年景区游览服务领域的固定资产投资结构比重情况

单位：%

年　度	2009	2010	2011	2012	2013
公园管理	25.40	26.65	31.30	31.25	0.38
景区管理	73.65	72.76	67.27	68.25	0.27
野生动植物保护	0.94	0.59	1.43	0.50	99.34
合　计	100.00	100.00	100.00	100.00	100.00

数据来源：国家统计局。

而在政策和投资的双重促进下，国内旅游业也取得明显的发展成效。2013年，国内旅游人数继续保持3亿人次的增长，达到32.62亿人次；而国内旅游收入也有超过3000亿元的增长，达到26276.12亿元。

表7   2009～2013年景区游览服务领域的经济指标

年　度	2009	2010	2011	2012	2013
国内旅游人数（亿次）	19.02	21.03	26.41	29.57	32.62
国内旅游收入（亿元）	10183.69	12579.77	19305.39	22706.22	26276.12
旅行社数量（家）	20399	22784	23690	24944	26054
旅行社资产总额（亿元）	585.96	666.14	711.17	839.55	1039.77
旅行社营业收入（亿元）	1806.53	2649.01	2871.77	3374.75	3599.14

数据来源：年度旅游业统计公报。

三　文化休闲娱乐服务行业投资发展趋势和机会

（一）文化休闲娱乐服务行业投资发展趋势

1.由粗放式的旅游投资建设向旅游精品投资建设升级

从国家政策导向及2013年旅游投资结构的变化可以看出，旅游景区的固定资产投资更注重内容的建设，通过打造旅游精品和优质的旅游体验，树立旅游品牌，赢取游客口碑。

2. 文化休闲娱乐投资将呈现业态集聚化趋势

文化休闲娱乐将呈现旅游、休闲娱乐业态集聚和融合的投资发展趋势。集观光、休闲、度假、购物、娱乐、体验等功能于一体的旅游综合体将越来越多，以满足多层次、多样化旅游需求，如福建融侨双龙温泉旅游度假区、湖南神农谷旅游度假区、广东长鹿农庄度假区陆续开工，涵盖文化旅游、休闲养生、人文体验、主题娱乐、商贸购物等多种业态。

3. 文化休闲娱乐服务业的投资主体将趋向多元化

政府大力鼓励和支持社会资本和民营资本进入文化休闲娱乐服务行业，并提供相应的财政扶持。未来文化休闲娱乐服务业将形成以民营资本和社会资本为主、政府投资和外商投资为辅的多元化投资格局。如广东长隆集团在珠海横琴岛首期投资200亿元建设珠海长隆旅游度假区，万达集团牵头投资230亿元建设长白山国际度假区，云南明宇集团计划投资150亿元建设版纳四季国际度假区。

（二）文化休闲娱乐服务行业主要投资机会

1. 旅游精品化建设带来的投资机会

旅游精品化并非要求一味注重旅游及景区投资建设的规模和景点的数量，更要深挖景区和景点的底蕴，增强景点的耐读性和观赏性，给予游客深刻的游览体验并为游客带来愉悦感。旅游精品化对旅游产业提出了更高的标准和要求，包括景区、景点的建设，软资源的打造，配套服务的完善和贴心等，一改以往旅游产品只注重景区的建设管理的投资经营方式。建设旅游精品，升级旅游产业，将带来新一轮投资机会。

2. 文化休闲娱乐集聚化带来的投资机会

文化休闲娱乐集聚化，要求"吃、住、行、游、购、娱，安全、信息"要素配套设施好、服务水平高、市场品牌响，全面整合文化休闲娱乐资源、完善软硬件设施、提升产品品位、树立品牌形象、强化产业素质、形成核心竞争力。文化休闲娱乐集聚化使得文化休闲娱乐产业链进一步延长，涉及面广，带动作用明显，将带动关联产业的发展和投资。

3. 智慧旅游带来的投资机会

智慧旅游是随着旅游业与现代信息技术融合发展，网络旅游、在线服务、电子商务快速发展而提出的概念，要求信息化体现在游客游览的全过程，如旅游线路规划、旅游管理、旅游服务、旅游营销和旅客体验等之中，从而使智能化、智慧化产品、业态和企业快速涌现，成为新的投资热点。

四 文化休闲娱乐服务行业发展建议

（一）坚持精品旅游战略，深化景区景点的耐读性和底蕴，提高游览产品质量

目前，我国的景区游览产品存在量多质低的现象。据统计，我国A级及以上的旅游景区（点）超过 2500 个，但是旅游产品开发还处于低层次，缺乏参与性、娱乐性、知识性和享受性，也未能有效地突出产品的文化内涵。游客对于旅游产品的心理诉求越来越个性化，但是景区景点的建设无差别、无特色，旅游经营千篇一律。

2013 年，国家政策强调提高旅游质量、打造旅游精品，在行业投资、旅游人数和旅游业营业收入上均产生良好的效果。接下来国家

应继续坚持精品旅游发展战略，深化景区景点的耐读性和底蕴，提高游览产品质量。

（二）规范旅游行业的服务，树立行业标杆，引导市场良性发展

旅游产品是一个包含核心产品、形式产品、附加产品的整体概念。它不仅要求给予旅游者生理上、物质上的满足，而且要给予旅游者心理上、精神上的满足；这不仅要求旅游景点带给游客身心上的愉悦，同时也要求旅游配套服务跟得上游客的需求。但是目前，以各种减配为代价的盲目削价竞争，影响旅游企业产品形象，损害文化旅游企业自身利益，扰乱了市场的秩序。因此，在国家层面必须出台相关的旅游服务规范和标准，如5A级的景区应相应地建立5A级的服务标准，并以此树立行业的标杆、引导市场良性发展。

（三）产业发展、游览和环境保护要相互协调和平衡，要积极引导低碳、绿色环保的新型旅游业态发展

旅游产业无法避免生态、环保和经济效益发展相互协调和平衡的问题。优美整洁、安全卫生、方便舒适、轻松愉快的游览环境，无疑是景区游览生存和发展的基础和条件，直接或间接地影响着景区的经济效益、环境效益和社会效益。若旅游规划缺乏科学理念、不遵循自然规律，导致在自然区域内大兴土木，建造破坏景观和生态系统的人造景点，则会从根本上违背旅游产业发展的初衷，不但会破坏环境，而且难以吸引游客，无法获得预期的经济效益。

国家和行业应在强调经济和产业发展的同时，兼顾产业发展、游览和环境保护的相互协调和平衡，同时积极提倡和引导如会展旅游业、修学旅游业、乡村旅游业等低碳、绿色环保的新型旅游业态发展。

附录一　2013年文化休闲娱乐服务行业的主要投资政策

表 8　2013 年文化休闲娱乐服务行业的主要投资政策汇总

序号	发布部门	政策名称	主要投资促进举措
1	国家旅游局	《旅游质量发展纲要（2013－2020 年）》	通过提高旅游质量，促进旅游发展方式转变，推动产业的升级，引导旅游行业的粗放式投资向精品化投资发展
2	国家旅游局	《贯彻实施旅游质量发展纲要 2013－2014 年行动计划》	
3	国务院	《国民旅游休闲纲要（2013－2020 年）》	加大国民旅游休闲产业的政策扶持力度。逐步增加旅游休闲公共服务设施建设的资金投入。鼓励社会力量投资建设旅游休闲设施
4	文化部	《娱乐场所管理办法》	从设立和运营的层面规范娱乐场所的运作，再次明确放开对外资在娱乐场所设立和运营方面的限制

附录二　相关数据说明

　　国内权威统计部门暂未公布文化休闲娱乐服务行业固定资产投资的统计数据，因而选取一定数量的样本企业，以样本企业各年度固定资产投资和文化内容固定资产投资的比重作为计算的依据。选取的样本企业包括黄山旅游、丽江旅游、桂林旅游、华侨城 A、宋城股份、峨眉山 A。其中文化内容固定资产投资数据为上市企业年报或招股说明书中无形资产和研发费用之总和。

文化类上市企业资本运营模式与案例分析

摘　要：文化产业是当下的热门产业，相关度高、关联性强。随着我国文化产业的不断发展壮大，越来越多文化类企业走上了上市的道路。因此，资本运营模式对于文化类上市企业的重要性也逐渐显现。资本运营模式是企业在资本市场的实践过程中得出的成熟的、行之有效的一整套完整资本运作方法，其目的是通过一系列的资本运营手段，扩大公司的整体规模和提高其经营效率、实现资本的保值增值以及增强市场的竞争力。虽然我国的资本市场已经日趋成熟，但是作为我国资本市场的新兵，大多数的文化类上市企业对于资本运营模式还存在着理解上的偏差或者运用上的不当，缺乏经验。本文在总结分析我国文化企业上市（2006～2014年上市）的整体态势及其上市后投融资现状的基础上，对文化类上市企业目前普遍采用的资本运营模式进行了具体的分析和评价，并强调了不同模式的适用性；最后针对各重点领域典型企业的资本运营路径进行了整体归纳分析。

关键词：文化类上市企业　资本运营　投融资

一　我国文化类上市企业概况

随着我国经济的全面发展，文化产业作为蓬勃发展的朝阳产业日益受到国家的高度重视，文化产业已成为市场经济的重要组成部分。近几年，文化企业发展较快、积极接触资本市场，众多文企相继启动上市事宜，上市方式主要涉及IPO上市、借壳上市、介绍上市三种。

（一）上市文化企业共计87家，募集资金近800亿元

据不完全统计，2006～2014年，我国共有87家（披露金额的共计80家）文化企业成功上市，累计融资额达1908.7亿元。另外，从上市活跃度来看，2010年上市活跃度最高，新增上市文企数达21家。受境内IPO冰封影响，2013年我国上市文企数较少。随着IPO的正式重启，2014年我国上市文企开始增长。从融资规模来看，2014年以1402.39亿元的规模排名第一，占比为73.47%，且其单年融资规模远高于前几年之和。

（二）超过四成的文企纷纷选择境外上市渠道，且上市方式除了IPO外，还有少部分选择借壳与介绍上市

据不完全统计，2006～2014年，我国文化类上市企业有57%的

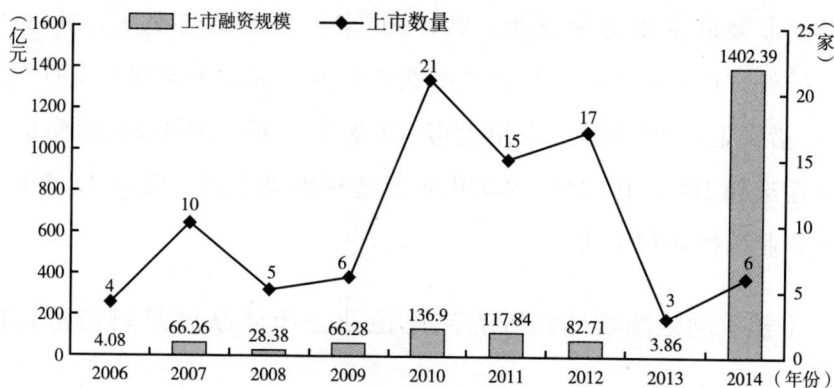

图1 2006~2014年各年度我国文企上市情况对比

数据来源：新元文智，www. cciresearch. cn。

选择境内上市，共计50家；43%的企业纷纷通过纽交所、纳斯达克、港交所登陆境外资本市场，共37家。从整体来看，文化企业较为热

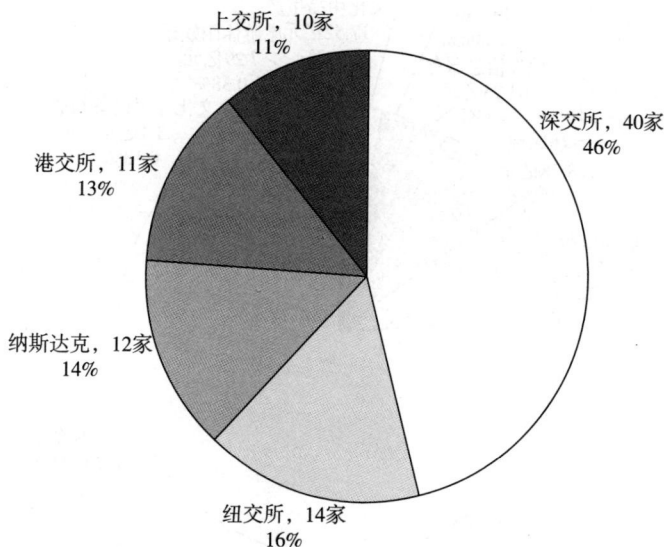

图2 2006~2014年我国文化企业上市渠道分布情况

数据来源：新元文智，www. cciresearch. cn。

衷的上市渠道主要为深交所，共计 40 家。其次是纽交所，共计 14 家。另外，近几年我国文化企业所选择的上市方式主要涉及 IPO（77 家）、借壳上市（9 家）、介绍上市（1 家）三种，其中 88.51% 的文化企业选择 IPO，10.34% 的文化企业选择借壳上市，仅有 1.15% 的文化企业选择介绍上市。

（三）网络新媒体领域的文化企业上市活跃度及融资额均居首位

调查显示，2006～2014 年我国上市的文化企业主要分布于游戏动漫（8 家）、广播影视（17 家）、广告营销（10 家）、旅游休闲娱乐（4 家）、软件信息服务（11 家）、网络新媒体（20 家）、文化用

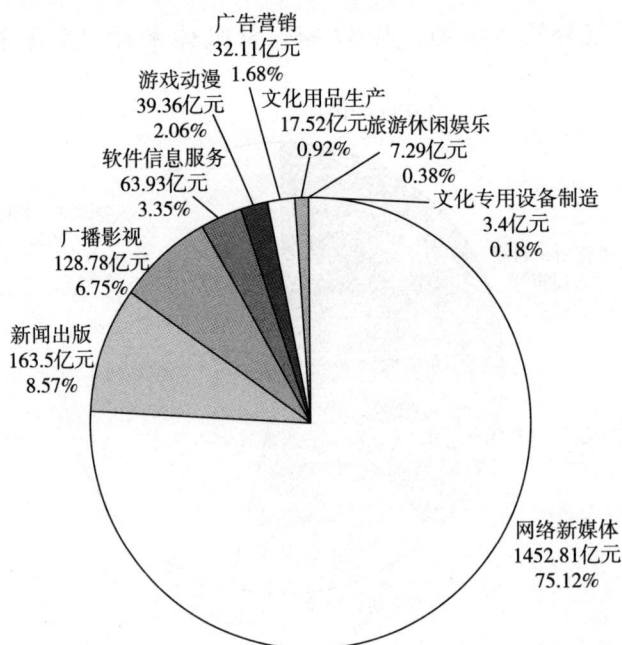

图 3　2006～2014 年我国上市的文化企业行业分布情况

数据来源：新元文智，www.cciresearch.cn。

品生产（4 家）、新闻出版（12 家）、文化专用设备制造（1 家）九大领域。其中，75.12%的融资额隶属于网络新媒体，该领域披露募集额的达 19 家，募集总额高达 1452.81 亿元；其次是新闻出版领域，披露募集额的有 11 家，共募集 163.5 亿元，所占比例为 8.57%；融资规模排名第三的为广播影视领域，披露募集额的达 14 家，募集资金总计 128.78 亿元，占比 6.75%。

二　文化类上市企业投资（上市后）状况

我国文化企业上市后主要以股权投资、并购投资、设立基金、定向增发、发行债券及信托计划等资本运营手段为公司资本扩张的主要战略方式。股权投资——共计发生 100 起（94 起披露金额）相关事件，投资总规模为 305.02 亿元，且投资标的辐射多地，初步形成上海、香港最受青睐的局面。另外，广播影视业股权投资力度最大且被多领域"混搭"。设立基金——主要涉及新闻出版、广播影视、网络新媒体、游戏动漫等五大领域的上市文企，参投设立基金总数为 15 只，募集额突破 250 亿元，在设立形式上主要以"上市文企 + 投资机构"联合为主。并购投资——目前跨区域并购浪潮渐起，并购标的以北上广为主，延伸至中国香港地区、韩国、美国等地。涉及资金 332.58 亿元，且并购投资方超三成为广播影视业，并购标的则多数倾向游戏动漫领域。债券融资——主要涉及中期票据、短期融资券、超短期融资券、中小企业私募债四种。发债方以广播影视、旅游休闲娱乐、新闻出版三大领域为主。且逾六成份额为以华谊兄弟、光线传媒和乐视网为代表的广播影视业。信托计划——发起方全部归属于广播影视业，发行规模为 5.12 亿元，且发行年份主要集中在 2012 年与 2013 年。

（一）股权投资标的辐射多地，海外占比22.67％且跨界投资趋势明显

1. 上市文企股权投资额逾300亿元，且2014年占比最高

据不完全统计，截至2014年底，我国文化企业上市后（2007～2014年上市）股权投资事件共计100起，其中披露金额的达94起，投资总规模折合人民币3050174.14万元，单个投资事件平均规模为32448.66万元。其中2014年投资件数及投资额均居首位，分别为46起（占总事件数的46％）、2086321.67万元（占总投资规模的68.4％），且全年投资额更是超过前几年的总和。

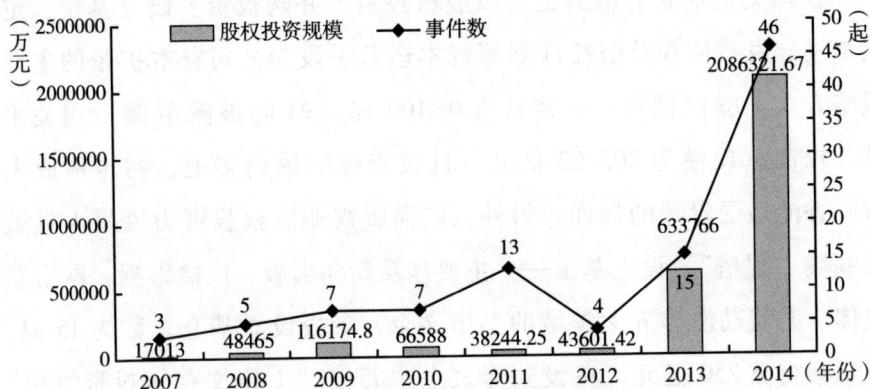

图4 我国文企上市后各年度股权投资规模情况

数据来源：新元文智，www.cciresearch.cn。

2. 股权投资标的辐射多地，以上海、香港最受青睐

据不完全统计，近几年，我国上市文化企业股权投资标的辐射多地，其中内地投资标的涉及上海、北京、广东、浙江等13个省（区、市）（较青睐上海、北京等一线城市的企业），股权投资事件共计92起（87起披露金额），涉及总金额为2358809.14万元，占总投

资额的 77.33%；海外投资标的涉及最多的区域为我国香港地区（7
起，499520 万元），其次是加拿大（1 起，112000 万元）、英国（3
起，72500 万元）、新加坡（1 起，6400 万元）、美国（1 起，945 万
元），股权投资事件共计 8 起（7 起披露金额），投资规模为 691365
万元，占总投资额的 22.67%。另外，开展海外股权投资的上市文企
主要集中于广告营销、网络新媒体、广播影视三大领域，其中广告营
销领域投资活跃度最高（5 起），网络新媒体以 499520 万元的投资额
居首位，占海外投资总额的 72.25%。

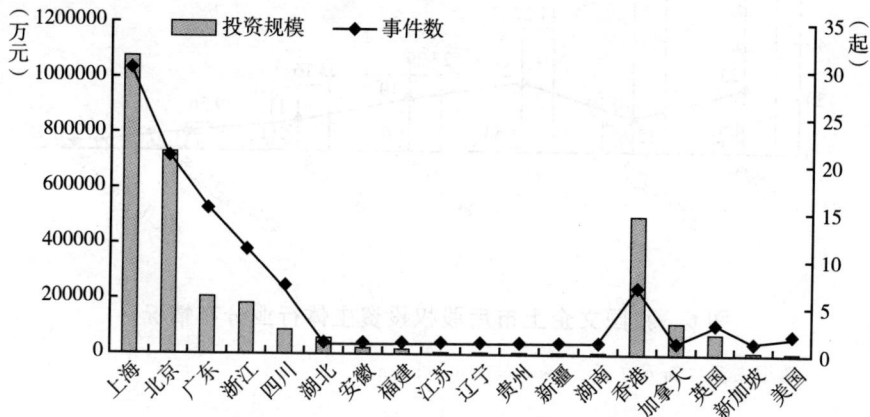

图 5　我国文企上市后股权投资标的分布区域情况

数据来源：新元文智，www.cciresearch.cn。

3. 广播影视业投资力度最大且被多领域"混搭"

广播影视业投资规模居首，广告营销领域投资活跃度最高。
从近几年我国上市文化企业股权投资主体隶属行业来看，主要涉
及 7 个领域。其中，广告营销领域最为活跃，投资事件多达 25 起
（披露金额的达 24 起），其次是广播影视业，以 23 起投资事件位
居第二；从投资规模来看，广播影视业居首，涉及金额为 106.2

亿元，占总投资额的 34.82%，其次是网络新媒体领域，涉及金额
为 91.75 亿万元，占总投资额的 30.08%；另外，按单个事件投资
额来看，网络新媒体领域以 10.19 亿元排名第一，广播影视以
4.62 亿元居次席。

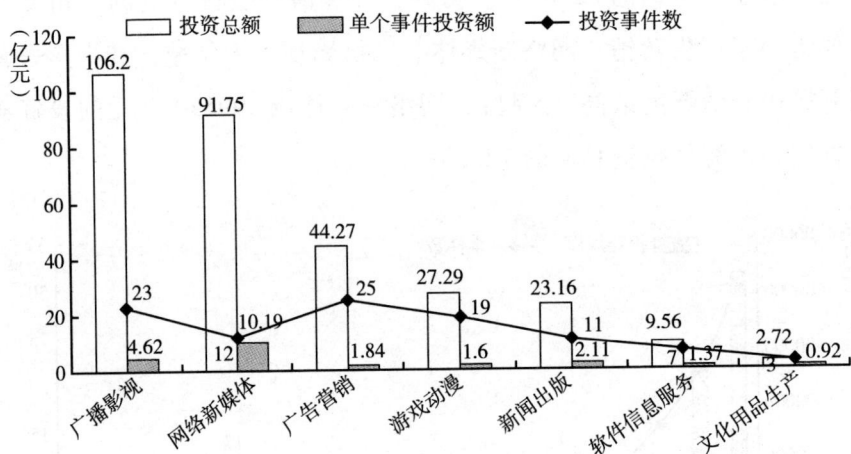

图6　我国文企上市后股权投资主体行业分布情况

数据来源：新元文智，www.cciresearch.cn。

跨界投资趋势明显，广播影视业受多领域青睐。另外，数据显
示，我国上市文化企业股权投资标的涉及领域极为广泛，包括广播影
视、广告营销、游戏动漫、酒店服务、网络新媒体、软件信息服务、
新闻出版、金融服务、教育培训、旅游休闲娱乐、音乐、文化用品生
产、汽车服务 13 个领域，且各大投资主体跨界投资趋势明显。其中，
广播影视板块最受青睐，除了同行业进行横向扩张外，游戏动漫、新
闻出版、软件信息服务、广告营销、文化用品生产 5 大领域都将投资
触角频频伸向该领域。据不完全统计，隶属广播影视业的投资标的涉
及金额 141.35 亿元，所占比重为 46.34%。

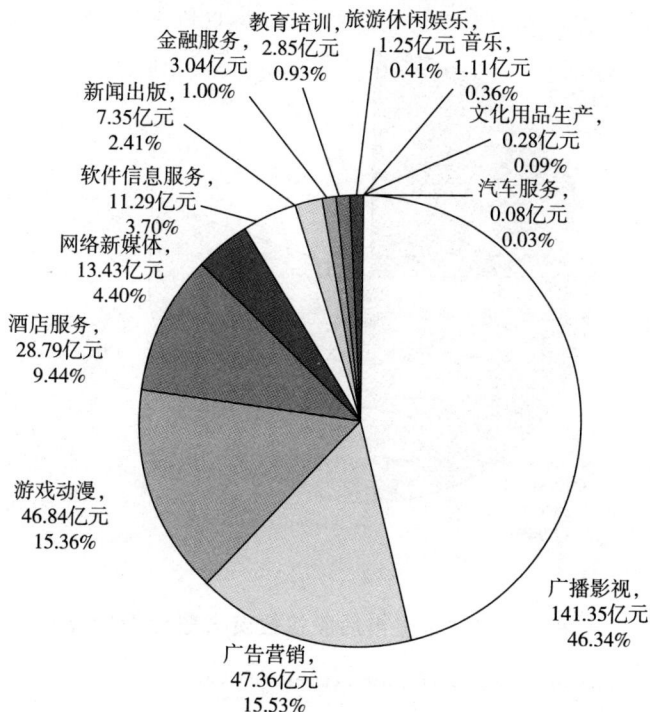

图 7　我国文企上市后股权投资标的行业分布情况

数据来源：新元文智，www.cciresearch.cn。

4. 三成以上投资事件股权占比在 40%～60% 区间，投资占股在 60% 以上的事件数稍次之

数据显示，在 100 起股权投资事件中有 85 起披露了股权占比情况。其中，投资占股在 40%～60% 的事件最多，事件数达 28 起，占比 32.94%，涉及金额 42.54 亿元，居第三位；投资占股在 60% 以上的事件数为 21 起，所占比重以 24.71% 居第二位，涉及金额在各区间中居首，为 181.55 亿元；股权占比在 20% 以下的事件数最少，仅有 17 起，但涉及金额（42.96 亿元）却高于股权占比在 40%～60% 区间的投资总额。

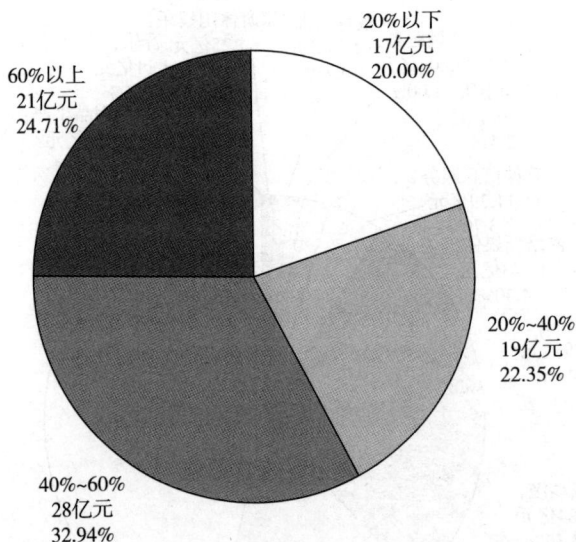

图8　我国文企上市后股权投资占股比例情况

数据来源：新元文智，www. cciresearch. cn。

（二）多领域上市文企参投基金，且以与投资机构联合的形式为主

1. 上市文企参投基金共计15只，募集额突破250亿元

据不完全统计，近几年，我国文化企业上市后（2006～2014 年上市）参投设立的基金共计 15 只，其中 9 只披露募集额，总计253.78 亿元，平均单只基金的募集金额达到 28.2 亿元。另外，从时间上看，上市文化企业 2014 年参投基金最为频繁，共计参投 11 只基金，其出资额为 22.35 亿元（10 只披露金额），总募集规模达 139.82亿元（7 只披露金额）。2011 年虽然参投基金数量较少，但单只基金却以 55 亿元募集额居首位。

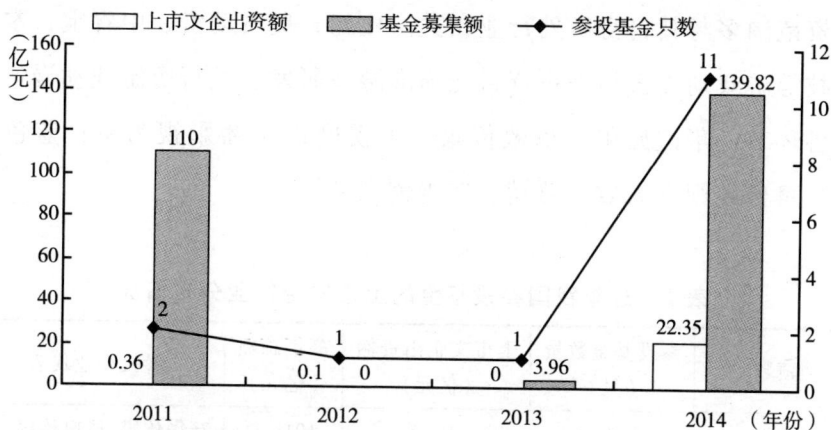

图9 近年我国文企上市后（2006～2014 年上市）各年度参投的基金情况

数据来源：新元文智，www. cciresearch. cn。

2. 多领域上市文企参投基金，超百亿募集额隶属新闻出版业

从参投设立基金的上市文化企业隶属领域来看，主要包括：广播影视——参投 3 只基金，上市文企出资额共计 10.46 亿元，3 只基金总募集规模达 70 亿元；游戏动漫——参投 6 只基金，上市文企出资总额为 3.46 亿元（5 只披露金额），该领域参投的基金总募集额为 8.48 亿元（仅 3 只披露金额）；广告营销——参投 3 只基金，上市文化企业出资 3.5 亿元，该领域参投的基金总募集额为 5 亿元（仅 1 只披露金额）；旅游休闲娱乐——参投 1 只基金，上市文化企业出资 0.1 亿元，募集总规模尚未披露；网络新媒体——参投 1 只基金，上市文化企业出资 6.3 亿元，募集总资金达 69.3 亿元；新闻出版——参投 2 只基金，上市文化企业出资额为 0.25 亿元（1 只披露金额），募集总规模为 101 亿元。

由此可见，新闻出版领域的上市文企所参投的基金募集额最高，广播影视业的上市文企出资额居首。另外，上市文企参投设立的基金投资范围多与其自身所处行业相关。比如，奥飞动漫、中青宝、掌趣科技等游戏动漫公司把投资目光瞄准游戏研发、发行等游戏动漫产业链各环节；华谊兄弟、华数传媒、乐视网以广播影视为主；蓝色光标、粤传媒则发力数字营销、广告创意领域。

表1　近年我国参投基金的上市文企行业分布情况

领域	参投基金数量（只）	上市文企出资额（亿元）	募集总额（亿元）	参投企业代表
新闻出版	2	0.25	101	新华传媒、凤凰传媒
广播影视	3	10.46	70	华谊兄弟、乐视网、华数传媒
网络新媒体	1	6.3	69.3	阿里巴巴
游戏动漫	6	3.46	8.48	掌趣科技、奥飞动漫、中青宝、完美世界
广告营销	3	3.5	5	蓝色光标、粤传媒
旅游休闲娱乐	1	0.1	—	宋城股份

数据来源：新元文智。

3. 上市文企主要通过三种形式参投设立基金，且以"上市文企＋投资机构"为主

研究发现，近几年，上市文化企业参投设立基金主要通过以下几种形式：一是通过和投资机构合作设立产业投资基金（以 PE 为主），该模式占比 46.67%，如由华谊兄弟、富坤创投等共同发起设立的湖南富坤文化产业投资基金；二是通过和券商机构合作，共同设立产业投资基金，该模式占比 20%，如新华传媒联合海通证券全资子公司海通开元、上海东方传媒等共同发起设立的上海文化产业股权投资基金；三是上市文化企业联合其股东共同成立产业投资基金，谋求多渠

道发展，该模式占比33.33%，如乐视网与乐视控股（北京）有限公司联合发起设立的投融资和并购业务基金——领势投并基金。

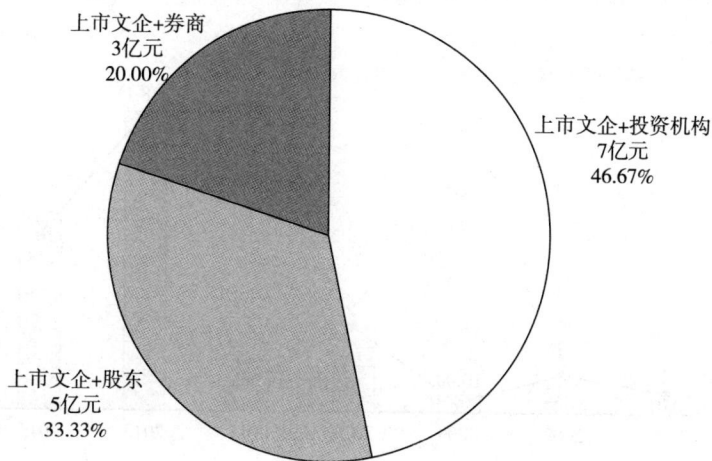

图10　我国上市文企参投基金的模式占比情况

数据来源：新元文智，www.cciresearch.cn。

对上市文化企业而言，采用参投设立基金的模式不仅能够撬动杠杆交易，解决融资压力，还可凭借 PE 等投资机构的专业能力找到优质资源，为其储备更多的优质投资标的，加快外延扩张步伐；另外，从形式上来说，投资基金的规模、存续期、分配方案等都可以量身定制，既方便又灵活。

（三）对外并购规模突破330亿元且跨区域并购热潮渐起

1. 上市文企并购规模突破330亿元，且2013年占比最高

据不完全统计，截至 2014 年底，我国文化企业上市后（2006～2014 年上市）开展的并购事件共计 68 起，其中披露金额的达 51 起，涉及资金折合人民币总计 332.58 亿元，单个并购事件平均投入 6.52

亿元。其中 2013 年并购频率及涉及资金均居首，分别为 31 起（占总事件数的 45.59%）、178.11 亿元（占总投入资金的 53.55%），其次为 2014 年，其并购事件为 18 起，涉及金额达 104.04 亿元。

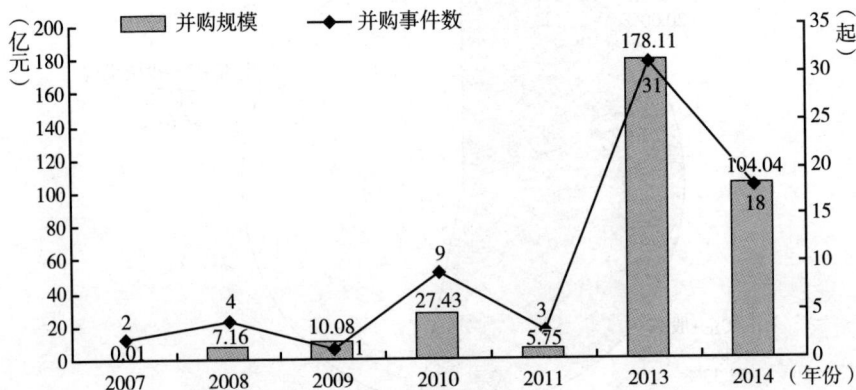

图 11　我国文企上市后各年度并购情况

数据来源：新元文智，www.cciresearch.cn。

2. 跨区域并购浪潮渐起，内地并购标的以北上广为主，延伸至美国、韩国、中国香港地区、英国及日本

近年来，我国上市文化企业凭借自身优势，不断在全国乃至全球布局，其跨区域并购浪潮渐起，而且并购标的在区域分布上呈现明显的地域集聚性。据不完全统计，截至 2014 年底，国内并购事件达 60 起，披露金额的共计 43 起，涉及金额达 309.22 亿元，占并购总规模的 92.98%，并购标的主要集中在上海、北京、广东三地，无论是交易金额还是交易数量上，三地均排在国内前三名。这与其拥有优越的投融资环境及逐渐与国际接轨的发展现状密不可分。另外，海外并购事件共计 8 起，涉及 23.36 亿元，占并购总金额的 7.02%，并购标的主要分布在美国（4 起，12.68 亿元）、韩国（1 起，5.99 亿元）、中国香港地区（1 起，1.92 亿元）、英国（1 起，1.45 亿元）、日本（1

起，1.32 亿元）5 个地区。且开展海外并购的上市文企主要集中于游戏动漫、广告营销、网络新媒体、新闻出版四大领域，其中以盛大、完美世界为代表的游戏动漫领域并购交易频率及交易额最高，分别为 5 起、16.18 亿元，占海外并购总金额的 69.26%；广告营销、网络新媒体、新闻出版三个领域的并购规模及占比分别为 4.41 亿元、18.88%，1.92 亿元、8.22%，0.85 亿元、3.64%。

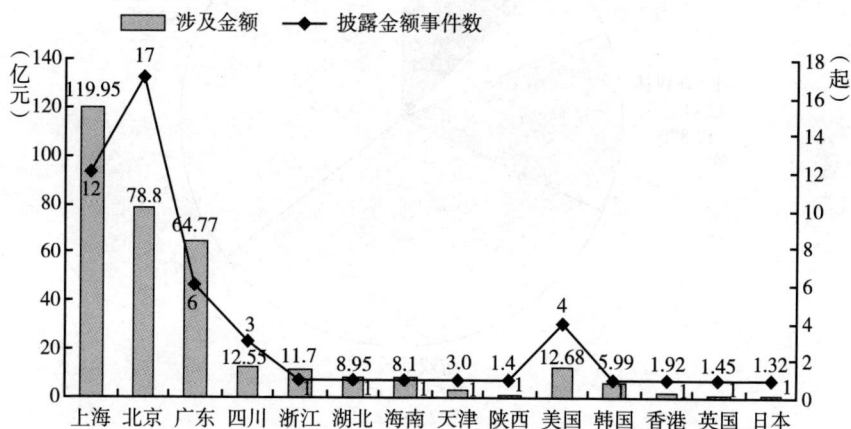

图 12　我国文企上市后并购标的区域分布情况

数据来源：新元文智，www.cciresearch.cn。

3. 并购投资方超三成隶属于广播影视业，近四成并购标的分布于游戏动漫领域

据不完全统计，我国上市文化企业并购投资方主要分布于广播影视、游戏动漫、网络新媒体、广告营销、软件信息服务、新闻出版 6 个领域。其中，游戏动漫领域并购交易最为活跃，并购事件高达 24 起（披露金额的达 15 起），占并购总事件数的 35.29%，其次是网络新媒体领域，以 17 起并购事件位居第二，占比 25%；从并购涉及金额来看，广播影视业居首，交易额 118.34 亿元，占总交易额 332.58

亿元的 35.58%，其次是游戏动漫领域，涉及金额 108.95 亿元，所占比重为 32.76%。

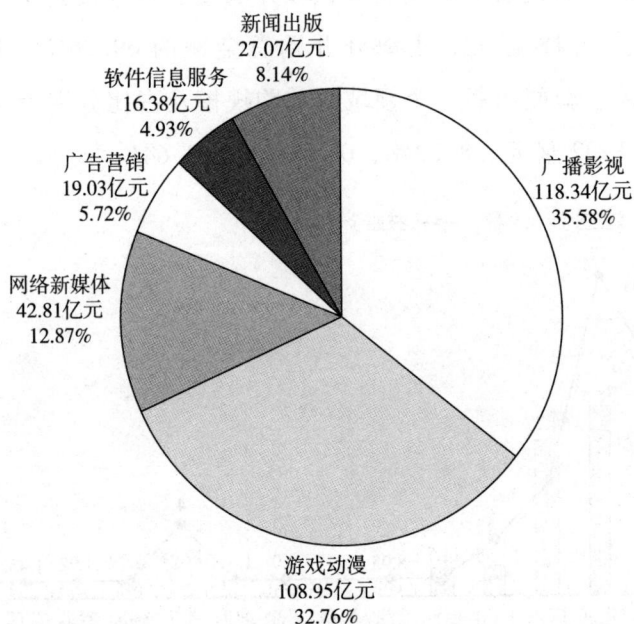

新闻出版
27.07亿元
8.14%

软件信息服务
16.38亿元
4.93%

广告营销
19.03亿元
5.72%

网络新媒体
42.81亿元
12.87%

广播影视
118.34亿元
35.58%

游戏动漫
108.95亿元
32.76%

图 13　我国文企上市后并购投资主体行业分布情况

数据来源：新元文智，www.cciresearch.cn。

另外，从并购标的隶属行业来看，主要辐射游戏动漫、广播影视、广告营销、网络新媒体、软件信息服务、新闻出版、旅游休闲服务、教育培训、音乐、足球 10 大领域。其中，游戏动漫作为国家重点鼓励支持的行业，近几年深受广大上市文企青睐，不管是并购频率还是交易额均居首位，共发生 18 起并购事件，15 起披露金额，交易额达 131.58 亿元，且除了 81.23% 的并购资金源于同行业外，软件信息服务及新闻出版业分别出资 12.15 亿元、12.55 亿元对该板块企业进行并购。

网络新媒体
3.69亿元
1.11%

教育培训
4.2亿元
1.26%

旅游休闲娱乐
0.8亿元
0.24%

音乐
0.03亿元
0.01%

足球
12亿元
3.61%

新闻出版
14.8亿元
4.45%

软件信息服务
29.28亿元
8.8%

广告营销
30.84亿元
9.27%

游戏动漫
131.58亿元
39.56%

广播影视
105.36亿元
31.68%

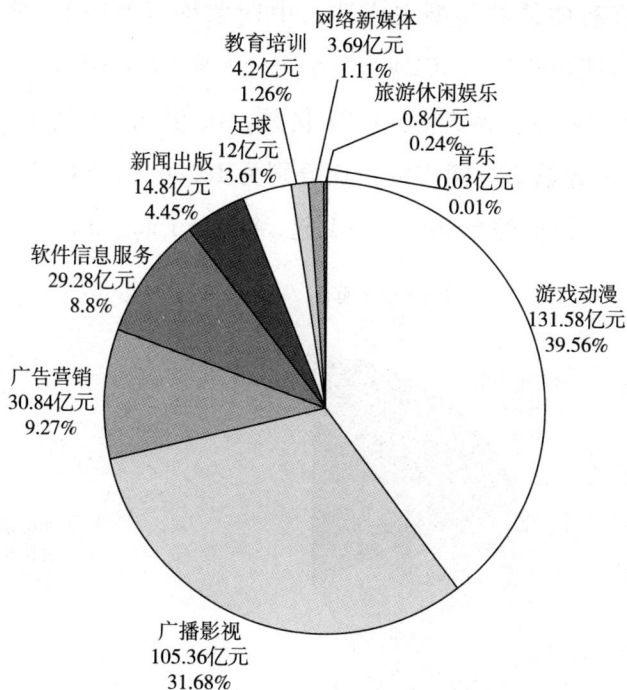

图14 我国文企上市后并购标的行业分布情况

数据来源：新元文智，www.cciresearch.cn。

三 文化类上市企业融资（上市后）状况

（一）债券融资以 CP 为主，六成以上融资额隶属广播影视业

1. 短期融资券的发债金融居首位，占比近六成

据不完全统计，截至 2014 年底，我国上市文化企业（2006～2014 年上市）发行债券 12 起，发债规模 46 亿元。其中发债密度最高的为 2014 年，总计 6 起，融资额共计 30 亿元，占债券总融资额的

65.22%。发行的债券类型主要涉及中期票据（MTN）、短期融资券（CP）、超短期融资券（SCP）、中小企业私募债（SMECN）四种。各类型的发债金额分别为 5 亿元、27 亿元、10 亿元、4 亿元，其各自融资额在近年债券融资总额中的占比分别为 10.86%、58.7%、21.74%、8.7%。其发行债券的数量分别为 1 起、8 起、1 起、2 起。

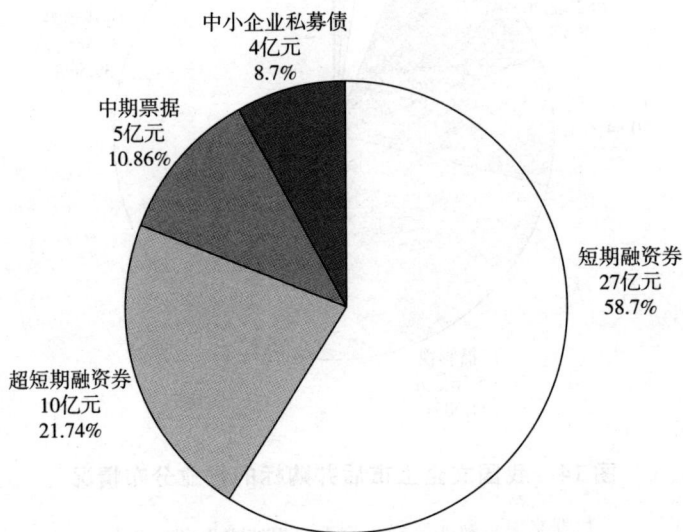

图 15　近几年我国上市文企各发债类型融资占比

数据来源：新元文智，www.cciresearch.cn。

2.发债方涉及三大领域,六成以上融资额隶属广播影视业

截至 2014 年底，我国发行债券的上市文化企业（2006~2014 年上市）主要分布在广播影视、旅游休闲娱乐、新闻出版三大领域。且所占份额最多的为广播影视业，如华谊兄弟、光线传媒和乐视网、吉视传媒，共计发行 10 次，发行总融资达 32 亿元，发行次数和发行额分别占近几年我国上市文化企业债券发行总次数及总发行额的 83.33% 和 69.57%。其次是新闻出版业 1 起债券融资 10 亿元，旅游

休闲娱乐业 1 起融资 4 亿元。另外，广播影视业中 71.88% 的债券融资额隶属于短期融资券（7 起，23 亿元）。

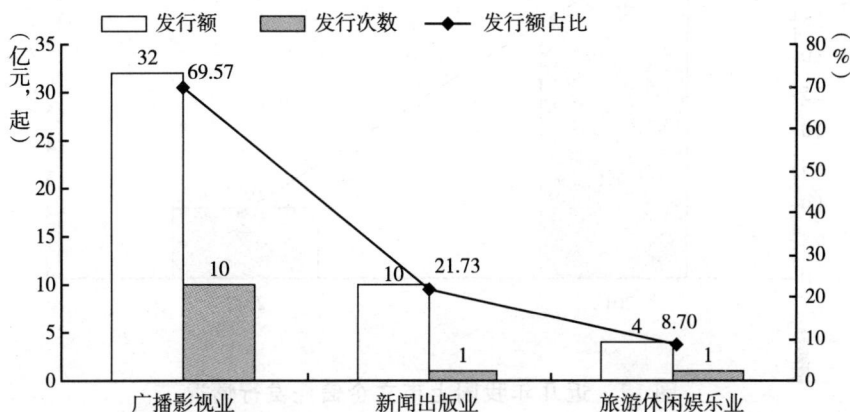

图 16　2006～2014 年我国上市文企发债规模在各行业分布情况

数据来源：新元文智，www.cciresearch.cn。

（二）信托发起方全部属于广播影视业，发行规模为5.12亿元

1. 近几年信托发行计划八成以上集中于2012年

据不完全统计，截至 2014 年底，我国上市文化企业（2006～2014 年上市）发起信托计划 11 起，信托发行总规模 5.12 亿元，平均发行规模为 0.47 亿元。事件集中在 2012 年、2013 年，其中 2012 年信托发行最为频繁，共计 9 起，信托发行规模达 4.15 亿元，占这两年信托计划发行总规模的 81.05%；2013 年，信托发行计划 2 起，信托发行规模 0.97 亿元，所占比重为 18.95%。

2. 信托发起方全部隶属广播影视业，且主要集中于乐视网、吉视传媒、百视通三家企业

数据显示，截至 2014 年底，我国发行信托计划的上市文化企业

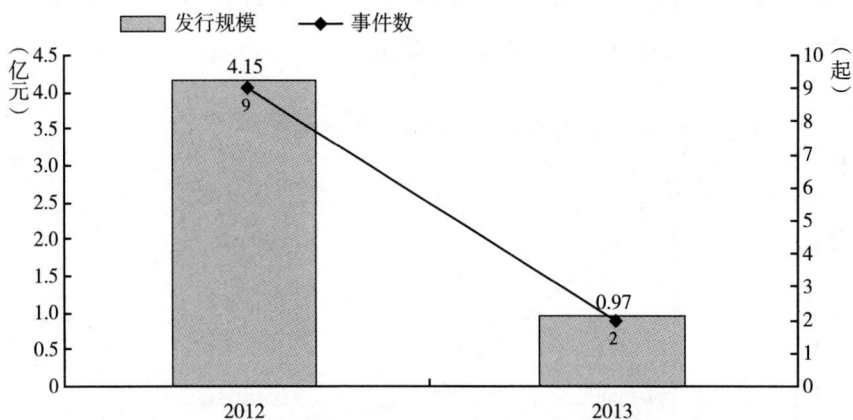

图 17 近几年我国上市文企信托发行情况

数据来源：新元文智，www.cciresearch.cn。

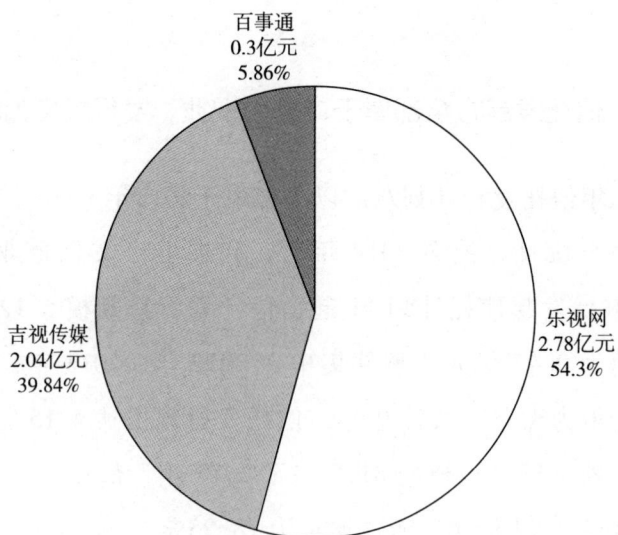

图 18 近几年发起信托融资的上市文企情况对比

数据来源同，新元文智 www.cciresearch.cn。

（2006～2014年上市）全部分布在广播影视业，且集中在乐视网、吉视传媒、百视通三家上市文化企业，三方合计发行信托11起，其中乐视网发行信托频率最高，自上市后共计发起信托6起，发行规模为2.78亿元，占总发行规模的54.3%；其次是吉视传媒，它上市后共计发起4起信托计划，发行规模为2.04亿元，占总发行规模5.12亿元的39.84%，信托资金主要用于数字电视网络建设。

四　文化类上市企业主要资本运营模式分析

随着世界经济格局进入以大公司、大集团为中心的时代，我国文化类上市企业不同程度地利用资本运营实行经营扩张和产业扩张。文化类上市企业的行业特殊性，使得文化类上市企业所采用的资本运营模式与普通的模式存在较大的差别。总体而言，文化类上市企业资本运营主要采取扩张型、收缩型、上市文化企业＋联合发展型、政府导向型四种模式。

（一）扩张型资本运营模式

扩张型资本运营模式指在市场的导向作用下，上市文化企业基于现有的资本结构，通过内部积累、追加投资、吸纳外部资源即兼并和收购等方式，使企业实现资本规模的扩大，也可以称为市场化资本运营模式。该模式是上市初期文化企业较常用的一种资本运营模式。

1. 横向资本扩张型

横向资本扩张指交易双方属于同一文化细分领域，产品相同或相似，双方为了实现规模经营而进行产权交易。横向资本扩张可减少竞争者的数量，增强企业的市场支配能力，改善行业的结构，解决市场有限性与行业整体生产能力不断扩大的矛盾。完美世界的扩张就是横向型资本扩张的典型例子。它 2010 年 4 月收购日本 C&C Media Co. Ltd. 为全资子公司；2010 年 5 月获得美国游戏工作室 Runic Games, Inc. 的多数股权；2011 年 8 月收购了美国著名网络游戏公司 Cryptic Studios 100% 股权；2014 年 4 月以 1 亿美元现金收购了盛大游戏共计 30326005 股 A 类普通股。当前完美世界已成为总部位于中国的领先的网络游戏开发商和运营商。

2. 纵向资本扩张型

纵向资本扩张指上市文化企业与处于生产经营不同阶段的企业或者不同行业部门之间，有直接投入产出的交易。纵向资本扩张将关键性的投入产出关系纳入自身控制范围，通过对原料和销售渠道及对用户的控制来提高企业对市场的控制力。2009 年 9 月 10 日，奥飞动漫以国内"动漫第一股"的独特身份登陆深交所中小企业板，募集资金净额 8.68 亿元。有了充裕的资金后，奥飞动漫的产业链开始大大延伸。2010 年 3 月 10 日，奥飞动漫以 9000 万元现金成功收购嘉佳卡通公司 60% 股权。作为国内第一家动漫概念上市公司，奥飞动漫此次收购一家连续亏损 3 年的卡通电视台显然不是为了电视台上的盈利，而是瞄准了电视台的内容经营权和背后的广大儿童受众。嘉佳卡通卫视是全国五家专业卡通卫视频道之一。本次收购完成后，奥飞动漫成为国内唯一一家拥有频道经营权的上市公司。随后奥飞动漫又收购了执诚服饰等不同产业链环节企业，当前奥飞动漫已初步形成一个环环相扣、优势互补的产业链，从动漫内容制作、图书发行到玩具等衍生产品开发制造，乃至形象授权等，奥飞产业链所涵盖的，是一个以动漫文化力量催生市场无限可能的集团型企业。

3. 混合资本扩张型

混合资本扩张指上市文化企业与一个或两个（含）以上没有直接投入产出关系和技术经济联系的企业之间进行的产权交易。混合资本扩张适应了现代企业集团多元化经营战略的要求，实现跨越技术经济联系的部门之间的交易。它的优点在于分散风险，提高企业的经营环境适应能力。如阿里巴巴打造"大阿里帝国"的收购战略属全方位布局：社交方面投资陌陌、新浪微博，收购O2O基础应用高德地图、打车应用快的，音乐方面收购虾米网、天天动听，传媒方面投资华数传媒、中国文化传播以及投资众安保险、天弘基金等。从阿里的投资策略来看，其投资策略极为灵活多变，涉及领域也非常广泛，只要有价值的企业（无论是否与电商相关），阿里都会收入囊中。

（二）收缩型资本运营模式

收缩型资本运营模式是指上市文化企业将自己拥有的一部分资产、子公司、内部某一部门或分支机构转移到公司之外，从而缩小公司的规模。它是对公司总规模或主营业务范围进行的重组，其根本目的是追求企业价值最大化及提高企业的运行效率。收缩型资本运营模式通常放弃规模小且贡献小的业务，放弃与公司核心业务没有协同或很少协同的业务，宗旨是支持核心业务的发展。当一部分业务被收缩掉后，原来支持这部分业务的资源就相应转移到剩余的重点发展的业务上，使母公司可以集中力量开发核心业务，有利于主流核心业务的发展。收缩型资本运营是扩张型资本运营的逆操作，近几年上市的文企主要采用了该模式中以下几种形式。

1.资产剥离型

资产剥离指上市文化企业把所属的一部分不适合企业发展战略目标的资产出售给第三方，这些资产可以是固定资产、流动资产，也可以是整个子公司或分公司。资产剥离主要适用于以下几种情况：一是不良资产的存在恶化了公司财务状况；二是某些资产明显干扰了其他业务组合的运行；三是行业竞争激烈，公司急需收缩产业战线。新华传媒上市之后，就进行了大量的资产剥离。如 2013 年 10 月 8 日，新华传媒将所持有的上海解放文化传播公司（下称"解放文化传播"）51% 股权挂牌出售，挂牌价为 3.25 亿元。据了解，解放文化传播的业绩始终不理想。2011 年、2012 年分别实现净利润 436.18 万元、−27.66 万元；2013 年亏损进一步扩大，2013 年 1～7 月净利润为 −145.67 万元。截至 2013 年 7 月底，公司总资产 13.88 亿元，所有者权益 6.08 亿元，负债则为 7.79 亿元。经上海东洲资产评估公司评估，截至 2013 年 4 月 30 日，解放文化传播账面净资产 6.09 亿元，评估价值达 9.32 亿元，新华传媒所持 51% 股权对应的账面价值为 3.22 亿元。

2. 分拆上市型

分拆上市指一个母上市文化公司通过将其在子公司中所拥有的股份，按比例分配给现有母公司的股东，从而在法律上和组织上将子公司的经营从母公司的经营中分离出去。分拆上市有广义和狭义之分，广义的分拆包括已上市公司或者未上市公司将部分业务从母公司独立出来单独上市；狭义的分拆指的是已上市公司将其部分业务或者某个子公司独立出来，另行公开招股上市。分拆上市后，原母公司的股东虽然在持股比例和绝对持股数量上没有任何变化，但是可以按照持股比例享有被投资企业的净利润分成，而且最为重要的是，子公司分拆上市成功后，母公司将获得超额的投资收益。

2011 年 4 月香港交易所上市公司第一视频［旗下包括微视频新闻门户第一视频新闻网（v1.cn）、移动互联网公益彩票销售运营、手机游戏三大业务］向联交所提交手机游戏及手机方案设计业务分拆上市申请；2012 年 3 月 8 日，其分拆手机游戏及手机方案设计业务获联交所批准，且第一视频旗下手游业务分拆为中国手游娱乐集团，上市方式为公司分派相当于 6.7% 手游股份的实物美国预托股份，同时在买卖连权股份最后日期的当日，每持有 2000 股第一视频股份的合资格股东，可以获发一股中国手游的美国预托股份。2012年9月25日中国手游集团正式登陆纳斯达克。中国手游集团的分拆上市，不仅实现了企业的业务价值最大化，而且提高了以股份权益为基础的补助，激励了中国手游集团的管理层及财务更加透明，对企业的良性循环更有利。另外，于2011年5月成功登陆纽交所的凤凰新媒体也是凤凰卫视传媒集团将子公司进行分拆上市的典型案例。

3. 股份回购型

股份回购指上市文化企业通过一定途径购买本公司发行在外的股份，适时、合理地进行股本收缩的内部资产重组行为。通过股份回购，上市文化企业达到缩小股本规模或改变资本结构的目的。股份回购与股份扩张一样，都是上市文化公司在其发展的不同阶段和不同环境下采取的经营战略。因此，股份回购取决于公司对自身经营环境的判断。一般来说，一个处于成熟或衰退期的、已超过一定的规模经营要求的公司，可以选择股份回购的方式收缩经营战线或转移投资重点，开辟新的利润增长点。

2012年5月21日，阿里巴巴与雅虎达成协议，阿里巴巴集团以63亿美元现金及价值8亿美元的阿里巴巴集团优先股，回购雅虎手中持有的阿里巴巴集团股份的50%。同时，阿里巴巴集团将一次性支付雅虎技术和知识产权许可费5.5亿美元现金。而在未来整体上市时，阿里巴巴集团有权优先购买雅虎剩余持有股份的50%。整个交易完成后，在阿里巴巴集团董事会，软银和雅虎的投票权之和将降至50%。据了解，回购计划完成后阿里巴巴集团董事会将维持"阿里巴巴集团、雅虎、软银"之间"2∶1∶1"的比例。

（三）上市文化企业＋联合发展资本运营模式

上市文化企业＋联合发展资本运营模式，是指上市文化企业与一个或多个企业共同出资，按照一定的股权比例新设一家实体企业，或者是采取签订战略合作协议的方式以及特许经营的方式，从而达到企业间联合经营的目的。运用该模式的双方，可以均为文化企业，也可以只有其中一家为文化企业。该模式的特点是，可以通过合资经营、非产权合作或者特许经营的方式，使企业的经营业务范围得以迅速扩张。

1. 上市文化企业 + 文化企业

当前传统媒体与网络媒体的联合发展资本运营模式较为成熟，能够达到优势互补的目的。传统媒体拥有广泛的新闻资源、雄厚的人力资源和独立的采访权，这些都是网络媒体所欠缺的。网络媒体提供平台、传统媒体提供素材的联合战略在业界被广泛接受。如凤凰卫视传媒集团和新浪合作，开辟了凤凰卫视专区。

2. 上市文化企业 + PE

该模式主要体现为 A 股上市文化企业与 PE 共同成立基金（基金形式主要为有限合伙企业，同时还有部分有限责任公司或者资产管理计划），用于新兴行业或固定项目股权投资，基金退出方式主要包括上市文化企业收购、股权转让、股权回购等多种方式。如蓝色光标斥资 1 亿元联合深创投（出资 4900 万元）设 5 亿元创投基金——北京红土嘉禾创业投资基金。该基金的投资范围将主要集中在大 TMT、大文化行业的各个细分领域，如互联网、新媒体、大数据、公关、传媒、影视等，而蓝色光标主营的公关媒体广告等也自然被囊括其中。

除以上两种上市文化企业 + 联合发展资本运营模式外，还有上市文化企业 + 汽车等跨界联合模式。如 2014 年 7 月 23 日，阿里巴巴集团与上汽集团在上海签订了战略合作协议。双方将开展“互联网汽车”方面的合作。阿里巴巴负责 Yun OS 操作系统、大数据、阿里通信、高德导航、阿里云计算，而上汽集团则提供整车与零部件开发、汽车服务贸易等资源。

（四）政府导向型运营模式

政府导向型运营模式，是指依靠地方资源，采取和政府合作的方式，基于企业的资金、品牌以及管理上的优势，来进行资源的联合开发。该模式的特点是通过政企合作，利用双方的优势条件，从而实现优势互补、资源共享的双赢局面。该模式主要体现在文化旅游板块，尤其体现在旅游业中具有一定影响力并意图开发或者是涉猎其他地区的旅游资源的旅游上市公司。如云南世博旅游集团（以下简称"云南旅游"）在哈尼梯田旅游项目的开发上，运用的就是典型的政府导向型运营模式，云南旅游与云南元阳县政府合作，元阳县政府以梯田资源加上部分资金的形式入股，云南旅游则以资金、品牌以及管理方式控股，共同发起组建了哈尼梯田文化旅游开发公司，此模式的运用，使得哈尼梯田既不耽误申遗的工作，又能实施其文化旅游资源的开发与建设，是一个双赢的举措。由于文化旅游业本身便是政府主导型产业，所以如果能在合法合理地遵循政府的产业导向的基础上，充分借助政府的产业政策，进行共同开发，将对文化旅游项目的开发及运作起到十分有效的推动作用。

五　重点领域的上市文企资本运营模式案例分析

（一）广告营销领域——蓝色光标

1. 公司简介

蓝色光标传播集团（以下简称"蓝色光标"）成立于1996年，是一家为大型企业和组织提供品牌管理与营销服务的专业企业。集团主营业务为整合营销（包括数字营销、公共关系、广告创意策划和媒体代理、活动管理和国际传播业务等）、电子商务、移动互联和大数据。集团旗下拥有蓝色光标数字营销机构、蓝标电商、智扬公关、博思瀚扬、美广互动、电通蓝标、思恩客广告、精准阳光广告、今久广告、博杰传媒、蓝色方略、Financial PR、香港 Metta 广告、英国 We Are Social、美国 Fuse Project 等业务品牌。

2. 上市情况介绍

2010 年 2 月 26 日，蓝色光标在深圳证券交易所创业板上市，成为国内公关概念第一股。融资规模为 1.6 亿元，当日市值为 27 亿元，当前总市值为 352.13 亿元，流通市值为 239.01 亿元，市盈率（动）为 49.45。

3. 上市后资本运营分析

蓝色光标自上市之后便开始发动并购闪电战，跑马圈地、急速膨胀。主要涉及的资本运营模式有扩张型资本运营模式（投资并购、债券融资、定向增发）、上市文化企业 + 联合发展资本运营模式。

（1）通过投资并购实现规模效应和协同效应

据不完全统计，蓝色光标自上市以来，累计发生的投资并购事件达 23 起，涉及资金 48.47 亿元（其中海外投资 4 起，涉及资金 4.3 亿元），参投领域主要为广告、金融服务、软件、汽车等。蓝色光标通过投资并购实现了业务规模的几何级倍增，并大大提高了其在市场竞争中的领导地位，获得了可观的规模效应。另外，通过并购业务实现了业务种类、业务品牌、服务行业和经营地区上的扩张，使其不同业务平台之间形成了有效联系，这种内在联系可以看作并购带来的协同效应。

通过对蓝色光标上市以来主要的投资并购案例的总结，可以发现公司在其并购扩张过程中显示出了高超的并购技术，主要应用了分步并购、选择（适时）并购、设置业务对赌条款、利用子公司平台并购、通过增资扩股形式进行并购、发行股份购买资产、发行股份募集并购等并购技术。

蓝色光标较擅长设置对赌条款。例如，在对金融公关集团的投资中，蓝色光标规定了"业绩承诺"，而在股份比例超过51%的收购项目中，蓝色光标都做了详细的"估值调整与业绩承诺条款"，也就是俗称的"对赌"。对赌协议是指投资方与融资方在达成协议时，双方对于未来不确定情况的一种约定。如果约定的条件出现，投资方或融资方可以行使某种权利。在思恩客并购案中，蓝色光标通过"股权投资＋增资扩股"方式投资，对未来三年的业绩都做了对赌约定，如果思恩客未来净利润没有达到约定要求，蓝色光标有权要求原思恩客股东予以相应的现金补偿。在美广互动、精准阳光、今久广告的协议对赌中，蓝色光标还详细约定了未来利润和收购的 PE 值倍数的关系。

在控制并购风险上，蓝色光标的主要表现是：针对不熟悉的领域先参股，熟悉并规范之后再增持到控股；保留管理层，签订业绩承诺或对赌协议；在达到业绩预期后进一步增持股份；在支付上采取分期付款、"现金＋限制性股票"结合的方式避免道德风险；与现有管理层签订同业竞争条例以防范业务风险；对骨干员工授予股票期权以保证工作积极性；保留业务完整性，通过注入蓝色光标的管理信息系统逐步整合运营平台。

（2）积极利用公司债等债务融资工具

蓝色光标作为 A 股创业板市场上资本运作最为成功的企业之一，除了疯狂投资并购外，还积极利用公司债等债务融资工具做大企业融资规模，助力产业整合和升级。如 2012 年，公司获得中国证监会非公开发行面值不超过 4 亿元的公司债券的批复，并成功发行了第一期公司债券 2 亿元。

（3）与投资机构联合设立基金，助力价值链整合和产业扩张

蓝色光标为在更大范围内寻求对公司有重要意义的并购标的，借助专业投资机构放大公司的投资能力，加快公司发展扩张的步伐，同时分享快速发展的并购投资市场的回报。2014 年 3 月使用自有资金 1 亿元参与设立北京华泰瑞联并购基金。华泰并购基金将聚焦于上市公司产业并购与重组过程中的投资机会，致力于服务上市公司的并购成长、推动公司价值创造，并在并购投资中合理运用杠杆，实现投资回报。同年 5 月，蓝色光标又斥资 1 亿元联合深创投（出资 4900 万元）设立 5 亿元创投基金——北京红土嘉禾创业投资基金。该基金的投资范围将主要集中在大 TMT、大文化行业的各个细分领域，如互联网、新媒体、大数据、公关、传媒、影视等，而蓝色光标主营的公关媒体广告等也自然囊括其中。

另外，2014 年 11 月 4 日，蓝色光标公告称，董事会计划发行境外上市外资股（H 股）并申请在香港联合交易所有限公司主板挂牌上市。初始规模为不超过本公司发行后总股份的 25%，将在 18 个月内选择适当的时机和发行窗口完成发行，募集资金主要用于境外并购项目、海外业务拓展项目、海外业务支撑平台搭建项目、偿还银行贷款、补充运营资金等。若上市成功，蓝色光标将成为第一家"A + H"股上市的内地创业板公司。H 股上市将拓宽融资渠道、降低融资成本，有利于加速海外业务拓展。

（二）网络新媒体——阿里巴巴

1. 公司简介

阿里巴巴集团（以下简称"阿里巴巴"），由本为英语教师的马云于 1999 年带领其他 17 人所创立，集团由私人持股，服务来自超过

240 个国家和地区的互联网用户；集团及其关联公司在大中华地区、印度、日本、韩国、英国及美国 70 多个城市，经营多元化的互联网业务，致力为全球所有人创造便捷的交易渠道；自成立以来，集团建立了领先的消费者电子商务、网上支付、B2B 网上交易市场及云计算业务，近几年更积极开拓无线应用、手机操作系统和互联网电视等领域。集团以促进一个开放、协同、繁荣的电子商务生态系统为目标，旨在对消费者、商家以及经济发展做出贡献。

2. 上市情况介绍

2007 年 11 月 6 日，阿里巴巴集团 B2B 子公司阿里巴巴网络有限公司（以下简称"阿里巴巴网络"）于香港联合交易所主板分拆上市。挂牌首日，其开盘价 30 港元，较发行价 13.5 港元涨 122%，一跃成为中国互联网首个市值超过 200 亿美元的公司，融资总规模为 92.78 亿元。于当时仅次于 2004 年在美国纳斯达克上市的互联网股谷歌所创下的首次公开发售纪录。

2012 年 6 月，阿里巴巴网络正式从香港联交所退市。

2014 年 9 月 19 日，阿里巴巴正式登陆纽交所，开盘价 92.7 美元，较发行价大涨 36.3%，市值 2383.3 亿美元，超过 Facebook 和亚马逊。本次 IPO 融资规模高达 218 亿美元，加上承销商拥有的超额配售权，属纽交所 223 年历史上最大的一笔 IPO，同时也超过了 Facebook 的 160 亿美元，以及美国此前最大规模 IPO——VISA 的 179 亿美元融资额，成为到目前为止美国最大规模的 IPO 个案。此次阿里巴巴上市，有六家银行为其承销：瑞信、摩根士丹利、JPMorgan、德意志银行、高盛和花旗。另外，阿里巴巴此次 IPO 打包上市的业务包括：淘宝、天猫、聚划算 3 大零售平台，Alibaba.com 国际批发平台，1688.com 国内批发平台，全球速卖通 AliExpress 以及阿里云服务，业务聚焦于电商及电商配套服务、金融—支付、本地生活服务等领域。

3. 上市后资本运营分析

阿里巴巴的上市路径为子公司拆分上市——退市——集团整体上市。自子公司阿里巴巴网络分拆上市后，其资本运营模式主要涉及扩张型资本运营模式（投资并购）、收缩型资本运营模式（股份回购）、上市文化企业＋联合发展资本运营模式。

（1）全方位并购模式，打造多元化生态系统

自阿里巴巴子公司阿里巴巴网络在香港上市后，阿里巴巴便开启了并购模式，尤其是 2014 年临近阿里巴巴赴美 IPO 时期，其大手笔并购的新闻几乎不间断。据不完全统计，共发生 24 起投资并购事件，其中披露金额的有 13 笔，涉及资金达 127.52 亿元。其中 2014 年投入的资金高达 112.59 亿元，占那几年总投入的 88.29%。先后将美团网（团购网站）、虾米网（音乐网站）、快的打车、新浪微博、高德地图、穷游网（出境游网站）、佰程旅游网（在线旅游网站）、天弘基金、中信 21 世纪（药品电商）、友盟（移动开发者服务平台）、Tango（美国社交手机应用商）、银泰百货（线下百货商）、恒生电子（金融机构软件供应商）、华数传媒、中国文化传播（电影电视制作商）、优酷土豆、广州恒大俱乐部、新加坡邮政、UC 浏览器（中国领先的手机浏览器开发）、海尔电器等纳入麾下，并创建了菜鸟网络等公司。

由以上并购标的可见，和百度、腾讯围绕自身核心业务进行并购不同，阿里巴巴的并购可谓全方位出击，涉及金融、文化、娱乐、生活服务、医疗等多个与消费者息息相关的领域，以数据为核心的多元化大生态正在形成。另外，从并购策略上看，阿里巴巴的行动较同行也更为激进，不论是否与其核心的电商业务相关，只要企业有价值，阿里巴巴都会想方设法收入囊中。更为重要的是，阿里巴巴的大规模并购行为，一直遵循其强调的"接力跑"式发展模式（B2C 业务是阿里巴巴接力跑的第一棒，第二棒是淘宝和支付宝，第三棒是大数

据，第四棒则将是金融、物流等业务）。投资菜鸟网络，收购高德地图，入股海尔、银泰，是为了拓展传统电子商务，进而完成O2O布局；收购恒生电子，入主天弘基金无疑是在巩固自身的互联网金融优势；投资天天动听、虾米音乐、华数传媒、文化中国、优酷土豆、恒大足球则是看准了泛文化产业的巨大市场前景。

（2）股票回购——退市——再上市

2012年2月21日，阿里巴巴的股东阿里巴巴集团及阿里巴巴联合宣布，阿里巴巴集团（"要约人"）已向阿里巴巴董事会提出私有化要约。阿里巴巴集团提出以每股13.5港元的价格回购阿里巴巴剩余的13.28亿股股份（占总股本的比例为26.55%），预计耗资约180亿港元；2012年5月21日，阿里巴巴与雅虎达成协议，阿里巴巴集团以71亿美元价格回购雅虎20%的股权。根据协议，如果阿里巴巴集团在2015年12月前进行IPO，阿里巴巴有权在IPO之际回购雅虎持有的剩余股份的一半；2012年5月25日，阿里巴巴的私有化建议已于法院会议中获足够多数独立股东批准通过，投票赞成私有化建议的股票数量占独立股东所持股票总数的95%；2012年6月15日，阿里巴巴公司注册地开曼群岛大法院批准了阿里巴巴的私有化计划，据此港交所批准撤销阿里巴巴的上市地位；2012年6月20日，阿里巴巴正式从港交所退市；2014年9月19日，阿里巴巴正式登陆纽交所。

如果粗略算一笔账的话，可以说，在当年香港上市与退市的四年半的时间里，阿里巴巴融资进账131亿港元，回购花掉180亿港元。以借贷类比，阿里巴巴"借"的这131亿港元的年利率在8.5%左右。与借了一笔银行贷款，或者发了一笔企业债券比，成本相差无几。因此，昔日的退市是划算的。

另外，上市是初级战术，退市是高级战术，退市后再上市则是最高级的战术。"上市——退市——再上市"则是马云为阿里巴巴打造的资本战略。阿里巴巴与其最大的竞争对手腾讯的业绩实际相差不多，但其市值、募集资金差异都非常大。腾讯 2013 年全年总收入为人民币 604.37 亿元，经营盈利为人民币 191.94 亿元，非通用会计准则经营盈利为人民币 207.68 亿元。2014 年上半年，腾讯总收入为人民币 381.46 亿元，经营盈利为人民币 156.33 亿元。再加上未来微信购物的盈利预期，腾讯的市值应该比阿里巴巴更高才对，但 2014 年 9 月 19 日，在阿里巴巴上市的当日，腾讯的市值为 11697 亿港元，折合人民币 9264 亿元。而阿里巴巴 2383 亿美元的市值折合人民币为 15013 亿元，阿里巴巴比腾讯高出了 5749 亿元的市值。而在 IPO 募集资金方面，阿里巴巴是 218 亿美元（折合人民币 1373 亿元），而腾讯 2004 年 6 月在香港联交所挂牌上市时仅募集资金 15.5 亿港元。阿里巴巴募集的资金比腾讯高出了 1358.5 亿元。二者相加，阿里巴巴比腾讯多了 7107.5 亿元。因此可以说，阿里巴巴"上市——退市——再上市"的资本战略，为阿里巴巴多带来了 7107.5 亿元。

（3）阿里巴巴＋联合发展资本运营

2010 年 4 月，阿里巴巴董事局主席马云与聚众传媒创始人虞锋、巨人网络董事长史玉柱、新希望集团董事长刘永好、分众传媒董事局主席江南春等十多位中国企业家共同发起云峰基金，其中阿里巴巴投资 1 亿美元，史玉柱和巨人网络投资 2000 万美元，该基金募集资金达 11 亿美元。据了解，云峰基金主要在科技/媒体/电信、医疗保健和消费这三个行业中进行投资。

（三）动漫游戏——掌趣科技

1. 公司简介

北京掌趣科技股份有限公司（以下简称"掌趣科技"）成立于

2004 年 8 月，注册于中关村科技园，是国家高新技术企业和双软认证企业。公司主营游戏开发、代理发行和运营，是中国领先的移动终端及互联网页面游戏开发商、发行商和运营商。当前已自主研发和代理发行了两百余款游戏产品。

掌趣科技以"精品化、泛娱乐化、平台化、全球化"的战略，在"内生增长"的基础上，不断加强"外延发展"，持续投资、并购有发展潜力的公司及团队。动网先锋、玩蟹科技、上游网络、天马时空、晶合思动等行业领军企业先后加入掌趣大家庭，并战略投资了 Unity Software Inc.、筑巢新游、欢瑞世纪。通过内生加外延的整合、协同，掌趣的手游及页游产品全面覆盖了卡牌、重度 ARPG、休闲、竞速、射击、体育、策略塔防等主流游戏类型，成为行业产品门类最全的研发、发行商。

2. 上市情况介绍

2012 年 5 月 11 日，掌趣科技作为"手机游戏第一股"在深圳证券交易所创业板挂牌上市，发行股票 4091.50 万股，每股发行价 16.00 元，共募集资金 6.55 亿元。

3. 上市后资本运作分析

掌趣科技上市后坚持"内生增长 + 外延发展"并重的发展战略，围绕游戏全产业链持续投资、并购有发展潜力的公司及团队。其主要涉及的资本运营模式有扩张型资本运营模式（投资并购、定向增发）、上市文化企业 + 联合发展资本运营模式。另外，在投资并购交易结构设计上大多采用同股不同权、对赌和奖励机制，并以发行股份 + 支付现金相结合的支付方式完成收购。

（1）通过投资并购完善产品线布局、掌控发行渠道

游戏领域目前的投资并购已经是常态化的行为，一个单独的游戏企业很难完全靠自有团队迅速覆盖所有类型的产品领域，也

不可能凭一己之力进入所有国家和地区的市场，而通过投资并购来完善产品线布局、掌控发行渠道是上市公司快速成长的有效手段。

掌趣在投资并购方面具有较出色的表现，比如对动网先锋的并购就是其作为手游企业在页游领域的有效扩张，双方在产品类型上实现了互补。2013年初，动网先锋拿到了《西游降魔篇》页游和手游的改编授权后，将手游项目的立项制作交给掌趣科技下属的研发团队。同时，掌趣科技旗下《石器时代》的页游版本已经交给动网先锋进行研发。这样的并购不是简单的双方财务上的合并，目前已经形成 1 + 1 > 2 的协同效应。

另外，为拓展公司的移动游戏代理发行业务，在现有系统与平台的基础上进一步提升公司的 iOS 平台发行能力，公司向 iOS 游戏发行领域的佼佼者北京筑巢新游网络技术有限公司（以下简称"筑巢新游"）增资 2200 万元，增资后公司持有筑巢新游 35% 的股权。筑巢新游团队的 iOS 平台游戏发行经验丰富，在 iOS 正版流量运营方面有较大优势，能够与掌趣科技形成良好协同，促进双方业务发展。一方面，掌趣科技用户基数大，CP 资源丰厚，基于多年积累能够提供更好的平台和帮助，筑巢新游可获得更加优质的内容，发展将更加迅猛。另一方面，收购标的在 iOS 平台上的发行经验也是对公司极好的补充，能够完善公司 iOS 平台的代理发行能力，提高公司的市场占有率并进一步增强其议价能力。

除动网先锋、筑巢新游外，玩蟹科技、上游网络、天马时空、晶合思动、Unity Software Inc.、欢瑞世纪等行业领军企业先后加入掌趣大家庭，且掌趣科技在投资并购动网先锋、玩蟹科技、上游网络等企业的交易结构上均设计了同股不同权、对赌和奖励机制，并采取发行股份＋支付现金相结合的支付方式。通过内生＋外延的整合、协同，目前掌趣科技的手游及页游产品全面覆盖了卡牌、重度 ARPG、休闲、竞速、射击、体育、策略塔防等主流游戏类型。

（2）掌趣科技＋联合设立基金

掌趣科技斥资 2000 万元参股手机创投基金。2014 年 4 月，掌趣科技以自有资金 2000 万元投资上海冠润基金，成为该基金的有限合伙人，交易完成后，掌趣科技持有上海冠润基金 24.39% 的股权。据了解，上海冠润是日本 Cyber Agent Ventures 旗下的一只基金，主要从事早期移动互联网团队的投资，以国内智能手机的相关企业为重点投资领域。它主要投资于早期及种子期的企业，通过并购及第三者收购的方式获得利益分配，每个项目的投资金额为 300 万至 500 万元。通过对上海冠润基金的投资，可扩大对早期智能手机及手机游戏研发及发行企业的资金支持，为公司未来发展储备更多的并购标的，抓住市场发展机遇，进一步完善公司对全产业链布局的战略定位。

掌趣科技充当 LP，以 1 亿元投资华泰瑞联并购基金。2014 年 3 月，掌趣科技公告称，公司将使用自有资金 1 亿元参与投资设立华泰瑞联并购基金。公司作为有限合伙人承担有限责任，不参与基金的日常运营与管理。掌趣科技首期出资为公司认缴出资额的 50%，即 5000 万元，在华泰并购基金首期出资的 70% 已用于项目投资后，根据普通合伙人的通知要求，公司将缴付剩余认缴出资额的 50%，即 5000 万元。华泰并购基金重点投资领域为 TMT、医疗服务及医药、大消费、环保等行业，掌趣科技本次参与投资设立华泰并购基金，目的在于将公司对于所在行业的深入理解及判断与华泰瑞联基金管理公司专业团队的并购专业能力有效结合，充分利用并购基金平台，推动公司的产业整合及外延式扩张，实现公司健康、持续成长和价值创造。

（四）广播影视——乐视网

1. 公司简介

乐视网成立于 2004 年 11 月，长期以来，乐视网致力于打造垂直整合的"平台＋内容＋终端＋应用"的生态模式，涵盖了互联网视频、影视制作与发行、智能终端、大屏应用市场、电子商务、生态农业等，日均用户超过 5000 万，月均超过 3.5 亿。近十年来，乐视网采用"付费＋免费"的新型商业模式，坚持"合法版权＋用户培育＋平台增值"的"三位一体"的经营理念，在行业内率先实现盈利并持续高速增长，进而确立了乐视网在网络视频服务行业的市场领先地位，创造了多项全球或中国第一：中国用户规模第一的专业视频网站，全球首家推出自有品牌电视的互联网公司，中国首家拥有大型影视公司的互联网公司，中国第一家提出内容自制战略的公司。乐视网正成为中国最具活力和影响力的科技与文化融合的创新型企业。

2. 上市情况介绍

2010 年 8 月 12 日，乐视网成功登陆深交所，开盘价达到 49.44 元，较 29.2 元的发行价高出 20.24 元，涨幅 69.32%。至此，国内视频行业经过 5~6 年的探索，A 股首家网络视频公司诞生。本次募集资金总额为 7.3 亿元，超募 4.2 亿元。其募集资金主要投向互联网视频基础及应用平台改造升级项目、3G 手机流媒体电视应用平台改造升级以及研发中心扩建等。项目建成后，将大大提高乐视网在相关领域的业务开拓能力，并且使其抓住"三网融合"时代的视频服务领域的发展机遇。目前，乐视网的市值已经由上市之初的 30 亿元增长为 400 多亿元，曾多次创下创业板公司市值最高纪录，也是创业板龙头股之一。

3. 上市后资本运营分析

自 2010 年登陆创业板之后，乐视网在资本市场向来不缺乏资本故事，每一次资本运作都与其股价有着千丝万缕的关系，历经 4 年股价上涨 1200%。其主要涉及的资本运营模式包括扩张型资本运营、上市文化企业 + 联合发展资本运营。其中，在扩张资本运作方面，主要通过定向增发、发行信托、发行债券、股权质押等多种方式进行融资，在投资收购上大多采用"现金 + 股票"的方式。

（1）一箭双雕的并购模式

据了解，乐视网真正开启转型的并购模式始于 2013 年。当年，乐视网共募集资金 16 亿元，主要用于收购 2 家公司的股权。2013 年 10 月，乐视网以"现金 + 股票"方式收购花儿影视 100% 股权，总对价为 9 亿元，其中股权支付 6.3 亿元，现金支付 2.7 亿元；该笔 2.7 亿元来自最高可达 3.98 亿元的定向增发配套融资。即刨除 2.7 亿元的现金支付外，乐视网可因并购花儿影视的融资增发最高获得 1.28 亿元现金净流入。一方面，并购花儿影视将实质性地使乐视网的内容优势从"拥有优质内容"升级到"拥有生产优质内容的能力"。另一方面，收购完成后乐视网将获得更多的资金储备。与此同时，乐视网还发行股份收购乐视新媒体 99.5% 股权，对价为 3 亿元，另向不超过 10 名其他特定投资者发行股份募集配套资金 4 亿元。

（2）多种融资模式并举

据不完全统计，乐视网以信托计划、股权质押、定向增发、发债券融资等多种方式获得资金 84 亿元。其中，乐视网信托计划共计 6 起，募集资金额为 2.78 亿元；发债规模为 4 亿元，共计发行 2 次，且发债类型均为中小企业私募债；在股权质押方面，乐视网公告数据显示，从 2013 年 2 月 8 日到 2014 年 7 月 3 日，乐视网共进行了 18 次股权质押和 10 次股权解除质押，股权质押解押次数相当

频繁。2013 年 2 月 8 日、3 月 7 日、4 月 1 日、4 月 8 日，乐视网分
四次将名下 4840 万股用于质押，其 CEO 贾跃亭个人名下 83.98% 的
股票已被质押，达到近两年来贾跃亭质押个人名下股票的高峰，这
些股票占上市公司总股本的 39.32%。此外，贾跃亭在 2014 年 4 月
也曾解除过两笔股权质押，解除质押的比例占其拥有股权的
16.53%。质押股权所得，主要用于乐视网生态链除乐视网之外部分
构架的完善和投资。

另外，2014 年 8 月 8 日，乐视网发布定增预案，本次非公开发
行募资 45 亿元。受此消息刺激，8 月 8 日乐视网复牌后股价上涨
7.64%，收盘价报 39.6 元，此次 45 亿元定增，也创下了创业板再融
资金额的新纪录。本次发行包括五名对象，其中乐视控股将出资 10
亿元，认购 2876.9 万股；中信证券出资 5 亿元，认购 1438.4 万股；
蓝巨投资出资 15 亿元，认购 4315.3 万股；宁波久元出资 10 亿元，
认购 2876.9 万股；金泰众和出资 5 亿元，认购 1438.4 万股。本次募
集资金将用于主营业务相关的投入，包括内容资源库的建设和扩充、
网络视频服务运营、平台的研发和升级、智能终端研发及乐视生态各
个环节的投资并购等。上述资金募集将有效地满足未来两到三年公司
高速成长的资金需求。

（3）乐视网 + 联合运营多元化拓展

2012 年，乐视网与京东商城达成战略合作，推出在线视频购物。
在电子商务由图文购物向视频购物发展中，由乐视来做视频服务平
台。从页面设置来看，用户可以在京东商城在线视频购物专区观看热
门影视剧。同时，该专区还支持用户在线购物，在影视剧作品中出现
的产品将在京东做关联销售。用户可在京东商城同款产品的购买页面
直接下单。

2014 年初，乐视网与北京汽车共同战略投资美国电动汽车设计

公司 Atieva，意在合作制造互联网智能汽车。合作理念以"轻资产＋技术驱动"为基础，创立轻资产品牌。乐视网将为北京汽车提供互联网智能汽车的智能系统、EUI 操作系统、车联网系统。

2014 年 7 月 23 日，乐视网战略入股重庆广电控股的重庆有线，并由乐视网与重庆有线共同出资设立新的子公司，作为向全国共同开展互联网电视业务的经营主体，重庆广电将调动各方面资源，力争尽快向广电总局申请互联网电视集成播控服务牌照或互联网电视内容服务牌照。

2014 年 8 月 7 日，乐视网宣布与海康威视签订框架协议，双方将在云服务、智能硬件、视频内容等领域开展合作，协作开展智能家居及商业楼宇的安防监控等项目型合作，以及基于视频分析技术的深度合作等。

（五）新闻出版——新华传媒

1. 公司简介

上海新华传媒股份有限公司（以下简称"新华传媒"），是国内唯一一家横跨出版发行和报刊经营行业的大型传媒企业，也是中国出版发行第一股。改制的先发优势，悠久的历史积淀，丰富的资源网络，以及优质的品牌和资本优势，为公司构建了较大的施展空间。目前，新华传媒已形成图书发行、报刊经营、广告代理、电子商务及传媒投资等业务板块。其中公司所属的新华连锁是上海地区唯一使用"新华书店"集体商标的企业，在全市拥有大型书城、中小型新华书店门市等大中小不同类型的直营网点近 150 家，拥有中小学教材的发行权，图书零售总量占上海图书零售总量的 65% 以上；公司拥有《新闻晚报》、《申江服务导报》、《房地产时报》、《人才市场报》、《I时代报》以及《上海学生英文报》等多家知名报刊的独家经营权；

公司下属的上海中润解放传媒有限公司是《解放日报》、《新闻晨报》、《申江服务导报》等报刊的广告总代理商，在业界被誉为"媒体品牌管家"。

2. 上市情况介绍

连环借壳上市方式。新华传媒全称"上海新华传媒股份有限公司"，是新华发行集团借华联超市的"壳"整合而来，公司前身为上海时装股份有限公司、华联超市股份有限公司。1993 年 10 月，上海时装股份有限公司向社会公众公开发行普通股股票 2000 万股，公司股票于 1994 年 2 月 4 日在上海证券交易所上市交易；2000 年 7 月，公司原控股股东华联（集团）有限公司将其所持有的该公司 51425082 股国家股转让给上海华联商厦股份有限公司，并受让其所持有的上海华联超市公司 100% 股权，该公司更名为"华联超市股份有限公司"；2006 年 9 月，上海新华发行集团有限公司受让该公司股份 118345834 股（占总股本的 45.06%），成为该公司第一大股东，经过资产置换，该公司主营业务由原来的经营连锁超市业务变更为经营文化传媒业务，公司名称变更为"上海新华传媒股份有限公司"；2006 年 10 月，新华传媒借壳华联超市，在上交所正式登陆资本市场，成为"图书出版发行第一股"。

3. 上市后的资本运作分析

新华传媒上市后，充分发挥资本市场配置资源的功能，通过增发并购，进一步打造和延伸核心业务产业链，实现跨行业发展和进一步的资源整合。主要涉及的资本运营模式为扩张型资本运营模式（定向增发、投资并购）、收缩型资本运营模式（资产剥离）、上市文化企业＋联合发展资本运营模式。

（1）定向并购整合资源，打造完整的平面媒体经营产业链

新华传媒借助上市公司这个平台，展开资本运作。2007 年 5 月

24 日，新华传媒发布定向增发方案的公告称，公司已决议以每股 16.29 元价格向解放日报报业集团、中润广告定向增发 1.24 亿股。其中解放日报报业集团将按照有关文化体制改革政策，把政策允许进入上市公司的所属传媒经营性资产全部注入新华传媒。2008 年 1 月，新华传媒完成定向增发，解放日报报业集团、上海中润广告有限公司分别以其传媒类经营资产认购公司 124367268 股股份。定向增发后，新华传媒主营业务结构从以图书及音像制品发行业务为主向报业经营、消费服务类媒体及广告代理业务领域延伸，这使得公司在传媒经营领域的产业链更加丰富、宽广和完整，这次交易将使公司业务结构有效整合并产生并购协同效应，使公司向成为拥有完整产业链的传媒经营上市公司迈出关键步伐，大大增强了公司未来的盈利能力和可持续发展能力。

表 2　新华传媒定向增发认购资产列表

单位：%

出售方	业务大类	业务小类	控股子公司	出售股权
解放日报报业	报刊经营类	专业类	上海地铁时代传媒发展有限公司	51
			上海房报传媒经营有限公司	100
			上海人报传媒经营有限公司	100
			上海解放教育传媒有限公司	100
		消费类	上海申报传媒经营有限公司	100
			上海晨报传媒经营有限公司	100
	报刊发行类		上海风火龙物流有限公司	100
	传媒衍生类		上海解放文化传播有限公司	100
	广告类		上海中润解放传媒有限公司	55
中润广告	广告类		上海中润解放传媒有限公司	45

另外，自新华传媒向解放日报报业集团及中润广告定向增发之后，其兼并和整合动作频繁，分别于2007年12月、2008年5月以5013万元、1.12亿元对新民传媒、嘉美广告进行增资并成为控股股东。

（2）资产剥离，加快资产整合步伐

在传统传媒企业积极通过收购动漫影视、游戏类资产实现向新媒体转型之时，新华传媒却逆势而为，一再出售资产，加快资产整合步伐。

2013年7月24日，新华传媒公告称，将上海炫动传播股份有限公司（以下简称"炫动传播"）5.5%的股权通过上海文化产权交易所公开挂牌转让，转让价格不低于资产评估价格1.38亿元，本次转让后，新华传媒仍将持有炫动传播2%股权。据了解，本次股权转让的目的主要在于盘活公司存量资产，加快公司产业结构调整。2013年10月8日，新华传媒将所持有的上海解放文化传播公司（下称"解放文化传播"）51%股权挂牌出售，挂牌价为3.25亿元。据了解，解放文化传播的业绩始终不理想。2011年、2012年分别实现净利润436.18万元、-27.66万元；2013年亏损进一步拉大，2013年1~7月净利润为-145.67万元。截至2013年7月底，公司总资产13.88亿元，所有者权益6.08亿元，负债则为7.79亿元。经上海东洲资产评估公司评估，截至2013年4月30日，解放文化传播账面净资产6.09亿元，评估价值达9.32亿元，新华传媒所持51%股权对应的账面价值为3.22亿元。综合来看，新华传媒这两次出售资产，整合之意明显。

（3）新华传媒+联合发展

新华传媒+联合发展数字阅读——2010年4月29日，新华传媒（45%）、解放日报报业集团（35%）和易狄欧（20%）三方共同出资 1500 万元，成立新华解放数字阅读传媒有限公司，推出了自有品牌"亦墨"电子阅读器，正式进军移动手持阅读终端运营领域。着力打造网上数字内容发行平台——"新华 e 店"，开始与实体书店的全面联动，逐步拓展外部渠道。新公司中，易狄欧主要负责提供终端产品，新华传媒提供旗下新华书店的渠道资源，同时借与全国出版社的良好关系，提供内容资源。解放日报报业集团方面，提供旗下多家报纸的内容资源，另外也将在宣传推广上为新公司提供帮助。据介绍，新公司现已完成与 110 多家出版社全面线上、线下图书发行以及五百多家出版社单项合作协议的签订。

新华传媒＋联手做大动漫产业——2007 年 8 月 15 日，新华传媒会同上海文广新闻传媒集团与通力计算机通信技术（上海）有限公司就动漫产业中原创动漫的创作、推广、出版等事宜达成一致意见，并签署了战略合作备忘录。据悉，三方将联合开发、制作并推出联合品牌——东方 DigiBook 数字交互多媒体出版平台，共同推广漫画作品的数字出版；新华传媒将利用销售通路推广东方 DigiBook；通力公司投入资源并负责为东方 DigiBook 建立独立的网络支持平台，管理营运相关内容，由此产生的经济收益与文广集团、新华传媒共同分享。

新华传媒＋联合设立文化投资基金——2012 年 11 月 5 日，上海文化产业股权投资基金举行了揭牌仪式。该基金是上海市人民政府批准成立的一家全国性大型文化类股权投资基金，批准设立该基金是上海市人民政府贯彻中央大力发展文化产业指示的重要举措。基金目标规模为 100 亿元，首期募集 30 亿元（分两期到位）。基金共同发起方包括海通开元投资、新华传媒、上海东方传媒和上海强生集团等，基金主要出资方包括厦门建发集团有限公司、上海张江文化控股有限公司、文汇新民联合报业集团、石狮市铧亚翔达股权投资基金等。据了解，该基金的重点投资领域为文化及相关产业，包括广播影视业、新闻出版业、网络文化产业、数字内容产业、动漫产业、旅游广告业、休闲娱乐业、创意设计产业、文化用品及设备产业等。目标是通过对文化及相关产业的股权投资，积极参与文化及相关领域企业的重组、改制、上市及并购，帮助企业整合资源、提升价值，并最终实现基金的价值。

互联网＋文化产业成为创投热点

摘　要：互联网文化产业也被称为新媒体产业、数字文化产业或数字娱乐产业。移动互联网通过商业模式创新成为当今文化科技融合的核心领域。互联网文化产业以新媒体为载体或支撑，受众主观参与性越来越强，核心地位越来越凸显。

在经济政策双重利好的背景下，我国互联网创业投资呈现快速发展的势头，中国互联网文化企业创业投资在近年更是以倍数方式飞速增长，文化互联网行业的创业投资十分活跃。

2014 年文化与互联网的融合进一步加深，天使投资、VC 和腾讯、百度、阿里巴巴三大 BAT 投资布局及竞争愈加激烈。我国的互联网文化产业创业投资发展全面开花，创业热情高涨。各地文化企业发展也进入上升期。同时更多的资本逐渐进入文化产业，为我国文化产业的发展提供了强有力的资金保证。天使和风险投资机构对影视、游戏等领域发展都给予了高度的关注。

据统计，2014 年经过媒体公开披露的创投事件达到了

671 起，创投事件数量同比大幅增加近 150%。资金规模超过了 594.5 亿元。在币种方面，美元融资 190 起，金额达到人民币 355.85 亿元，人民币投资有 432 起，披露的金额数总计约 238.6 亿元。而这几乎占全部文化产业投资规模的 95%。这是 2013 年文化产业投资的近 4 倍、2012 年文化产业投资总规模的 10 倍多。不难看出互联网文化产业的投资成为文化产业投资的主旋律和新的动力源。

关键词：互联网＋文化　创投　融合

一　2014 年互联网文化创投热点分析

（一）A 轮和种子天使事件占七成

由数据分析可以看出，处于天使和 A 轮早期阶段的融资事件数合计达到了 514 起，占所有融资事件的 76.6%。主要集中在在线旅游、互联网数字娱乐、网络游戏等领域。项目投资向早期的天使和 A 轮方向聚集，表明资本市场对初创项目给予了非常大的热情。

2014 年投融资项目中，天使与 A 轮融资项目占项目总数的 40.54% 和 36.7%。中国天使投资日趋活跃，案例数量和融资规模持续增长，已成为现代资本市场上不可忽视的投资力量。虽然目前没有专业的文化产业天使投资人，但文化产业一直是备受天使们关注的焦点。

2008 ~ 2014 年，中国天使投资案例数量和融资规模均呈逐年增加态势，2014 年全年共披露天使投资案例 272 起，总投资金额

10.3 亿元。由于天使投资机构的部分项目比较敏感、私密，不对外披露，因此，中国天使投资案例数量和规模总体上应高于以上统计。

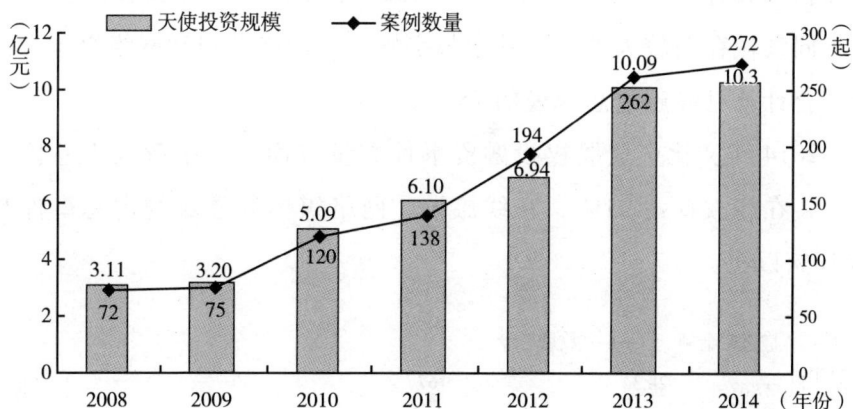

图 1　2008～2014 年中国天使投资规模及案例增长趋势

数据来源：新元文智。

2014 年文化互联网天使投资总计 10.3 亿元，共计 272 起。在线教育投资事件数最多，达到了 58 起，其次是在线旅游（49 起）和网络媒体（47 起）。创投事件的投资规模方面，居前三的分别是网络游戏、在线旅游和在线教育，规模分别为 2.47 亿元、2.45 亿元、2.41 亿元，占比合计达到文化互联网创投规模的 71%，网络媒体和数字娱乐也均超过 1 亿元，占比分别为 13% 和 10%。但值得注意的是，虽然 A 轮和天使事件多，但规模占比仍较小。以互联网数字娱乐等领域为例，2014 年互联网数字娱乐领域共发生投资事件 89 起，主要集中在种子天使和 A 轮投资，占总体的近七成。但 A 轮规模为14.6 亿元，仅占 5.14%，而种子天使规模约占 0.36%，规模为1.03 亿元。

（二）数字娱乐、网络游戏和在线教育为三大最热门领域

2014年文化产业股权投融资规模占比方面，数字娱乐、网络游戏和在线教育三个领域最为瞩目。2014年文化产业股权投融资规模在不同领域存在较大差异，其中数字娱乐、网络游戏和网络媒体三大领域合计就已经超过总规模的75%。

2014年文化产业股权投融资事件数量方面，网络游戏占总体的25%，在线教育占21%，在线旅游、网络媒体等领域均占总事件数的10%以上。

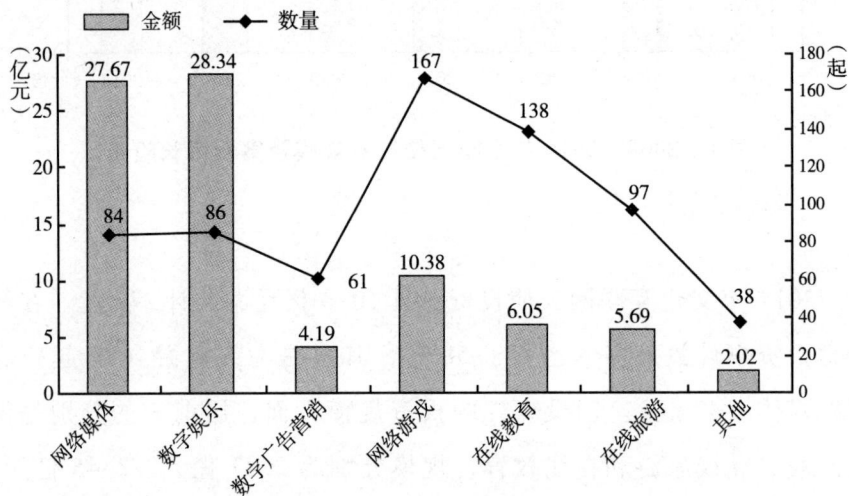

图2　2014年互联网文化产业各领域创投事件分布情况

（三）在线旅游领域已初步形成闭环生态系统

2014年互联网在线旅游领域股权投融资事件数量共97起，其中已披露金额93起；披露金额约57.41亿元，占互联网文化产业总投资额的10%。在轮次上，主要集中在种子天使（49起）和A轮（30

起），其中种子天使约占 50％，A 轮约占 31％。

其中，2014 年携程对华远国旅进行战略投资引人注目。携程斥资数亿元且交易后成为华远国旅的最大股东，支持华远独立运营，未来双方也将在上游资源、市场等方面进行合作。携程此次投资主要基于其全球化、全产业链和金融化三方面原因。华远国旅为全国 120 家旅行社区域批发商及 3000 家零售代理商供应全球旅游数据服务，它仅做 B2B，基本不涉及零售，而是主打欧洲游批发，批发给下游从业者。而携程目前主要的业务是针对零售端，无论是团队游还是自助游，其面向的是消费者，海外资源因为不掌控在自己手中，因此缺乏话语权和定价权，再加上欧洲游的批发门槛较高，一般旅行社难以逾越。携程成为华远国旅最大股东，则等于既是零售商，也是批发商，打通了欧洲游的批发和零售的整体产业链，更有利于下一步金融业务的布局。

（四）网络媒体影响力逐步扩大

2014 年网络媒体领域股权投融资事件数量共 84 起，其中已披露金额 81 起，披露金额为 27.15 亿元；投资事件轮次主要集中在种子天使（47 起）和 A 轮（28 起），而 B 轮和 C 轮分别仅有 7 起和 2 起。在资金规模方面，占比最大的是 A 轮，占比约 29.83％，金额为 8.10 亿元。

2014 年网络媒体领域值得关注的事件有阿里巴巴牵头以 5 亿元入股 21 世纪，增资扩股后阿里巴巴将占 20％股权。自 2013 年收购新浪微博 18％股权以来，阿里巴巴在文化传媒领域的投资越来越密集，2014 年 3 月，阿里巴巴斥资 62.44 亿港元收购文化中国 60％的股权，文化中国旗下有影视制作、手机游戏、电视广告以及报刊业务。4 月 8 日，阿里巴巴又以 65 亿元收购华数传媒 40％的股权。4 月 28 日，阿里巴巴宣布和云锋基金以 12.2 亿美元认购优酷土豆，阿里持股比例为 16.5%，云锋基金持股比例为 2%。作为一家平台型的互联网公司，阿里巴巴进军文化传媒行业也会致力于建设"平台"。在移动互联时代，网络媒体正在以去中心化和去边际化的方式融合各类新生事物而得到充分发展。

（五）投资机构对互联网文化产业表现出浓厚兴趣

进入 2014 年，文化产业投资机构的发展思路、运作模式都在转变，很多投资机构已经逐渐能够循着文化产业的规律和脉络投资，VC/PE 对文化产业表现出浓厚的兴趣，可以看出互联网文化产业是目前各路资本投资的热门领域。

在这些投资机构中比较活跃的主要有 IDG 资本、创新工场、真格基金、深圳市创新投资集团（深创投）、经纬中国、上海永宣联创、PreAngel、阿里资本、丰厚资本、复星昆仲资本、腾讯产业共赢基金、蓝色光标、华映资本、梅花天使创投、顺为基金、天使湾、SIG 海纳亚洲、红杉资本中国、平安创新投资基金、小米科技、新进创投、百度投资等。

居互联网文化产业领域创投事件前 5 位的投资机构有：IDG 资本、创新工场、真格基金、深圳市创新投资集团（深创投）、经纬中国。

2014 年，投资互联网文化产业规模居前列的机构主要有：阿里资本、云锋基金、云溪投资、腾讯产业共赢基金、小米科技、平安创新投资基金、百度投资、IDG 资本、顺为基金。具体情况如图 4 所示。

在互联网文化产业投资事件单起规模上，折合人民币规模在 5 亿元以上的投资机构共计 8 家，分别是阿里资本、云锋基金、云溪投资、腾讯产业共赢基金、平安创新投资基金、科冕木业、IDG资本、晨兴创投。比较活跃的投资机构主要包括 IDG 资本、阿里

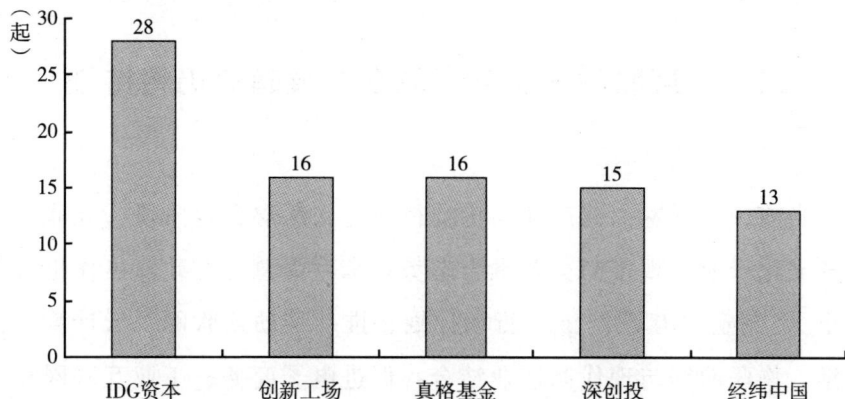

图3　2014 年中国主要股权投资机构互联网文化产业投资案例数量分布情况

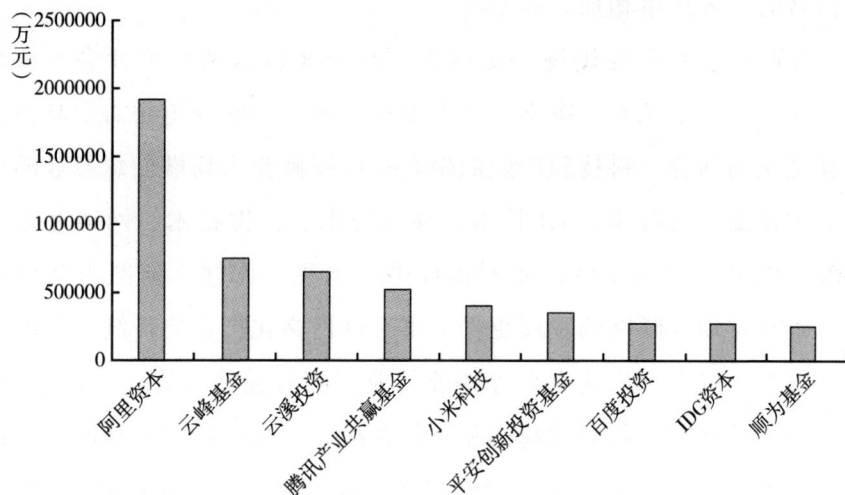

图4　2014 年中国互联网文化主要投资机构投资文化产业规模分布

资本、腾讯产业共赢基金、百度投资、华人文化产业基金等。从数据中我们观察到，各类型投资机构都对文化互联网创业项目显示出很大的热情，表现出了一个良好的创业生态环境。

二 "互联网＋文化"融合发展趋势仍将持续

当前，互联网文化产业与传统行业进入深层融合阶段，互联网与传统文化产业呈现多向交互融合态势。李克强总理在政府工作报告中提出，"制定'互联网＋'行动计划，推动移动互联网、云计算、大数据、物联网等与现代制造业结合，促进电子商务、工业互联网和互联网金融健康发展，引导互联网企业拓展国际市场"。而文化产业面对"互联网＋文化产业＝互联网文化产业"这一公式，在实践时绝不是将前二者简单相加。

互联网企业在现代技术支撑下已经全面影响到整个社会，从教育、娱乐到航空航天、医学、军事事业等各个方面都迫切需要高新技术和文化的结合。科技和产业的融合正在积极介入高端创意产业的发展。大量的网络技术、3D 技术、移动技术、虚拟技术、网络金融等已经全面进入文创领域，而不再局限于电视、广播、新闻出版等行业。现在移动互联网的发展更推动了互联网文化产业向传统行业的渗透。教育、旅游、广播电视等传统行业面临着在线教育、在线旅游、在线视频等互联网行业发起的新一轮挑战。互联网将进一步激发文化消费意愿、促进文化领域产业链贯通以及相应的文化金融模式创新，继而互联网文化创业投资热情也将持续走高。

数字音乐产业投资分析报告

刘德良　赵志龙[*]

摘　要： 音乐产业是文化产业的重要组成部分，数字音乐又是当前音乐产业发展的主流方向，国际唱片业联盟（IFPT）的统计数据显示，2013 年全球音乐产业的数字音乐收入增长了 4.3%，达到 59 亿美元，其规模是 2004 年数字音乐市场价值的十倍以上。本报告主要对 2013 年中国数字音乐产业发展状况进行综述，深入分析了中国数字音乐产业的投资环境、投资状况，同时对中国数字音乐产业的投资趋势进行了展望，对于中国数字音乐产业的未来投资也给出了具体的建议。

关键词： 数字音乐　投融资　资本市场　国际化

一　中国数字音乐行业综述

数字音乐是以数字格式存储、可以通过互联网和无线网络进行传

---

[*] 北京新元文智咨询服务有限公司。

输的音乐。根据终端的使用情况，通常将数字音乐分为在线音乐和移动音乐两种，前者主要以 PC 为终端，而后者则主要以手机等移动设备为终端。无论是在线音乐还是移动音乐，都包括 CP（Content Provider，内容提供商）、SP（Service Provider，服务提供商）和版权保护机构三个部分。

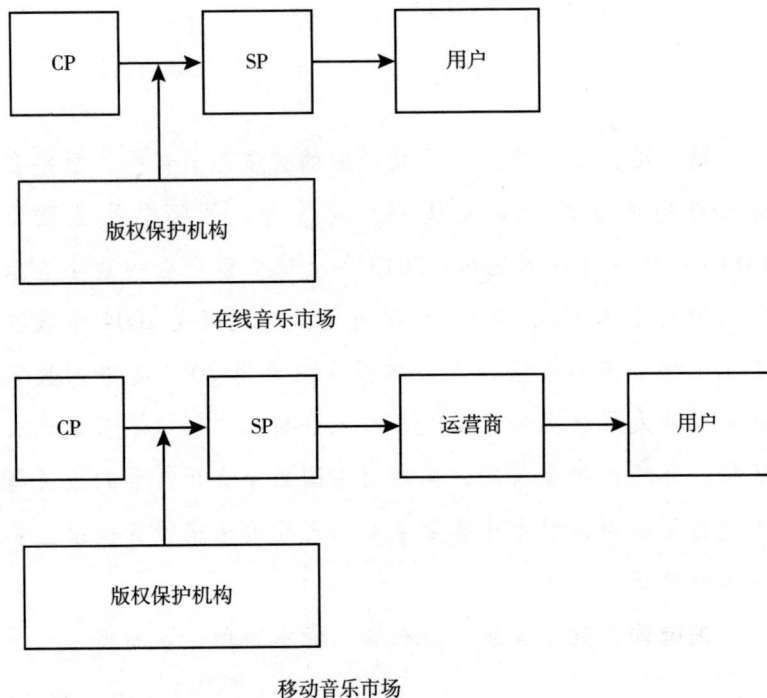

图 1 数字音乐行业产业链结构

（一）中国数字音乐行业市场规模

1. 总体市场

2013 年中国数字音乐市场规模达到 440.7 亿元。其中移动音乐市场规模达 397.1 亿元，在线音乐市场规模达 43.6 亿元。2013 年数字音乐用户数量达到 4.53 亿人，规模以上提供音乐产品或音乐服务内容的企业达到 695 家。

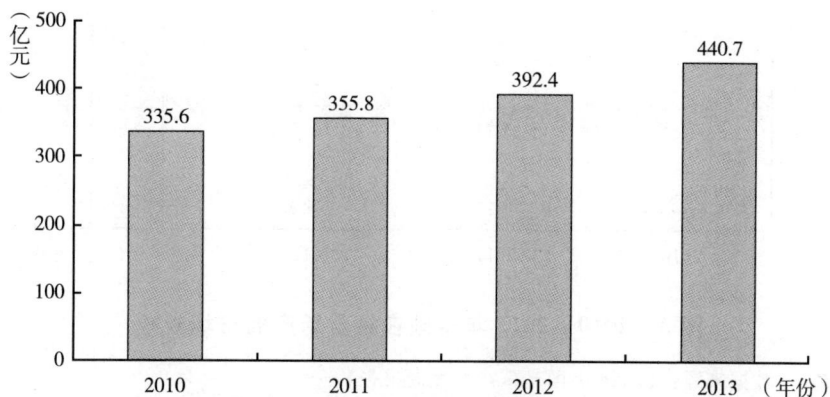

图 2　2010~2013 年中国数字音乐产业市场规模

数据来源：《2014 中国音乐产业发展报告》。

2. 在线音乐

虽然市场收入仍旧处于一个偏低的状态，但经过几年相关政策以及行业自身的调整，2013 年全年整体在线音乐市场收入实现了较大的突破，市场规模达到 43.6 亿元（在线音乐服务提供商收入，包含在线音乐演出收入），比 2012 年的 18.2 亿元增长 139.56%，在线音乐演出的收入大大扩大了该年度的在线音乐市场规模。

2012 年以来，在线音乐市场规模的迅速扩大，主要得益于以下几点。

第一，创新性的应用带来了在线音乐商业模式的改变。在线音乐演出是 2012 年促进在线音乐收入增加的主力，欢聚时代（YY）、六间房、9158、酷狗等纷纷推出在线音乐演出平台。以 YY 为例，截至 2013 年，YY 音乐服务的月度活跃用户为 2657 万人，其中付费用户 35.5 万人；平均每名付费用户贡献的收入为 254 元。2012 年前 9 个

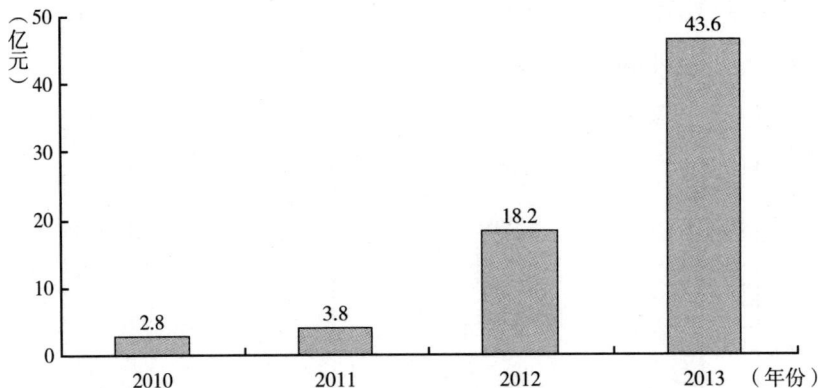

图3 2010～2013年中国在线音乐产业市场规模

数据来源：《2014中国音乐产业发展报告》。

月，YY音乐收入1.8亿元（2870万美元），占YY总营收的33%。

第二，行业环境改善促使网络音乐的流量变现能力提高。在政府的监管下，行业自律以及正版化工作不断推进，使得音乐网站的广告价值继续上升。音乐客户端软件以其获取音乐的便捷性、个性化的设计等吸引了大量用户，用户的聚集使其平台价值被放大，营收模式趋于多元化，特别是为广告投放、网页游戏联合运营等提供了良好的载体。酷我音乐、酷狗音乐等企业均为网页游戏联合运营设立了专业团队，该项业务月度平均营收基本保持在百万元以上。

我们也应看到，虽然在线音乐市场规模稳中有升，但在线音乐市场规模远远落后于无线音乐市场的状况并没有得到改观，这种不平衡的市场状况与在线音乐的重要地位是不相称的，其核心原因仍旧是缺乏有效的商业模式和盗版问题没有得到根本解决。

3. 移动音乐

近年来，随着智能手机、平板电脑等移动终端设备的逐步普及，以及移动网络带宽的拓展，移动互联网用户群体持续增长，各类移动应用商店的使用率也不断提升，用户对无线音乐的获取也更加方便。工业和信息化部相关统计显示，截至 2014 年 5 月，我国移动电话用户达到 12.56 亿户，智能手机越来越普及。艾媒咨询数据显示，2013年年底中国移动音乐市场用户达 9.12 亿人，同比增长 9.6%。目前，中国移动音乐用户仍以使用彩铃等业务的用户为主。

用户规模的增长推动了移动音乐整体市场规模的扩大，2013 年中国移动音乐市场规模达 397.1 亿元，同比增长 6.1%。

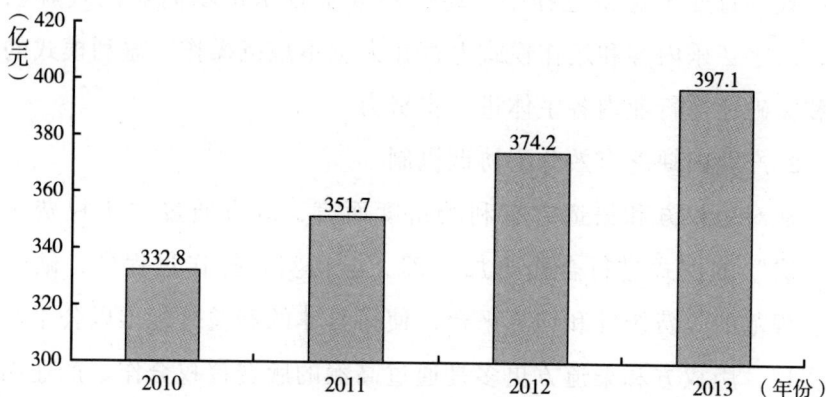

图 4　2010～2013 年中国移动音乐产业市场规模

数据来源：《2014 中国音乐产业发展报告》。

（二）数字音乐市场发展中存在的问题

2013 年，我国数字音乐市场整体发展态势良好，但也应该看到，其发展中也伴随一些亟待解决的问题。

1. 盈利模式难以突破

数字音乐市场拥有庞大的用户群体，但产生的营收相对有限。盗版侵权造成创作环节收入微薄，链条内利益分配机制不合理使得各主体间矛盾丛生。各企业在盈利模式方面虽然不断进行探索和创新，但大多止步于微创新，根本上没有大的突破和进展。目前数字音乐以"免费服务＋广告收入"为主要盈利方式，广告和游戏联运也是其盈利的模式之一，但是这些盈利模式都依赖于流量变现，周期长且较为被动。目前数字音乐用户付费意识较弱，难有规模化盈利。包月订阅模式首先受限于免费用户成为付费用户的转化率，而更多的增值服务需要强大的社交平台和便捷的支付方式。

目前，我国数字音乐市场缺乏良好的营收循环，互联网市场的商业模式一直处于探索过程中，连带着数字音乐市场商业模式难以成熟，数字音乐内容和运作模式上存在大量不规范操作，盈利模式的完善和突破还需行业内各主体进一步努力。

2. 产业内缺乏有效分配协调机制

从对版权方和渠道方有利的角度而言，双方通过"版权费＋收入分成"的模式进行合作更加合理。但在实际操作过程中，缺乏透明、规范的收费统计和结算平台，使得具体的利益分配难以公平合理地实现，版权方和渠道方更多是通过高额的版费授权合作。产业内缺乏有效分配协调机制，会影响到音乐内容创作和传播。分配机制方面的问题成为阻碍音乐产业发展的症结之一。

数字音乐行业内部应提供各方深入了解的一个平台，唱片方、服务商和运营商在合作过程中可以进行深入交流和探讨，尽量达到各方利益分配的平衡，建立健全相关分配协调机制，这样才能促进行业的长远健康发展。

3. 音乐企业融资困难

产业发展过程中都会面临资金和信贷的问题，数字音乐企业起步阶段和扩张阶段必然涉及投融资问题。国内音乐市场中，投融资环境在国家的文化振兴计划鼓舞下有所回暖，但整体而言成功的融资事件依然不多。数字音乐商业模式没有大的突破是融资困难的关键原因，盈利方式虽然在不断创新，但业内版权环境不佳和利益分配方式不合理造成企业的收益得不到保障，规模化盈利还存在一定的困难。部分PE 和 VC 对利益回收周期较长且运行仍不稳定的数字音乐板块兴趣较小。

国内外经济环境受经济危机影响较大，恢复繁荣和稳定所需时间较长，资本市场在 2011 年移动互联网投资热情消退后回归理性。数字音乐市场资产评估体系尚未建立、可质押价值难以明晰、相关风险控制体系缺失等因素都影响着相关资金进入和扶持音乐企业。

4. 音乐付费定价和支付系统有待优化

目前，国内音乐定价和支付系统仍有待完善。一首歌曲的授权、收听、下载、分享、推荐均可以产生价值的转移，进而产生现金流。在这几种方式中，哪个环节价值最大以及价值如何定位都是需要商讨和研究的问题。目前我国数字音乐市场中内容方、版权方施压服务商，推动听歌付费模式的建立，但定价机制和支付系统尚未建立健全，收费分成也存在困难。如何平衡市场中众多主体之间的利益、避免恶性竞争是当前建立付费模式面临的难题之一。定价过程中大公司垄断市场，小公司丧失定价权会引起市场中的矛盾和纠纷，支付过程烦琐复杂会影响用户使用和消费的积极性，所以在正版音乐的营销过程中，既需要市场主体间进行充分的协调交流，也需要相应的技术和管理优化。

二　中国数字音乐投资环境分析

数字音乐投资环境受到多方面因素的影响。其中，政策环境、经济环境、社会环境、技术环境等都在其发展过程中发挥着重要的作用。

（一）政策环境

就政策层面而言，数字音乐面临着良好的发展机遇。2009 年 7 月国务院常务会议通过《文化产业振兴规划》，提出要"发展新兴文化业态，采用数字、网络等高新技术，大力推动文化产业升级"；2011 年，党的十七届六中全会提出要"加快发展文化创意、数字出版、移动多媒体、动漫游戏等新兴文化产业"；2012 年颁布的《国家"十二五"时期文化改革发展规划纲要》，将"加快推进新兴文化产业发展"作为"推进文化科技创新的重要组成部分"；《文化部"十二五"时期文化产业倍增计划》中强调"要鼓励文化内容与网络技术的结合，不断创新文化业态，丰富文化表现形式，提高新兴文化产业对加快经济发展方式转变的贡献"。在一系列政策文件的强势推动之下，大力发展新兴文化业态，已经成为国家培育文化产业新的增长点、提升文化软实力、实现文化强国的重要途径。在此政策促进和推动的基础上，我国的数字音乐管理政策不断调整，行业标准逐渐建立，监督与审查制度日益完善，为数字音乐更快更好发展创造了良好的氛围。

（二）经济环境

从经济方面来看，党的十八大、十七届六中全会对文化产业发展做出全面部署，提出到 2020 年，文化产业成为国民经济支柱性产业，成为新的经济增长点、经济结构战略调整的重要支点、转变经济发展方式的重要着力点，为推动科学发展提供重要的支撑。当前世界范围内金融危机风险仍未解除，2012 年以来，世界经济增速放缓，国际贸易增速回落，国际金融市场剧烈动荡，世界经济形势总体上仍然十分严峻，复苏基础仍然薄弱。从国内形势看，我国经济发展中不平衡、不协调、不可持续的矛盾仍很突出，经济增长下行压力和物价上涨压力并存，部分企业经营困难，经济金融领域也存在一些不容忽视的风险。上半年我国主要经济指标增速有所回落，不可避免地也对部分文化行业带来不利的影响。在这种情况下，我们必须保持清醒的头脑，增强机遇意识、忧患意识，充分认识当前国际国内宏观经济形势给我国文化产业发展带来的机遇和风险，加强战略谋划，及时采取各种应对措施，扬长避短，趋利避害，不断提高我国文化产业的整体实力和国际竞争力。数字音乐作为文化产业的重要组成部分，在经济疲软时更要勇于面对挑战，为经济回暖和发展奉献力量。

（三）社会环境

综观社会环境，人民群众对文化产业发展提出了新的更强烈的需求。随着我国经济社会的快速发展和物质生活水平的不断提高，我国城乡居民在基本物质生活需求得到满足的同时，对精神文化生活有了更多更高的需求。根据国家统计局的统计，目前我国人均国内生产总值已经超过 5000 美元，2012 年上半年尽管国内生产总值增速放缓，城乡居民收入仍实现较快增长，居民的消费需求结构发生重大变化。人们对于精神文化产品的需求保持着比较旺盛的发展势头，希望能够享受更加丰富多彩的高品质、多样化、个性化的文化产品和服务。人民群众对文化产品的内容形式、数量质量、传播方式和服务手段，都提出了新的更高的要求。音乐作为最活跃的情感表达和文化传播元素之一，在人们的精神文化需求中占据非常重要的地位，数字音乐加快发展速度以适应人们日益增长的精神文化需求成为必然。

（四）技术环境

从技术层面看，文化产业是内容加载体的产业，新技术在文化产业领域的广泛应用对文化产业结构调整、催生新业态有着较强的促进作用，有利于增强文化产品的感染力和传播力。近年来，以网络、数字、信息技术为代表的高新技术迅猛发展并在文化领域得到广泛应用，文化产业与高新技术相互交融、相互促进，已成为世界经济发展进程中一道引人瞩目的景观。当前，网络、数字、信息技术的飞速发展正推动着广电、通信、互联网向下一代转换，"三网融合"加快进程，移动互联网飞速发展，网络游戏、数字音乐、网络文学、网络视频服务等新兴文化业态方兴未艾，日益展现出巨大的发展潜力。

目前，中国网民数量达到 6.18 亿，其中手机网民达到 5 亿，手机已经超过台式电脑成为第一大上网终端。如果我们能够抓住新科技革命不断深化和新技术普及程度日益提高的良机，加快完善文化创新体系，催生新的文化业态，大力开发适宜互联网、移动终端等载体的文化产品，不断培育文化产业新的增长点，那么中国文化产业的发展将会迈上一个崭新的台阶。在此背景下，数字音乐发展与 IT 技术有着重要联系，云音乐和音乐 APP 技术等创新模式都要在技术的推动下才能实现，不断涌现的创新应用更是为我们带来了耳目一新的数字音乐世界。

三　中国数字音乐投资状况分析

（一）中国数字音乐投融资事件

2013 年，从我国的政策层面及经济层面来看，文化产业受重视程度日益上升，作为新媒体技术和传统文化产业的结合的数字音乐，其发展环境也随之不断改善。经过近几年的努力，国内的数字音乐经

营企业开始探索和创新适合中国国情的数字音乐盈利模式，并有部分
数字音乐经营企业开始盈利，数字音乐必将成为网络文化市场中一个
新兴的市场。

1. 中国数字音乐企业获得风险投资情况分析

2001～2011年的10年间，中国数字音乐行业代表企业获得风险
投资的情况见表1。

表1 2001～2011年中国数字音乐产业代表企业所获风险投资

企业名称	主营业务	日期	投资金额（百万美元）	投资机构
A8音乐	专业型SP、音乐新闻网站、在线视听	2001—07	N/A	深圳高科技产业园
		2004—10	4	IDGVC
		2005—12	20	华盈创投、集富亚洲、英特尔投资、Mitsubishi UFJ、IDGVC
滚石移动	专业型SP	2002—12	3	智基创投、西门子创投
		2004—11	6	联想投资、华登国际、智基创投、西门子创投
		2005—12	30	华登国际、NVCC、高盛、联想投资、智基创投、西门子创投、Nikko Antfactory
源泉	版权保护机构	2005—01	1.2	个人投资
		2005—09	5	智基创投、联创策源
分贝网	原创网站/社区	2004—10	2	IDGVC
		2006—12	6	贝尔阿尔卡特
51秀	专业型SP、原创网站/社区	2005—06	1.5	智基创投、联创策源
太合麦田	专业型SP、音乐新闻网站	2005—10	9	软银亚洲
快乐米	专业型SP、原创网站/社区	2006—08	N/A	IDGVC

续表

企业名称	主营业务	日期	投资金额（百万美元）	投资机构
爱可信传媒	专业型 SP	2007—01	N/A	索尼 BMG、华纳
九天音乐网	专业型 SP、音乐网站	2006—03	N/A	华威
		2008—10	1.2	Cyber Agent
巨鲸音乐网	在线视听	2007—06	2.62	个人投资
		2011—07	20	个人投资、CMC
酷客网	原创网站/社区	2005—12	13	N/A

注：N/A 表示信息不明或尚未公开，下同。

数据来源：新元文智。

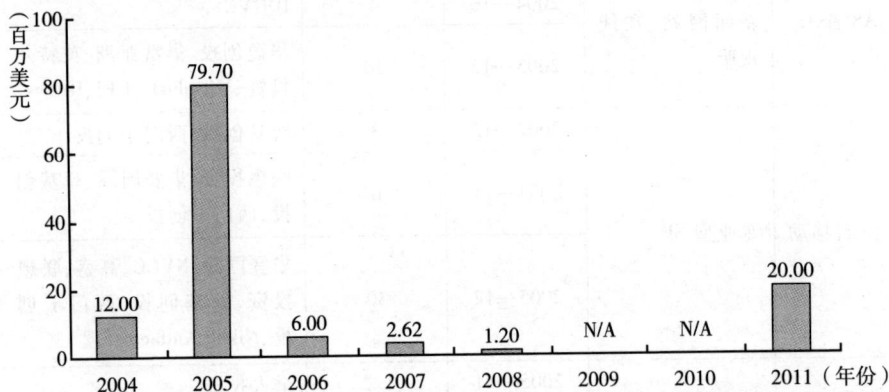

图5　2004～2011年中国数字音乐产业企业所获风险投资情况

数据来源：新元文智。

2. 2012～2013年中国数字音乐主要投融资事件

当前作为网络音乐发展制约因素之一的融资问题虽然仍未得到根本解决，但 2012 年网络音乐行业的资金运作事件已呈现小幅增加的态势，特别是以音乐为主要概念的多玩 YY 的上市大大提振了低迷的网络音乐资本市场。以下列举 2012～2013 年中国数字音乐主要投融资事件。

2012 年 3 月，深圳创新投资集团投资广州酷狗计算机科技有限公司，具体投资金额未披露，11 月，深创投又追加了投资。

2012 年 7 月 13 日，移动端知名 K 歌应用"唱吧"获 1500 万美元 A 轮融资，投资方为红杉中国，红杉投资后占股 20%，唱吧估值也将达到 7500 万美元，接近 5 亿元。此次融资距其上线仅仅四十余天。

2012 年 8 月 16 日，以互联网方式营销、互联网方式变现为商业模型的数字音乐公司乐华娱乐宣布，其完成新一轮近亿元融资，韩庚、黄征、胡彦斌等明星成为股东，华兴资本担任财务顾问。

2012 年 9 月 18 日，华谊兄弟公告，公司拟通过全资子公司华谊兄弟国际投资有限公司（简称"华谊国际"）投资参股 Duomi Music Holding Limited（简称"多米音乐"），华谊国际计划以不超过 300 万美元投资认购多米音乐 693.31 万股优先股，占投资完成后多米音乐总股本的 5.17%（全面摊薄后）。

2012 年 9 月 18 日，A8 电媒音乐宣布，旗下全资子公司茂御再次认购多米音乐股份，以总代价 600 万美元（约 4680 万港元）认购 1385.3 万股多米音乐优先股，相当于扩大后股本的 11.15%，认购代价由内部现金资源拨付。同时，华谊及 Hina 则分别以代价 300 万美元（约 2340 万港元）及 100 万美元（约 780 万港元），认购 693.3 万股及 231.1 万股多米音乐优先股。至此，多米共完成了 1400 万美元 A 轮融资，投资方包括 A8 音乐、华谊兄弟、汉能集团、韩国 KTB 集团。

YY 旗下的主力产品 YY 语音、YY 音乐等，不仅突破了以往单纯语音软件的限制，在多人语音的基础上更针对娱乐、游戏、音乐、教育、公益等多种生活维度，形成了功能体系较为完备的语音社区产品甚至成熟的社交网络平台。

另外，2012 年年底，阿里巴巴通过股权加现金（少量）的模式收购了音乐分享社区虾米网，虾米网成为阿里巴巴音乐事业部。之前，虾米网曾获得深圳创新资本投资有限公司 500 万元的天使投资基金。

3. 中国数字音乐企业上市情况分析

从 2004 年 3 月起，先后有 4 家从事无线增值业务的中国企业登陆美国纳斯达克和香港创业板，中国概念 SP 受到了世界投资者的关注和推崇。由于无线增值领域对政策敏感度极大，2006 年后中国 SP 业务整体开始下滑，四家上市公司的股价也随着业绩一路下跌。

2012 年 11 月 22 日，多玩 YY 正式登陆纳斯达克，首日便上涨 7.7%，报收 11.31 美元。这对于在美国资本市场沉寂了 8 个多月的中概股来说无疑是利好消息，极大地提振了低迷的网络音乐资本市场的人气，业界也纷纷猜测中概股是否可借此机会"破冰转暖"。

4. 中国数字音乐企业兼并收购情况分析

2001 年至今，以 TOM 在线为代表的四家公司在上市之后进行了多起收购，但收购对象以技术厂商为主，而收购数字音乐企业的并不是很多。最具代表性的是华友世纪和掌上灵通的收购案例。从 2011 年开始，数字音乐企业间的并购增多，表明中国数字音乐产业进入以版权为核心的企业兼并重组整合阶段。以酷狗音乐收购海洋音乐最具代表性。

表 2　中国数字音乐产业代表企业兼并收购情况

收购方	被收购方	日期	金额（万元）	股权
华友世纪	飞乐唱片	2005 - 11 - 04	6050	60%
	华谊兄弟音乐	2005 - 12 - 12	3500	51%
	鸟人艺术	2006 - 11 - 09	1800	30%
	种子音乐	2008 - 09 - 25	2100	60.8%
掌上灵通	九天音乐网	2005 - 10	2040	N/A

华谊兄弟	华谊音乐	2010 – 05 – 15	3445	51%
巨鲸音乐网	一听音乐	2011 – 07 – 18	6400	100%
酷狗音乐	海洋音乐	2013 – 12 – 04	N/A	N/A

数据来源：新元文智。

（二）中国数字音乐投融资分析

与国外音乐产业投融资活跃状况相比，我国近些年数字音乐市场中投融资事件较少、总金额不高。究其原因，主要是数字音乐商业模式始终没有大的突破，资金多处于观望状态，除此之外还因为音乐企业抵押担保物较少、融资手段和方式缺乏创新以及政策激励机制不健全。受我国文化产业融资渠道狭窄、银行信贷投入不足、民间资本和外资参与较少的影响，数字音乐经常面临资金短缺却难以寻到帮助的困扰。

若想解决融资难题，做大做强音乐产业，建立健全投融资评估体系是一个十分重要的前提。金融机构和相关资金若想进入，首先需要量化评估所投资的无形音乐资产，但在我国尚未建立这方面的机制，如何为投资方控制风险、保证收益，进而赢得更多资金支持，还需要多方做出系统性的规划。

借鉴国外经验，由产业链的多方组成项目委员会来进行投资，既能解决资金问题，又能有效控制风险。这种投资方式在借鉴各投资主体经验的同时，有效地延伸了产业链并分散了投资风险，参与到产业链中的投资者的积极性也有所增强。聚集产业链上下游的价值，抱团投资和集体智慧更容易生产出优质的产品，收益也会较为可观。

四 中国数字音乐行业发展趋势及投资机遇分析

（一）发展趋势

1. 数字音乐促进各行业应用与音乐的融合进一步加强

数字音乐把传统音乐行业融入了 IT 行业，从而使音乐增加了无数种新的盈利可能性。各式各样的音乐服务纷纷涌现，如推荐服务、音乐博客服务、音乐交友、歌曲收藏和分享业务等等，无线增值业务中就有彩铃、铃声、整曲下载、IVR 等多种音乐业务。这些业务在传统唱片时代是不可想象的，它们大大扩展了音乐产业的盈利空间。随着数字音乐的飞速发展，唱片公司、电信部门、网络服务商乃至零售业霸主等各行业巨头都表现出对数字音乐的浓厚兴趣。它们拓展相关业务，抢占数字音乐市场份额，各种音乐网站的投资价值也随之提高。

因此，技术平台的进一步完善、开放及数字音乐发展过程中的经验积累，会促进数字音乐的生产、制作、传播等各个环节逐渐走向成熟，进而推动数字音乐盈利模式更加健全，资金的正常运转必然带来数字音乐更迅速的发展。音乐网站与知名音乐公司合作的规模将继续扩大，并且会朝着规模化、制度化、国际化方向发展。更多的集团公司将在数字音乐市场大显身手，大量资金的注入、广阔的网络传输平台、无限的听众资源都是促使数字音乐盈利增长的强有力保证。

2. 企业收费盈利模式将陆续浮现

庞大的用户群体和超高的用户使用率为数字音乐带来了巨大的市场价值，但由于受到价值链上各方力量失衡的影响，一直缺乏公平合理的分配模式。唱片公司和服务商面对巨大的数字音乐下载量，却难以得到收益上的保障，各方也曾多次提及应尽快建立收费下载模式，却始终没有进一步的行动。随着近年来版权成本大幅上涨，唱片公司不断施压，2012 年 10 月以来，以百度、腾讯、酷我、酷狗、多米、虾米为首的数字音乐从业企业相继推出以正版付费音乐为目标的产品整合和战略布局，希望通过多家企业共同的努力营造一个良好的中国数字音乐用户付费的行业环境。2012 年年底，豆瓣推出 FM Pro，每月花10 元可收听高音质音乐，百度音乐也尝试推出了收费的 VIP 服务。

综合而言，考虑到产业发展和企业生存，付费听歌模式必然会陆续建立并在用户听歌过程中逐步完善。目前看来，互联网用户虽然已经形成对于音乐的黏性，但是其付费的意愿仍然很低。企业收费面对的阻力相对较大，尤其在缺乏执行规范和实施细则、收费模式尚未成型、音乐的传播受到抑制、存在用户潜在流失风险几大问题的困扰下，数字音乐收费要落到实处困难重重。

3. 开放平台成为新的数字音乐营销渠道

开放平台促进了电商等流量平台的发展，数字音乐作为一项网民重要的应用形式，也成为开放平台的一种选择。2012 年 11 月，QQ音乐启动"QPlay"战略，向终端厂商开放 API，为用户提供跨平台和设备的 QQ 音乐服务，而 QQ 音乐借助电商平台推出了从音乐内容、终端产品到推广、营销、销售的一套完整解决方案。目前 QQ 音乐已经与超过十家的终端厂商达成合作，其中涉及音响类厂商、汽车类厂商和电视厂商。除了售卖音乐，QQ 音乐还借助电子商务平台及资源，向合作伙伴提供营销、推广和售卖渠道等资源。Qplay 的开放性保证了它可以迁移至不同的终端平台，而不局限于小型手持设备，"云 + 端"的前景更为广阔。

2012 年 12 月，中国移动宣布开放 API，正式启动开放策略，开放曲库给技术研发团队，解决了一些创新应用团队担心的版权问题，使其更加专心做产品。可以预见，更多的平台将推行开放平台策略，促进整个数字音乐生态链的建设。

4.营销模式逐步转型

数字音乐可以满足更多音乐爱好者的需求，也使音乐产品的营销越来越细化，音乐产品对受众的分类越来越丰富，从而使个性化、订制化产品营销模式逐渐流行。又因为数字音乐与其他应用的融合性不断增强，社交、分享等人群黏合性强的应用也成为数字音乐传播和营销的渠道之一。

数字音乐运营商或网站公司通过了解详细的用户的数据资料，对用户消费行为进行跟踪记录和分析，来提供更精细化的营销模式。例如潘多拉和 last.fm 这样的音乐推荐分享模式就是现在流行的音乐网站服务，这种服务能够使用户更容易地发现音乐，促进了在线音乐产品的销售。数字音乐服务提供商可以把用户喜欢的多个音乐捆绑打包销售，或者与其他热门网络应用合作推出新型音乐体验模式，这在传统唱片店是不可能实现的。数字音乐覆盖面的扩大和传播的便捷使其对营销渠道和营销模式有了更多的选择，对音乐产品销售起到了积极的促进作用。

5.传统音乐服务的萎缩和新型音乐服务的涌现

在数字音乐发展过程中，新的服务模式和新的应用不断涌现，伴随移动互联网和流媒体潮流而生的各种音乐类产品发展迅速。如社交类和视频类音乐产品近年来发展较快，其中把社交引入在线 K 歌的唱吧和社交性质较强的 YY 音乐，在 2012 年的数字音乐市场中表现得非常抢眼，而以"可以看的音乐"理念创建的音悦 Tai 则专注于发展音乐视频欣赏与传播平台，不断壮大自己的粉丝经济。除以上两种服务及产品外，数字音乐电台也属于新兴音乐欣赏渠道之一，其在传统电台基础上结合新的技术与传播方式，满足了用户的被动收听需求，成为未来最有潜质的音乐服务类型。

相比较之下，传统数字音乐服务发展速度逐渐放慢甚至有些萎缩的迹象：

第一，以百度 MP3 为典型代表的搜索类模式，随着百度音乐调整产品方向将逐渐淡出市场，今后音乐搜索服务将主要从属于其他服务形式。

第二，在以虾米网和 5Sing 网为代表的专业音乐社区网站模式发展过程中，UGC（用户原创内容）产生了较大影响，5Sing 一类的原创音乐社区相对有优势，虾米的社区氛围则不是很好，其基于社区推广的音乐销售被证明是失败的。

第三，曲库类音乐服务仍然是当前数字音乐服务的主流，无论是网页端、桌面端还是移动客户端，资源丰富的曲库都应是最基本的配置，但高昂的版权成本和激烈的市场竞争使其生存压力越来越大，发展空间不断受到挤压。

第四，传统音乐服务中，门户网站的音乐频道因受到用户规模的限制，发展速度缓慢。

6. 选秀节目对音乐创作的支持和扶持

数字音乐的创作方式和传播渠道发生了很大改变，对传统的音乐人才培养和选拔模式也产生了一定的冲击。传统音乐人才大多通过专业音乐学校培养，经过正规院团和唱片公司招聘选拔，进而成为正式的音乐工作者。例如兼具专业性和权威性的全国青年歌手大赛对于歌唱技巧和舞台表演有着很高的要求，表现突出的选手会被培养成中国歌坛优秀的歌唱家，为音乐行业补给能量。

相比之下，数字音乐人才选拔覆盖面广、参与方式灵活许多，网络平台很大，很多平民歌手通过网络推广自己创作的音乐作品，或者通过参加数字音乐选秀来展示自己的实力、寻找更好的发展机会。国内音乐平台酷我音乐推出的大型音乐明星互动秀"半曲成名"就是通过网络进行的音乐选秀活动。除了设立酷我音乐主赛区之外，还设立了酷6网、搜狐视频两大赛区以实现最大范围的覆盖，然后又推出了 Android 和 iOS 平台的"半曲成名"手机专版，用户可以时刻查看活动进程以及为喜爱的歌曲投票，或者通过视频播放功能，随时随地用手机在线欣赏参赛歌曲。音乐网站携手唱片公司进行选秀俨然成为顺应时尚潮流的一个发展趋势，同时也对传统的音乐人才选拔方式提出了挑战。

（二）投资机遇

1. 在线音乐

在线音乐一直拥有最大的受众群体，但由于盗版问题一直没能解决，所以目前在线音乐的收入几乎全部来源于广告收入，收费音乐依然没有市场。如何将市场需求转化为盈利会在很长的时期内成为考验在线音乐企业的难题。

2. 移动音乐

由于目前移动音乐内容参差不齐，SP 营销手段匮乏等，用户关注度一直在下降。据统计，所有彩铃用户中，只有10%的用户3个月换一次铃声，而1个月换一次铃声的用户更是下降到1%。

因此，移动音乐的发展还需要中国移动、中国联通的政策指引，也更需要广大的 SP 具有创新精神，提供更好的服务、高质量的音乐，这样才有可能走出当前的低谷。

3. 上下游整合

由于版权的压力和本身业务进入成熟期，转型已成为众多 SP 的共识，以华友世纪为代表的专业 SP 开始通过收购唱片公司、签约歌手、买断部分歌曲的版权等方式向产业链的 CP 方向转移，而以快乐米、酷客网等为代表的企业则通过发掘、签约网络歌手向 CP 方向转移。

SP 与 CP 的结合已成大势所趋，这样的结合可以使资源的配置更优化，在行业竞争中也将处于更加有利的地位。

五 中国数字音乐行业投资建议

从公司的角度来看，目前行业内领先的企业更多的是兼有在线音乐和移动音乐业务，但主要依靠移动音乐的盈利来支撑整个企业的发展，而在线业务主要是为未来版权规范之后的盈利点转移打好基础。无论是在线音乐，还是移动音乐，越来越多的厂商开始重视"版权"这一重要资源，通过收购唱片公司、签约歌手、买断歌曲版权等方式向 CP 方向转移。

总之，目前中国数字音乐行业投资趋缓，由于在线音乐的版权问题尚未解决，而决定移动音乐 SP 发展的未来政策因素尚不明朗，在未来几年内，行业还会有一定程度的洗牌，所以短期内中国数字音乐企业对资金的吸引力有限。但行业内业绩稳定、拥有大量版权资源，或能很好地通过原创音乐社区等方式积累大量用户的公司仍然会具有投资价值。

在数字音乐产业积极探索投融资方式的同时，政府提供相关的指导和支持也是十分必要的。

第一，制定减免税、财政贴息等激励政策，引导各类社会资本广泛投入。政府设立音乐产业投资基金和贷款风险补偿基金，对符合政策导向的产业贷款给予贴息支持，对银行贷款损失给予一定的补偿，引导信贷资金向音乐产业倾斜；设立创业投资基金，对处于初创阶段的企业进行引导性、示范性投资，进而带动民间资本和外资进入，推动产业升级。

第二，拓宽融资渠道，鼓励有条件的音乐企业通过资本市场直接融资。应根据企业的自身条件和需求情况选择不同的融资方式：规模大、效益好、管理规范的大型音乐企业，应积极申请在主板市场上市融资；融合新科技的中小音乐企业，可通过创业板上市融资；符合发债条件的音乐企业，可运用企业债券、可转换公司债券、短期融资券等债务工具进行低成本融资。

第三，扩大利用外资，推进音乐产业资源配置的国际化。我国应进一步放宽政策限制，降低准入门槛，积极探索利用国际资本的新方式，努力与跨国文化集团开展多形式合作，大力发展中外合资音乐企业，利用境外合作者的资金、技术和营销渠道，生产高智能化、高附加值的音乐产品，进而提升我国数字音乐企业的核心竞争力。

第四，商业银行积极开发符合音乐等文化产业特点的信贷新产品，加大信贷投入。由于数字音乐企业具有固定资产少、以无形资产为主的资产结构轻型化特点，缺乏土地、房产等可作抵押物，因而各银行必须打破传统的思维定式，拓宽贷款抵押范围，引入知识产权、版权、收费权等新型抵押物，尝试开发知识产权抵押贷款、版权抵押贷款、视频制作权抵押贷款、收费权抵押贷款等新型贷款品种。

2015 年上半年文化产业
股权投资分析

摘　要：在我国政府的宏观调控下，文化产业正朝着国民经济支柱产业的方向大力发展，相关产业要素在市场发展中备受重视，重点行业也在资本的推动下逐步扩大规模，进一步完善产业链和行业规范。2015 年上半年，万达、百度、阿里等产业巨头发力投资文化产业，携程在相关资本的推动下收购艺龙，资本对文化产业发展格局的影响逐步增大。

产业发展离不开资本投入，尤其我国文化产业目前仍处于初始阶段，众多初创型企业急需丰富、可靠的融资渠道，已经具有一定规模的文化企业，也需要合理运用资本手段强化核心竞争力，完善企业现代化管理方式。文化产业的股权投资，能够直接推动文化产业的发展，同时最直观地反映出众多文化行业中，最受资本市场青睐的文化行业，以及资本市场对细分文化行业未来发展的预期。

关键词：文化产业　股权投资　趋势预测

一 文化产业股权投资发展回归理性

2014 年是文化产业股权投资井喷式增长的一年，尤其 2014 年上半年股权投资规模便已达到 306.14 亿元，经过"疯狂"之后，下半年资本市场进入谨慎状态，尽管案例数量依然保持一定的增长幅度，但涉及资金有着较大规模的减少。

2015 年上半年，我国文化产业股权投资进入相对稳定的状态，与 2014 年下半年相比，案例数量有所减少，为 238 起，涉及金额则小幅增加，为 361.7 亿元。

市场数据的变化显示出我国文化产业资本市场由 2014 年的"疯狂"转向"理性"，对投资标的的选择更加谨慎，对行业预期更加理性化，主要表现为投资者减少盲目投资，加强投资的针对性，将资金集中投资在优质文化企业上，以降低投资成本、提高未来收益的可靠性。从统计数据来看，单起文化产业股权投资涉及金额显著增加：2014 年平均每起文化产业股权投资涉及金额为 0.89 亿元，而 2015 年上半年平均每起文化产业股权投资涉及金额为 1.39 亿元。

2015 年上半年我国文化产业股权投资体现出重点分布、相对集中的特点，主要表现在两个方面：一是股权投资案例发生的行业相对集中，二是股权投资案例发生的地区相对集中。

互联网信息服务业、移动互联网服务业、影视制作与发行、网络游戏行业是 2015 年上半年我国文化产业股权投资涉及资金规模最大的 4 个行业，同时也是案例数量最多的 4 个行业。根据国家统计局《文化及相关产业分类 2012》，互联网信息服务业、移动互联网服务业、网络游戏业均属于文化信息传输服务这一行业门类，而影视制作与发行行业则属于广播电影电视服务这一行业门类。

在国家统计局文化产业分类标准中，文化产业被分为 10 大行业门类，2015 年上半年文化产业股权投资涉及了其中的 8 个门类，以案例发生的数量计，文化信息传输服务业共有 194 起股权投资案例，占到上半年案例数量总量的 81.51%，以涉及资金规模计，文化信息传输服务业总计涉及资金约 270.94 亿元，占上半年文化产业股权投资涉及资金总规模的 74.91%。

广播电影电视服务业在 2015 年上半年的股权投资案例数量并不多，仅有 9 起，但涉及金额达到 31.19 亿元，占上半年文化产业股权投资涉及金额的 8.62%，平均单起股权投资案例涉及金额达到 3.47 亿元，而 2015 年上半年平均单起文化产业股权投资案例涉及金额规模仅为 1.52 亿元。

文化产业相关行业成为股权投资的热点是市场发展的选择，也是政策引导的催化，稍后的文中将详细阐述。2015 年上半年我国文化产业股权投资的相对集中还表现在案例的地区分布上。

北京是 2015 年上半年我国文化产业股权投资案例最为集中的地区。就案例数量而言，北京共有 104 件案例，占案例总数量的 43.7%，比案例发生数量第二多的上海高出约 170%；就涉及资金规模而言，总计约为 168.92 亿元，占文化产业股权投资涉及资金的 46.7%，比涉及资金第二多的上海高出 220.98%。

北京成为文化产业股权投资的中心与其全国文化中心的地位是分不开的。首先，作为全国文化中心，北京市有发展较为全面的文化行业，在北京的股权投资案例中，涉及了文化行业中的 7 个行业；其次，北京市具有优秀的文化产业核心资源，并在 798、亦庄、尚 8 等优秀文化产业园区的基础上通过资源整合，完善了文化产业发展的平台，构筑了资本与文化产业对接的便捷途径。

不仅如此，中关村作为国家自主创新示范区、我国高新技术产业开发区，在北京市政府《北京市文化创意产业提升规划（2014 -2020 年)》等的推动下，为文化产业与互联网技术的结合提供了技术支持。在全国 194 起文化信息传输服务业的股权投资案例中，有 82起发生于北京，涉及资金达到 124.94 亿元，而次之的上海和广东均仅有 31 起股权投资案例，涉及资金合计仅有 64.01 亿元。

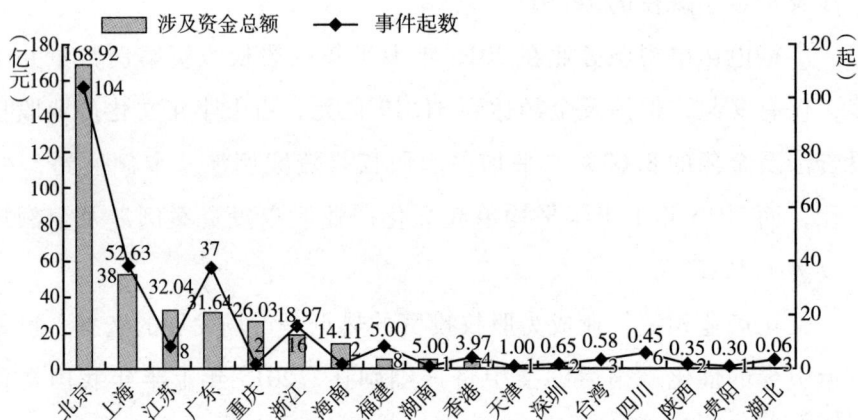

图 1　2015 年上半年我国文化产业股权投资地区分布情况

数据来源：新元文智，www. cciresearch. cn。

二　"文化 + 互联网"是当前文化产业股权投资的热点

严格来讲，文化信息传输服务业并不只包括由互联网技术与文化产业融合而衍生的文化行业，但毫无疑问"互联网 + 文化"衍生的行业是现在也是未来文化产业股权投资、文化产业发展的重中之重，

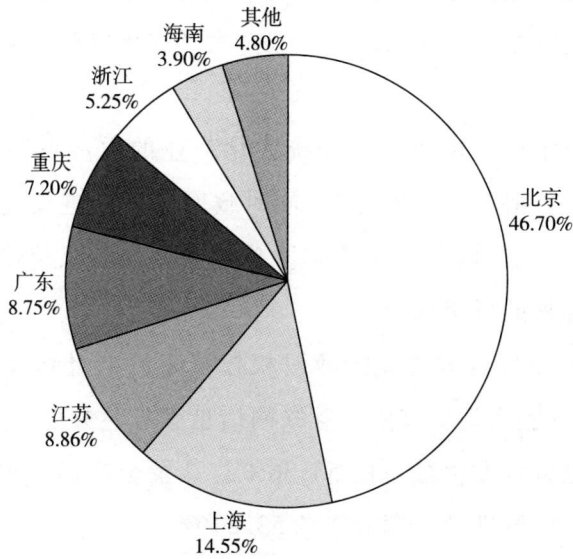

图 2　2015 年上半年我国文化产业股权投资资金地区分布占比

数据来源：新元文智，www. cciresearch. cn。

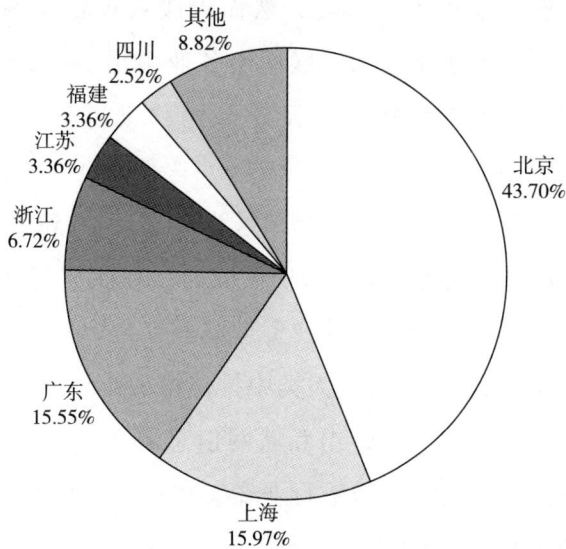

图 3　2015 年上半年我国文化产业股权投资案例数量地区分布占比

数据来源：新元文智，www. cciresearch. cn。

355

因此统计中将文化信息传输服务门类下分为三个大类：互联网信息服务、移动互联网服务、网络游戏，三个大类之下则根据市场发展情况设有若干小类。

互联网技术极大地改变了传统文化产业的生产形态。2015年政府工作报告中首提"互联网＋"，同时政府不断推进文化产业与相关产业的融合，"互联网"＋"文化"产生的文化信息传输服务行业成为投资者所青睐的投资标的。

2015年上半年我国文化产业股权投资事件共计涉及了文化产业相关的17个行业大类，其中，互联网信息服务业共计有127起案例，占文化产业投融资发生数量的53.36%，涉及金额高达192.58亿元，占文化产业投融资涉及金额总数的53.24%。

互联网信息服务业是当前文化产业股权投资的绝对热点行业，尽管移动互联网服务行业有所发展，案例发生数量和涉及资金规模都是除互联网信息服务业以外的最高，然而以股权投资案例发生数量而言，互联网信息服务业比移动互联网服务业多出94起；以股权投资涉及金额规模计，互联网信息服务业比移动互联网服务业高出161.67亿元。

网络游戏行业的股权投资案例数量为24起，占到2015年上半年我国文化产业股权投资案例数量的10.08%，仅次于互联网信息服务业和移动互联网服务行业，但涉及资金规模仅为16.94亿元，在所有涉及股权投资案例的18个行业大类中排位第四。

根据新元文智数据统计，由互联网信息服务、移动互联网服务、网络游戏业组成的文化信息传输行业在文化产业股权投资案例所涉及的行业中占到了总数的80.64%。

文化产业与互联网技术相融合的核心内容是传统文化行业的资源优势与现代互联网技术的融合。在此方面越是突出的行业、企业，越

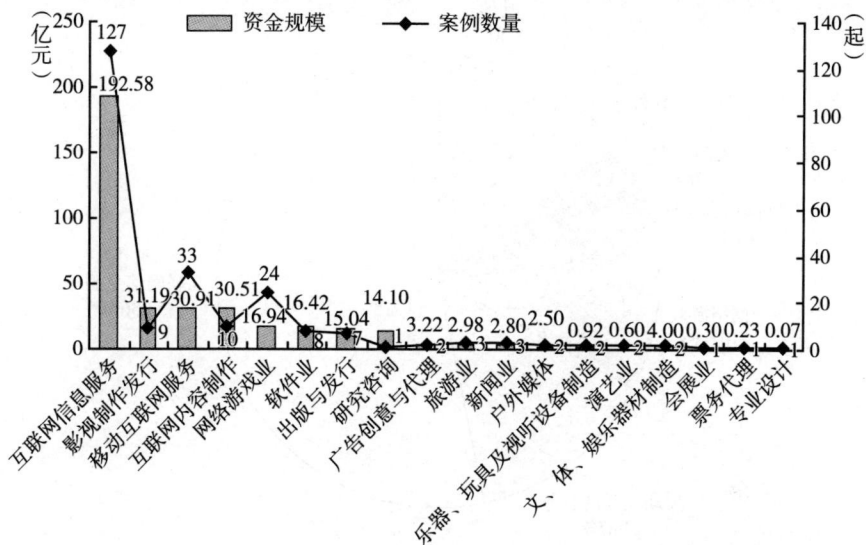

图 4　2015 年上半年我国文化产业股权投资行业分布情况

数据来源：新元文智，www. cciresearch. cn。

受到文化资本市场的青睐。

从细分行业来分析，在线旅游和在线教育是互联网信息服务领域中股权投资的重点行业。其中，在线旅游共发生 26 起投融资案例，涉及金额规模高达 95.48 亿元；在线教育共发生投融资案例 51 起，但涉及金额规模较小，约为 40 亿元。

在线旅游和在线教育是传统文化产业的资源优势与现代互联网技术融合的典型，同时体现出互联网技术对传统文化产业的初步改造：通过打造网络平台，整合产业资源，形成集聚效应，降低成本，同时进行细化分类；通过大数据分析，对用户进行精准推送，形成面向用户的推广渠道；继而形成多种盈利方式，构建起良性的产业生态循环系统。

文化信息传输服务领域的股权投资案例与传统文化行业相比有一个

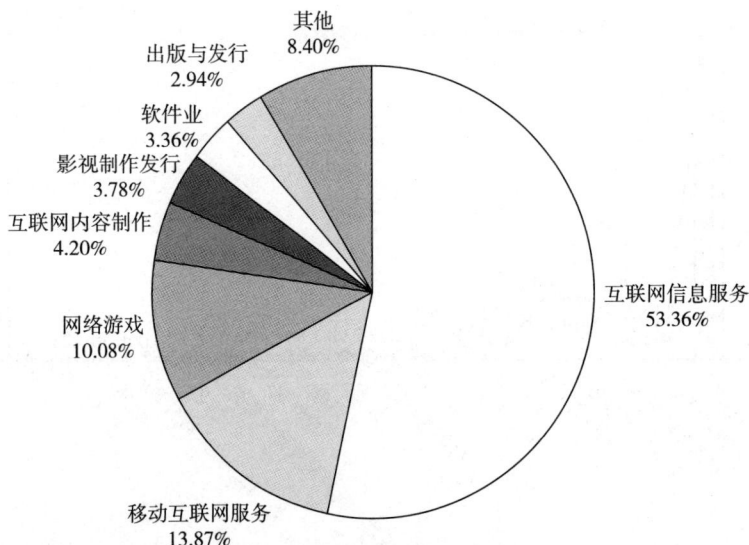

图 5　2015 年上半年我国文化产业股权投资案例数量行业占比

数据来源：新元文智，www. cciresearch. cn。

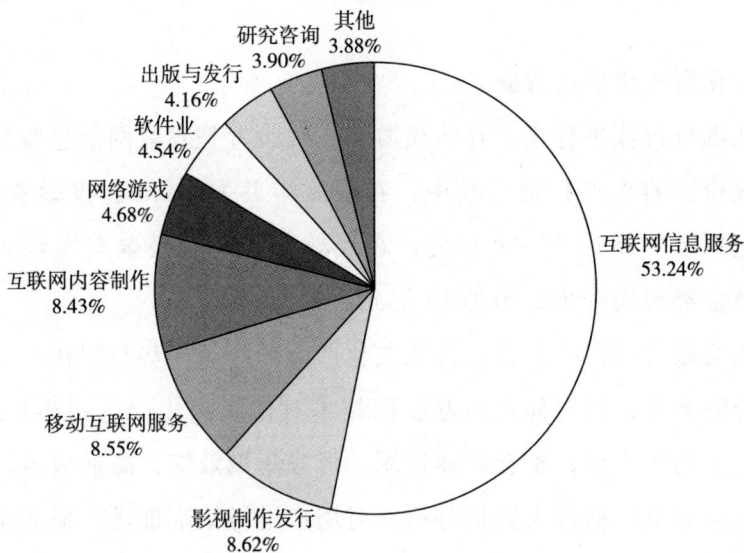

图 6　2015 年上半年我国文化产业股权投资案例资金规模行业占比

数据来源：新元文智，www. cciresearch. cn。

显著的特点，即涉及投资阶段多样，尤其初创期投资所占比例较大。

互联网信息服务业所涉及的股权投资阶段几乎包括了股权投资的所有阶段，其中种子天使、A 轮投资等初创期的投资占比较大，种子天使有 69 起投资案例，占到文化信息传输服务领域股权投资案例总数的 35.57%，A 轮投资有 62 起投资案例，占到文化信息传输服务领域股权投资案例总数的 31.96%。相比之下，如乐器、玩具及视听设备制造和户外媒体等传统文化行业仅涉及 1 至 4 个股权投资阶段。

这种情况的出现与我国当前的创业潮是不可分割的。在政府大力提倡创业的政策下，初创企业如雨后春笋般纷纷成立，相对于传统行业已经形成有严格行业规范、主要资源不易流通等格局，"互联网 + 文化"则是全新的领域，同时也是文化产业与相关产业融合相对较

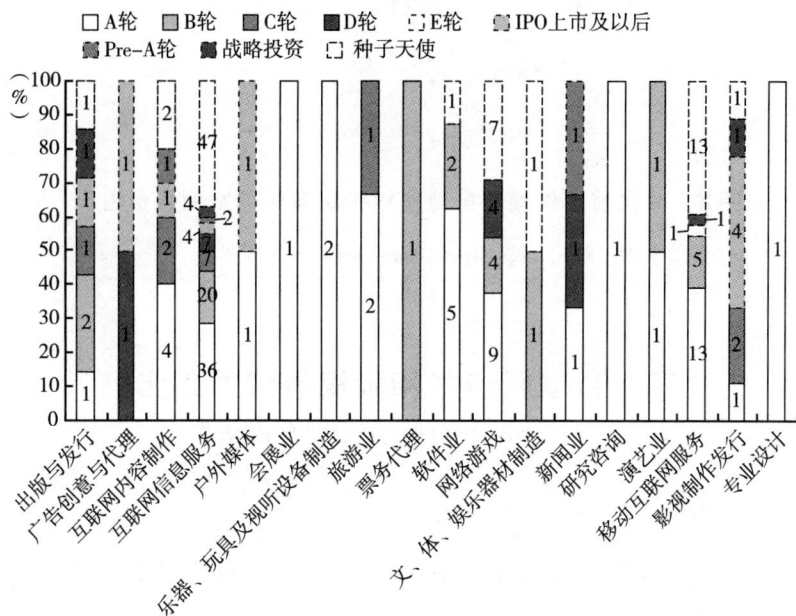

图 7　2015 年上半年文化产业股权投资各行业轮次情况

数据来源：新元文智，www.cciresearch.cn。

为容易的领域，无论从市场发展还是政策支持来看，都是更适合初创企业经营的行业，因此，文化产业资本市场对文化信息传输服务领域有着更高的预期。

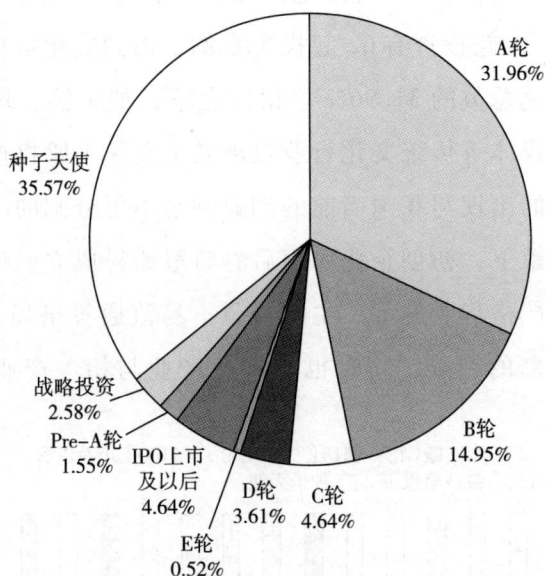

图8　文化信息传输服务业股权投资各阶段案例数量占比

数据来源：新元文智，www.cciresearch.cn。

三　互联网技术和版权将成为文化产业股权投资的方向

2015年上半年，我国政府成功推出了"一带一路"倡议、建设亚洲基础设施投资银行等促进国际区域发展的重大措施，政策利好不仅能够带动"互联网＋文化"衍生的新形态的文化行业，乐器、玩具及视听设备制造等传统文化行业也将得到新的发展机遇。同时，

2015 年 5 月中韩两国签订的中韩自贸协定（FTA）打开了深化两国文化产业合作与交流的窗口，随着中韩自贸协定的签署，烟台、青岛乃至中韩两国文化部门，持续推动成立不同规模的文化产业基金，尤其将加强知识产权、影视综艺制作等领域的合作。

回归理性的资本市场面对未来文化产业的国际竞争，将会更加集中投资国内文化信息传输服务业和广播电影电视服务等版权相关行业，投资者也必将更加审慎地集中资源投资优势文化企业，以提高文化企业的核心竞争能力和核心创造力。因此，预计 2015 年下半年国内文化产业投融资案例数量将与上半年基本持平，为 190 起，涉及金额总规模则有小幅增加，为 290 亿元。

细分行业来分析，未来文化产业股权投资将主要集中在以下 4 个行业。

在线旅游。2015 年上半年，国内在线旅游行业的格局再次改变，5 月携程宣布收购艺龙，领域内占市场份额第一和第三的企业完成合并，领头企业的产业链得到完善，而 BAT 也早早着手布局在线旅游行业。尽管如此，旅游是当前的主流休闲方式，在线旅游市场依然具有相当大的成长空间，根据韩国文化体育观光部的相关统计，2014 年中韩旅游互访人次首次超过 600 万，2015 年两国文化旅游互访目标人次超过 1000 万。中韩自贸协定则进一步推动了两国文化旅游的繁荣，同时我国推出的"一带一路"倡议也为加强国际文化交流、推动文化旅游发展创造了良好的市场发展条件。在进行更为细化的领域划分之后，如高端定制旅游、跨国文化旅游等方向仍将是文化资本市场所青睐的。

在线教育。在线教育是我国传统文化产业与互联网产业融合而产生的新业态，教育产业在我国是市场经济中的重要组成部分，已经形成完善的行业生态和行业规则，不仅能够创造巨大的经济效益，同时能够创造良好的社会效益。在线教育通过互联网技术将教育产业的线下资源进行整合，再通过大数据形成面对用户的全新产业生态。近年来，在线教育行业一直是文化产业投融资的热门行业，2014年总计有投融资事件113起，2015年上半年总计有37起，然而在线教育行业仍然没有发展出领袖型企业，预计未来在线教育行业的投融资将持续增加规模。

影视制作与发行。版权是文化产业的重要生产要素，在文化产业中属于内容创造的核心层。尤其对影视制作与发行行业来说，版权是企业发展的生命线。2015年上半年，万达投资和马云旗下的云锋基金分别作为A轮和A+轮领投方，对乐视体育进行了投资，而在2014年，万达集团、百度、阿里巴巴、华策影视等企业便已经通过投资国外影视公司，加强自身核心创造能力，提前布局国内影视制作与发行领域的未来发展。而且随着中韩两国文化产业交流的深入和加强，与版权息息相关的影视制作与发行领域将成为文化产业投资的重点领域，国内优秀影视剧企业面对国际竞争，需要加大投入、增强核心竞争力，而大型的影视文化集团，也需要进行新一轮的并购整合以完善自身的产业布局。

网络游戏业。网络游戏是文化、互联网技术、知识产权共同支持的产业。我国的网络游戏行业仍然处在发展的初级阶段，大多数网络游戏开发企业忽视了知识产权对行业发展的重要性，因而才有了国际知名游戏研发企业暴雪对我国游戏研发企业莉莉丝的主打产品《刀塔传奇》的起诉案例。此次诉讼为国内游戏研发市场敲响了警钟，随着网络游戏行业对知识产权认识的逐步深化，网络游戏企业的股权投资价值也将越来越高。

智能手机、平板电脑等智能终端推动了移动互联网技术的普及，主力用户的年轻化使得网络游戏成为智能终端上不可缺少的内容，移动游戏具有上手简单、轻量化、休闲化的特点，正适合以白领为消费主力的青年、中年消费者的生活习惯。以移动智能终端为主的网络游戏领域的股权投资将保持相当规模的持续增长。

由于我国多年来限制引进国外游戏设备，以至于国际主流的电视游戏在我国游戏市场中仅占 1%。2015 年 5 月，我国政府放开了 Xbox 等国外游戏设备的引进政策，使国内游戏爱好者可以通过正式渠道享受电视游戏，预计 2015 年下半年，在网络游戏投融资持续增加的同时，以研发电视游戏为主的互联网企业将会成为网络游戏领域投融资的新方向。

四　文化产业股权投资整体向好，推动产业发展

2015 年上半年，我国文化产业股权投资经过了 2014 年的疯狂之后归回理性，在政府和市场的共同作用下，以科学、有序的方式推动国内文化产业的发展。以互联网技术为主的文化信息传输服务作为文化产业与其他产业融合的典范是投资者进行股权投资的主要标的行业；而版权相关行业、影视制作与发行等将作为我国文化创意产业发展、积极应对国际竞争的核心要素，成为投资者未来投资的主要方向。对文化产业而言，股权投资是发展的助推器，是促进产业上下游企业加强合作、完善产业链，同时加强垂直领域的精耕细作的必要手段，尤其对初创企业来说，引进股权投资是突破前期企业发展瓶颈、扩大企业规模、完善企业现代化管理制度的必要手段。未来文化产业的股权投资规模必然会随着产业的发展而逐步扩大，与文化产业本身形成相互促进、相互影响的产业联系，作为文化产业与金融行业融合的成果推动文化产业的持续发展。

图书在版编目（CIP）数据

中国文化投资报告. 2015 / 刘德良等编著. －－北京：
社会科学文献出版社，2016.6
　（上海研究院智库丛书）
　ISBN 978 - 7 - 5097 - 8766 - 3

　Ⅰ. ①中… 　Ⅱ. ①刘… 　Ⅲ. ①文化产业 - 投资 - 研究
报告 - 中国 - 2015 　Ⅳ. ①G124

中国版本图书馆 CIP 数据核字（2016）第 039683 号

· 上海研究院智库丛书 ·

中国文化投资报告（2015）

编　著 / 刘德良 等

出 版 人 / 谢寿光
项目统筹 / 邓泳红　桂　芳
责任编辑 / 桂　芳

出　　版 / 社会科学文献出版社 · 皮书出版分社（010）59367127
　　　　　　地址：北京市北三环中路甲 29 号院华龙大厦　邮编：100029
　　　　　　网址：www.ssap.com.cn
发　　行 / 市场营销中心（010）59367081　59367018
印　　装 / 北京季蜂印刷有限公司
规　　格 / 开　本：787mm × 1092mm　1/16
　　　　　　印　张：23.5　字　数：301 千字
版　　次 / 2016 年 6 月第 1 版　2016 年 6 月第 1 次印刷
书　　号 / ISBN 978 - 7 - 5097 - 8766 - 3
定　　价 / 79.00 元

本书如有印装质量问题，请与读者服务中心（010 - 59367028）联系